16	3	2	13
5	10	11	8
9	6	7	12
4	15	14	1

Antonio Arnoni Prado

ITINERÁRIO DE UMA FALSA VANGUARDA

FALSA VANGUARDA

Os dissidentes, a Semana de 22 e o Integralismo

Prefácio de Sergio Miceli

editora■34

EDITORA 34

Editora 34 Ltda.
Rua Hungria, 592 Jardim Europa CEP 01455-000
São Paulo - SP Brasil Tel/Fax (11) 3816-6777 www.editora34.com.br

Copyright © Editora 34 Ltda., 2010
Itinerário de uma falsa vanguarda © Antonio Arnoni Prado, 2010

A FOTOCÓPIA DE QUALQUER FOLHA DESTE LIVRO É ILEGAL E CONFIGURA UMA
APROPRIAÇÃO INDEVIDA DOS DIREITOS INTELECTUAIS E PATRIMONIAIS DO AUTOR.

Capa, projeto gráfico e editoração eletrônica:
Bracher & Malta Produção Gráfica

Revisão:
Alberto Martins
Mell Brites

1ª Edição - 2010

CIP - Brasil. Catalogação-na-Fonte
(Sindicato Nacional dos Editores de Livros, RJ, Brasil)

	Prado, Antonio Arnoni
P668i	Itinerário de uma falsa vanguarda: os dissidentes, a Semana de 22 e o Integralismo / Antonio Arnoni Prado; prefácio de Sergio Miceli — São Paulo: Ed. 34, 2010. 296 p.

ISBN 978-85-7326-442-5

1. Literatura brasileira - História e crítica.
2. Modernismo - Brasil. 3. Semana de 22.
4. Integralismo. I. Miceli, Sergio. II. Título.

CDD - 809

ITINERÁRIO DE UMA
FALSA VANGUARDA
Os dissidentes, a Semana de 22 e o Integralismo

Prefácio, Sergio Miceli 9

Parte I: RETÓRICA E DISSIDÊNCIA

1. Presença da falsa vanguarda 17

    Oligarquia e ruptura: o projeto da ideologia ilustrada 17
    Do caos à "utopia da nova América das ideias" 26

2. Heroicidade e visão libertária: o mito integral 45

    As vozes da força e do instinto 45
    O passado em questão 54
    Limites do ato crítico 59
    Estilo e experimento 65

3. O dândi, a aura e o rastro 69

    João do Rio, o retrato e o tema 69
    Elísio de Carvalho e o diário intemporal 92
    Nos liames da tradição 106

Parte II: NO ROTEIRO DE 22

1. O encanto do novo 125

    Elos aleatórios (a geração em flagrante) 125
    Passagem de Graça Aranha 142
    O arranjo e o jogo: o voo revel 176
    O tríptico e o mito 204

2. As galas do armistício 221

    Os lauréis e a nova ordem: a trégua 221
    Marchando na verde vertente 245

Sobre os periódicos citados 265

Bibliografia 273
Índice onomástico 287
Créditos das imagens 292
Nota do autor 293
Sobre o autor 295

para Antonio Candido
e em memória de João Luiz Lafetá

Para uma história social da falsa vanguarda

Sergio Miceli

Itinerário de uma falsa vanguarda reconstitui a gênese, o apogeu e o ocaso de uma tradição literária conservadora, cujos porta-vozes rechaçaram a vanguarda europeia em troca do receituário ufanista que se esboroou na década de 1930. A análise arguta dos textos é sensível aos meandros do ideário e da movimentação política dos artífices dessa linhagem, captando o substrato ideológico das obras e salientando os ligamentos entre o teor discursivo e a circunstância política.

A força do livro consiste no esmiuçamento das etapas de construção literária da "ideologia do país novo", que vem a ser a toada xenófoba. Os componentes desse discurso, infenso às contradições do mundo social da época, são recompostos pelo prisma do desígnio político e até do oportunismo dos escritores. A ideologia ilustrada dessa turma se assenta numa sobrevalorização do local, na invocação do imaginário popular e do folclore, na concepção de personagens de uma tradição legendária.

Enquanto Mário de Andrade explorava esses temas e objetos por meio de um apaixonado trabalho de campo e de reflexão, lidando com materiais expressivos da cultura popular, tomando notas, organizando fichários, tornando inteligíveis os dados coligidos, os expoentes da "falsa vanguarda" aprontavam versões escapistas de nosso passado. A visão bairrista da sociedade confundia a história do país com a empreitada de uma elite de homens brancos acossados pelo movimento de massas, que ascendia justo no momento dos festejos do Centenário da Independência.

Esses autores se enxergavam como nacionalistas fanáticos em contraposição àqueles contemporâneos entusiastas do diálogo com a Europa. Do anarco-elitismo de Elísio de Carvalho até o livro-mani-

Prefácio

festo de Plínio Salgado (*Despertemos a nação!*, 1935), entre o ideário plasmado na capital federal e o Integralismo fascista, Arnoni recupera o itinerário acidentado da "falsa vanguarda". Empreende uma crítica esclarecedora do clamor ufanista em busca do "gênio primitivo da língua" e da "identidade das raízes" da nação. Certas pegadas fortes do livro fazem pensar na história social dos protagonistas da epopeia nacionalista. Não por acaso, a emergência dessa tradição sucedeu em meio ao surto expansivo da imprensa e das revistas ilustradas, no Rio de Janeiro de fins do século XIX e das primeiras décadas do século XX. O auge de notoriedade da fornada de polígrafos coincidiu com a difusão de gêneros recém surgidos no jornalismo de onde extraíam materiais e substância na fatura dos formatos tradicionais: a crônica, a reportagem policial, o inquérito, a entrevista, o depoimento — transmutados ora em contos e peças de teatro, ora em editoriais e artigos de fundo em resposta às urgências da elite dirigente. O equilíbrio precário entre a sujeição aos ditames políticos e os repentes autorais constituía o fulcro da existência ambígua desses escritores a soldo.

Elísio de Carvalho, João do Rio, Graça Aranha e Ronald de Carvalho transitavam entre o convívio nos salões da capital e a feitura de textos encomendados pela imprensa. Carbonos e ventríloquos de uma sociabilidade vazada no linguajar abusado dos gêneros da época. A proximidade com figurões da elite estimulou a adoção de modelos estereotipados de altivez e pretensão mundana ao mesmo tempo que infundia no estilo desses cronistas o vezo de embrionário "colunismo social". A atividade crítica de Elísio, a afetação pernóstica das crônicas de João do Rio, os manifestos e romances-tese de Graça Aranha, a poesia camaleônica de Ronald de Carvalho, ressoavam a ambivalência ideológica entre os patrões oligarcas e o contato inevitável com o ideário socialista e anarquista. A trajetória de Elísio de Carvalho é emblemática dessa partilha entre servilismo e populismo. Seus trabalhos revelam de modo contundente os impasses do escriba espremido entre a direção de uma revista de negócios (*Monitor Mercantil*) e a militância num periódico literário (*América Brasileira*). Os demais cronistas estavam desnorteados entre o dandismo *a la* Oscar Wilde e o ativismo antiburguês de fachada.

Enquanto aqueles atuantes na imprensa praticavam a mixagem de gêneros, mesclando depoimento com ficção, os líderes Graça Aranha e Ronald de Carvalho encetaram carreiras em corporações burocráticas prestigiosas — a magistratura e o corpo diplomático —, designados para postos de relevo e importantes missões oficiais no exterior. Ronald logrou alçar-se a postos de confiança junto à Presidência da República, o protótipo do intelectual bem-sucedido naquela conjuntura amargosa de transição entre a República Velha e o regime instituído em 1930. Soube se encaixar com habilidade no arranjo envolvendo as oposições dissidentes nos estados hegemônicos e as facções oligárquicas regionais até então cerceadas em suas pretensões de mando. Estreou com versos penumbristas, escreveu uma breve história da literatura brasileira para consumo externo, arvorou-se em poeta modernista de voz refinada, condoreira, e concebeu uma obra crítica militante de fundo reacionário. Herdeiro de Graça Aranha, prodígio de versatilidade, o ideólogo-chave de uma "hegemonia" brasileira no continente sul-americano. Fez da literatura arma de combate no proselitismo político e valeu-se dele para dilatar sua esfera de influência na cena cultural.

As lideranças da "falsa vanguarda" ativas no Rio de Janeiro promoveram um modernismo regressivo, antipaulista, hostil à contribuição inovadora de Mário e Oswald de Andrade. Pretendiam retrucar à surpreendente estética andradina com a redescoberta rasa da cultura brasileira. Como bem demonstra Arnoni, a facção paulista "caipira" reciclou o lastro retrógrado e patrioteiro dos antecessores. Plínio Salgado, Menotti del Picchia e Cassiano Ricardo provinham de famílias enraizadas em pequenas cidades e fazendas do interior paulista, constrição decisiva na modelagem de certa mentalidade, das preferências em matéria cultural, dos repertórios, linguagens e, claro, das filiações doutrinárias e partidárias. O ranço tacanho se estendeu aos temas, personagens e estilo do universo de criação literária, como se pode atestar pela leitura das obras de estreia. A formação escolar, as ocupações iniciais, as ligações familiares e o primeiro casamento de alguns dos verde-amarelos plasmaram "escolhas" assumidas na vida intelectual.

Todos os integrantes da ala "caipira" do modernismo paulista concluíram o curso na Faculdade de Direito do Largo de São Francisco, experiência crucial para ajuizar o sentido estético e político dos escritos de juventude, muitos deles concebidos nos embates da competição acadêmica. A estreiteza dos horizontes de formação cultural, o fato de nunca terem empreendido viagens ao exterior quando moços, a pouca familiaridade e o preconceito com as vanguardas europeias, tudo isso reforçou a pronta adesão ao ideário nativista.

Prefácio

Também no caso paulista, a imprensa constituiu um espaço estratégico de acolhimento a esses jovens interioranos, garantindo posições, contatos e proventos indispensáveis ao manejo de veleidades autorais. Esse trabalho intermediou a inserção em equipes de dirigentes políticos, onde exerceram encargos de confiança em gabinetes, redigiram discursos e atuaram como estafetas em comitês e colegiados políticos. A essa altura, ainda às voltas com a indeterminação característica da mocidade, eram postulantes ambiciosos mas indecisos quanto à atividade em que iriam concentrar energias: a política, o jornalismo ou a criação literária. Nesse embaraço de que não conseguiram se desvencilhar, os "caipiras" sujeitaram a obra a demandas heterônomas, de um lado, pelo feitio de atuação na imprensa, de outro, por conta dos serviços prestados aos políticos protetores. O bagaço literário se ressentiu desse pedágio.

O movimento modernista ampliou o espaço político das elites corporativas em detrimento da representação dos grupos oligárquicos de feitio tradicional, acolhendo bacharéis destituídos de cabedal de relações, cedo atrelados à atividade governamental, dependentes numa clientela propensa à cooptação, ao desvario nacionalista. O Modernismo germinou durante a guerra e no imediato primeiro pós-guerra, cujos efeitos devastadores estão na raiz do intento de insubordinação perante o *establishment* literário. Tais investidas por parte da geração emergente de intelectuais sinalizaram os clamores de mudança incendiados pela sequência de greves em 1917, atiçados pela inquietação militar que rebentou nas revoltas tenentistas dos anos de 1920, num campo político minado por fraturas no mando situacionista. Esses episódios conformaram a crise final do antigo sistema oligárquico que se arrastou pela década inteira de 1920.

A explosão criativa na primeira geração do Modernismo literário se deu no fogo das rivalidades entre forças concorrentes das elites regionais. Em Minas Gerais, Rio Grande do Sul, São Paulo, a crise do poder oligárquico, na década de 1920, alterou de supetão o relacionamento da inteligência insurgente com os detentores do poder. Nesses estados, a história social dos rapazes letrados foi modelada pela divisão regional do trabalho político. O itinerário intelectual e profissional dos modernistas, dos aquinhoados como Oswald de Andrade aos desfavorecidos como Plínio Salgado, tomou rumos em resposta ao grau de diversificação e respiro no interior do comando oligárquico.

O conservadorismo impregnou, em doses e matizes variáveis, o projeto criativo de quase todos, os mais destituídos de capital cultural e social tendo inclusive aderido aos movimentos de direita e, adiante, à coalizão a frente do autoritário regime de Vargas. Se Mário e Oswald de Andrade dispunham de trunfos e podiam marcar distância perante as entidades culturais e políticas a que se ligaram, os verde-amarelos estavam à mercê da premência de abrigo junto às oligarquias.

Arnoni realizou uma análise seminal de escritores que, a despeito do impacto político que exerceram, foram descartados pelos historiadores literários, pelos críticos aferrados apenas ao exame de obras consagradas, pelos árbitros da estética pura. A proeza deste livro é remar contra o convencional, recusar o tom apologético, colocar sob suspeita a epifania, firmar um modo de apreensão longe do esquadro formalista, empenhado em tornar inteligíveis os nexos entre a literatura e o mundo social, entre os escritores e o contexto político. Uma esplêndida história socioliterária dos interesses materiais e ideais dessa retaguarda cultural.

Prefácio

Parte I
RETÓRICA E DISSIDÊNCIA

Fotografia de Augusto Malta por ocasião de almoço oferecido pelo prefeito do Rio de Janeiro, Pereira Passos (o sétimo da esquerda para a direita), ao representante da Venezuela, general Uribes y Uribes, a 8 de setembro de 1906. Entre outros nomes da literatura e da política, estão presentes Machado de Assis e Joaquim Nabuco, ambos à direita de Pereira Passos. À esquerda do prefeito, um pouco atrás, Elísio de Carvalho, aos 26 anos de idade.

1.
Presença da falsa vanguarda: o ideário e o percurso

OLIGARQUIA E RUPTURA:
O PROJETO DA IDEOLOGIA ILUSTRADA

Para o observador do momento literário que começa a se definir no Brasil com a proclamação da República, há duas constatações preliminares.

A primeira nos mostra que ele coexiste com o novo regime através de um projeto de restauração do país baseado na redefinição das "bases da nacionalidade". Trata-se de um momento cuja força se concentra na retomada do ufanismo da Independência e do espírito anticolonialista da aspiração pela libertação permanente, comprometidos, como se sabe, com a reabilitação dos interesses oligárquicos seriamente abalados pela queda da Monarquia e, por isso mesmo, dispostos a não perderem o controle do novo ciclo que se abre na vida institucional da nação.

A segunda, daí decorrente, o assimila à difusão sistemática de um verdadeiro ideário do redescobrimento, marcado, de um lado, pela "consciência amena de atraso", que procura a todo custo superar a dura realidade por meio de uma retórica tendenciosa e, de outro, pela intenção de fazer reviver a ideologia libertária do Romantismo, cuja imagem-força viria, agora, do mito do novo homem do Novo Mundo, elevado a símbolo renovado da cultura e da tradição europeia no espaço promissor da pátria redescoberta e capaz, portanto, de encarnar o progresso, fazendo-o expandir-se para todos os quadrantes da República que surge.[1]

---

[1] Retomamos aqui o conceito e os pressupostos de "ideologia ilustrada" no sentido estudado por Antonio Candido em "Literatura e subdesenvolvimento" (*Argumento*, nº 1, pp. 8-24, out. 1973).

Sabemos que a concepção desse projeto restaurador conduz à formação de um novo pacto social em que a persistência do poder de mando das oligarquias agrárias exercerá um papel decisivo, não apenas enquanto esforço para recuperar o prestígio político em crise a partir do golpe militar que implantou a República, mas sobretudo enquanto abertura de um canal eficaz para a ação ostensiva dos intelectuais junto à base do poder, contrariamente ao que ocorreu na Independência.

Por essa razão, examinar a função da literatura no conjunto do movimento renovador que caracteriza esse período exige situá-la frente às alternativas concretas que resultaram desse confronto. Lembremos preliminarmente que o radicalismo do novo pacto imposto pelo sistema de dominação do país põe em aberto algumas contradições que marcarão profundamente o homem e a ordem geral da sociedade. A crescente divisão entre a economia de mercado e a economia de subsistência, devida à intensa atividade mercantil-financeira que se expande para os setores urbanos, estabelece um novo ciclo de desigualdade em que o abandono das populações rurais dará o tema para a contrapartida radical ao mundo civilizado da nova ordem burguesa que se organiza nas cidades.[2] Na medida em que se agrava o contraste entre o mundo de semiescravidão em que vivem os operários, agregados e camponeses, de um lado, e o da aliança hegemônica dos bacharéis, financistas e fazendeiros, de outro, o problema da opressão ao homem do campo surge, pela primeira vez de maneira irreversível, como um foco de radicalização capaz de expandir-se e, assim, comprometer a unidade do movimento restaurador das camadas dirigentes.

Se paralelamente ao destino do trabalhador, preterido no Sul pelo fomento à imigração que aumenta com a ascensão do café nos mercados; morrendo à míngua no Nordeste, onde o lento sistema de produção coincide com métodos arcaicos que beiram os limites do trabalho escravo; semiescravo e itinerante nos seringais do Norte, onde morre também à míngua — se paralelamente ao destino deste homem se abre um amplo espaço de resistência que explodirá mais tar-

---

[2] A tensão entre as duas tendências e as implicações da crise de hegemonia aqui referidas são desenvolvidas por Fernando Henrique Cardoso, no artigo "Dos governos militares a Prudente-Campos Sales" (*História geral da civilização brasileira*, tomo 3, vol. 1, São Paulo, Difel, 1975).

de com a rebelião de 1924, com a marcha da Coluna Prestes e com a Revolução de 1930, para a literatura as alternativas foram outras.[3] Diante da irreversibilidade do movimento de integração (uma das propostas centrais do projeto restaurador, como veremos), e certamente para conter a expansão dos ideais de resistência, a decisão é enfatizar o valor natural do homem rústico e da paisagem humanizada; como que se retoma o traçado didático do regionalismo otimista do Romantismo, cheio de exotismos e quase sempre alheio ao drama real das populações rurais em extrema penúria. Ao mesmo tempo, procura-se forçar o desnível entre a produção literária urbana e a produção regional, subordinando esta última, por via indireta, ao caráter aprimorado da primeira. Com isto, fomenta-se a proliferação de academias pelos estados e divulgam-se normas civilizadas do bom estilo para oradores, conferencistas e escritores.

Se pensarmos que o contexto dessas ideias abrange também a exacerbação nacionalista que, desde o final do Império, vinha exagerando os males que adviriam do isolamento do Brasil em relação às jovens repúblicas latino-americanas, a pretexto de retomar aqui o exemplo do sistema federado dos Estados Unidos,[4] não será difícil compreender por que as direções do projeto literário convergirão também para a ideologia do "nativismo totalista", cuja função preponderante, como se sabe, era abafar a crise da desigualdade no plano interno, desviando as atenções da nação para a suposta importância de seu papel na luta que as oligarquias do continente habilmente forjavam como forma de compensar a dependência político-cultural.

Assim, ao mesmo tempo em que se assiste ao abandono das populações oprimidas no interior do país, testemunha-se também a tendência do projeto restaurador para dissociar os meios de expressão literária da força temática latente na insubmissão desses grupos marginalizados. O que poderia ser um avanço a partir das contradições abertas pelo agravamento do antagonismo social entre o bloco he-

---

[3] A referência ao quadro econômico e à evolução política na República Velha a partir do predomínio das oligarquias e da oposição entre os polos rural e urbano apoia-se em Edgard Carone: *A República Velha: instituições e classes sociais* (3ª ed., São Paulo, Difel, 1975) e *A República Velha: evolução política* (São Paulo, Difel, 1971).

[4] Ver José Maria Bello, *História da República*, 6ª ed., São Paulo, Companhia Editora Nacional, 1972, p. 59.

Presença da falsa vanguarda

gemônico e as camadas dependentes, converte-se numa arma a mais em favor do bloqueio da homogeneidade política e ideológica dos movimentos reivindicatórios carentes de um meio de expressão que unificasse o imperativo humano das rebeliões camponesas, das greves agrícolas, dos surtos migratórios, da radicalização da classe média e dos movimentos operários que se organizam no começo do século.

A contrapartida é a rearticulação ideológica de todo um ciclo de defesa da unidade nacional cujo objetivo básico é assumir a modernização do país tendo como pressuposto a homogeneidade da cultura. Ou seja: a manipulação de uma nova retórica vai deslocar o compromisso da literatura para a esfera de expressão das elites, assimilando-a ao discurso mais amplo que sustenta, nos diversos níveis, a precedência das metas da cultura nacional sobre os interesses da cultura popular.[5] Essa alternativa, como não poderia deixar de ser, assimila o trabalho literário ao esforço dos segmentos ilustrados da oligarquia para articular uma primeira (e problemática) unificação de todas as camadas sociais excluídas dos centros de decisão. Com isso, anulará diferenças básicas entre opressores e oprimidos, definindo, ao mesmo tempo, funções opostas a expectativas comuns, como é o caso da dissociação entre o mundo do escritor e o de seus leitores, entre a função política e a ausência de representação partidária, entre a plenitude do sistema jurídico e a influência ostensiva do coronelismo armado.

Alinhando-se como um instrumento à disposição das elites, a literatura coloca-se virtualmente sob a influência do autoritarismo ambíguo, mas sempre radical, que se manifesta na República como o "mito do cidadão armado, liberal e idealista", responsável pelo surgimento do inconformismo ordeiro e disciplinado decorrente da mentalidade reformista dos militares enquanto grupo urbano organizado. Nesse sentido, próximo do espírito autoritário que sacraliza o saber das elites, o espaço da literatura tende a se definir, no projeto restaurador da Primeira República, como uma instância mediadora que assume a neutralidade para diluir a crise, colhendo, assim, a contrapartida de que a ignorância do povo justifica a necessidade de dirigi-lo e educá-lo do alto.

---

[5] A oposição entre cultura nacional e cultura popular é aqui utilizada no sentido em que a discute Marilena de Souza Chaui em "Cultura do povo e autoritarismo das elites" (*Cinema-BR*, nº 1, set. 1977, pp. 1-7).

20   Retórica e dissidência

A consequência imediata nos põe diante de um poder crescente num falso espaço: como, perante o sistema, o discurso literário figurou sempre como um discurso desprestigiado, sua proposta renovadora soará como retórica, nada impedindo que se radicalize enquanto projeto, já que não oferece perigo quando posto em confronto com o discurso orgânico da sociedade civil ligado aos interesses das camadas dominantes, sempre dispostas a bloquear os projetos de reforma global que pusessem em risco a sua hegemonia.[6]

Agrava, por outro lado, as circunstâncias o fato de que a dualidade fundamental da ordem imposta pelas elites dirigentes, em que predomina a contradição entre o empenho retórico pela elaboração de modelos e o quadro da realidade que a eles subjaz, incorpora as tarefas do novo escritor sob um modo de divergência que não chega ao antagonismo, na medida em que o induz a conceber a atividade intelectual como um instrumento eficaz para aliar-se à modernização do país, sem romper com o sistema arcaico que paralisava as ideias.

Um bom indício para compreender essa ambiguidade será pensar no caráter arbitrário que fará da criação literária uma atividade grupal que enfatiza o papel isolado do escritor e o legitima no mesmo âmbito em que o coronel-alcaide, em nome da ordem e da justiça, assume o compromisso de decidir sobre comunidades inteiras de cidadãos. Assim, na mesma circunstância, como refletir sobre a tendência para utilizar a Academia como grupo organizado com características fechadas, que vão desde a solidariedade interna para com os "chefes de escola" até a coesão a partir dos pressupostos que legitimam o saber das outras séries do discurso dominante? Mais ainda: paralelamente, reafirma a hipótese o exercício de uma atividade crítica que, como veremos, tenderá a estabelecer entre o escritor e o crítico a mesma espécie de dependência que rege as relações sociais básicas. E ainda: se essas constatações se justificam a partir do fato de que o novo pacto intelectual se submete ao caráter ambíguo, oligárquico e liberal do pacto político que se define com a Primeira República, chegam talvez a se impor diante da circunstância de que, tanto num quanto noutro, as minorias dominantes se caracterizam sobretudo por im-

---

[6] Ver Maria Isaura Pereira de Queirós, "O coronelismo numa interpretação sociológica", em *História geral da civilização brasileira*, tomo 3, vol. 1, São Paulo, Difel, 1975.

Presença da falsa vanguarda

pedir a ascensão dos novos grupos emergentes com inegável representatividade político-cultural.[7]

O interesse deste trabalho é acompanhar a trajetória intelectual dessas minorias ilustradas a partir do momento em que o confronto com os grupos de vanguarda se torna inevitável, em razão da ruptura que estes representavam em sua oposição radical à ordem geral das ideias e das instituições. Na verdade, levado ao extremo no decênio que antecede a virada do século, é esse confronto que determina a incursão das falsas vanguardas no movimento mais amplo de renovação estética que se imporia pouco depois. Começa aí a participação de um grupo de intelectuais que, paralelamente ao surgimento das ideias que conduziriam à ruptura de 1922, apesar de lançarem mão das novas propostas e até mesmo de produzirem manifestos e revistas, acabarão reaglutinando as aspirações da direita quando, em 1930, irrompe a crise das oligarquias com a Revolução de Outubro.

O crítico Araripe Júnior, num ensaio em que examina as tendências literárias que se seguem à proclamação da República,[8] é um dos poucos a situar o confronto no interior do pensamento dominante. É o que faz exatamente ao avaliar as alternativas que se ofereciam à literatura nesse instante em que as minorias ilustradas decidem romper com a ordem imposta pelo dogmatismo que o pensamento conservador, estimulado pelo ideário positivista, instala no poder.

O mérito de sua análise é indicar as causas que levariam as elites à dissidência. De fato, ao aludirem ao "sentimento de segurança orgânica" determinado pela rígida disciplina do sistema, as constatações do crítico aprofundam as relações entre a soberania popular estrangulada, "muito desacreditada pelas novas concepções científicas" e, portanto, impossibilitada a essa altura de qualquer esforço coletivo para fazer valer sua representatividade, com o gradativo bloqueio ao discurso crítico independente, cuja tradição remonta, a seu ver, à radical eloquência dos românticos. Porém, não é só: explicando esse momento em que a literatura "se torna fria e busca filosofar", em que

[7] Ver Maria do Carmo Campello de Souza, "O processo político-partidário na Primeira República", em Carlos Guilherme Mota (org.), *Brasil em perspectiva*, 7ª ed., São Paulo, Difel, 1976.

[8] Araripe Júnior, "Ascendência republicana: a questão do nativismo", em *Movimento de 1893*, Rio de Janeiro, Democrática, 1896.

"a poesia perde o seu dinamismo", ao "separar o sentimento da arte do sentimento político", Araripe Júnior localiza a primeira manifestação concreta do elitismo dissidente: rearticular o seu projeto renovador a partir da linha retórica e do tom combativo da velha eloquência antiformalista utilizada com êxito no passado, adaptando-a ao espírito iconoclasta das vanguardas europeias, tomado agora como modelo.

Nossa proposta é retomar a discussão a partir daí, procurando examinar:

1º) como, na primeira fase de sua trajetória (1899-1919), o projeto das falsas vanguardas procura amoldar-se ao ideário antipassadista já então impulsionado pelas forças emergentes que se opõem sistematicamente ao poder de decisão dos grupos dominantes;

2º) como a decisão de firmar a "modernidade" com apoio na tradição combativa do discurso liberal, estando ligada à ruptura do equilíbrio das forças hegemônicas, (a) vincula a 2ª fase (1920-1922) do movimento dissidente à expressão estética do cosmopolitismo burguês em ascensão, interferindo, assim, na afirmação de seu papel histórico enquanto desdobramento urbano das oligarquias rurais em crise; e (b) na fase seguinte (1923-1928), desloca para a linha de vanguarda as três direções com que a retórica da "ideologia ilustrada" amenizou no passado os efeitos do sistema de dominação do país: a compensação do atraso intelectual e institucional por meio da supervalorização do local; a contaminação eufórica pelo ufanismo que sustenta a "ideologia de país novo"; e a revisão crítica, sob uma perspectiva de modernidade, da imaginação aristocrática fascinada pela Europa e distante do meio inculto incapaz de absorvê-la;[9]

3º) por fim, como as direções desse projeto literário, ao se definirem como proposta supostamente renovadora identificada com a ideologia do progresso acelerada depois de 1922, repercutirão nas teses da falsa vanguarda política (1929-1936) que, através do Integralismo, sairá em defesa dos interesses oligárquicos em confronto com o liberalismo revolucionário do movimento de 1930.

[9] Ver Antonio Candido, "Literatura e subdesenvolvimento", *Argumento*, nº 1, out. 1973, pp. 8-24.

Presença da falsa vanguarda

O interesse maior é examinar como, diante das pressões que se manifestam no contexto que estamos discutindo, essa trajetória do grupo dissidente prolonga alguns compromissos com as forças do passado, convertendo-se depois em ideologia de vanguarda. De fato, a tendência para retomar os temas da tradição nativista, que o próprio Araripe Júnior aponta, em sua análise, como um dos sintomas mais visíveis desse momento de transição, põe em aberto, como veremos, o vasto filão nacionalista que alimentará, sob vários pretextos, o retorno às origens, tão caro ao ideário modernista. Veremos por exemplo que, ao surgirem, é no apelo mítico dessa identificação com as raízes da nacionalidade que as elites dissidentes definirão um radicalismo aparentemente próximo da pesquisa autêntica da expressão popular que legitimaria a revisão cultural proposta pelo movimento de 1922. Em suas origens, ao contrário, está o velho ressentimento chauvinista que dará o tom panfletário a muitos manifestos de índole jacobinista com que certos segmentos da imprensa nas capitais, desde então, respondiam à crescente modernização da sociedade exacerbando o ufanismo cívico (Afonso Celso) e o culto às tradições e solenidades nacionais (Rodrigo Otávio).

Ainda nessa direção, convém lembrar, pela repercussão que terão mais tarde no contato com as novas ideias, os desdobramentos de algumas tendências mais reacionárias que (a partir de Eduardo Prado, por exemplo) vincularão a ideologia de país novo à "origem excelsa" das sociedades políticas e das formas de governo, reestimulando igualmente o "renascimento cívico do pundonor nacional" com base numa visão épica da raça que se completa na metáfora da virtude dos grupos dominantes em sua missão de conduzir os destinos da pátria.[10] Mas não é só: é esse recrudescimento do nativismo que trará de volta ao debate a questão da dependência e do colonialismo, cujo melhor exemplo é dado por Sílvio Romero rechaçando as teses evolucionistas que serviam de aparato ideológico aos mecanismos de dominação imperialista no final do século (Letourneau, Tylor, Spencer, entre outros). No centro dessas ideias, o esteio é o *leitmotiv* que, retomado depois pelo Verde-Amarelismo, proporá que o desenvolvimento das colônias não repete necessariamente as fases de evolução das metrópoles, so-

---

[10] Eduardo Prado, *A ilusão americana*, São Paulo, s/e, 1893, pp. 38-56 (2ª ed., Paris, Armand Colin, 1895).

bretudo no caso do Brasil, onde o caldeamento das várias etnias indicava um novo processo de colonização cujo desfecho coincidiria com a afirmação de uma nova raça.[11] Isso explica que muitos dos traços impostos por esse contexto, ao repercutirem na conversão do ideário dissidente em pretensa frente do pensamento de vanguarda, abrirão uma concepção de modernidade que permitirá à retórica do nacionalismo disciplinar a mítica primitiva, amoldando-a ao liberalismo utópico do pensamento burguês ilustrado, para com isso legitimar o sonho hegemônico da nação unificada.

Noutra direção, a descoberta da visão local da cultura como matriz reguladora no interior do processo artístico trará novas alternativas para essa vertente. Assinalemos, sob esse aspecto, a decisão posterior de romper com a linguagem e com a crítica para dinamizar o papel da literatura, procurando amoldar a estrutura dos gêneros ao fluxo da imaginação popular e aos temas da tradição legendária, valorizada com a recuperação do folclore. Será difícil compreender essa aproximação das tarefas do novo escritor à expectativa do homem do povo, tão cara ao espírito liberal que se expande sob o novo regime, desligando-a do elitismo anarquista que procura adaptar-se ao sentimento de velocidade e mudança, aberto às soluções totalistas e ao unanimismo panfletário das grandes sínteses que surgirão ao lado das teses de 1922. Basta ver, por exemplo, como a visão transfiguradora utilizada pelo Impressionismo pós-naturalista para sugerir artificialmente a realidade prolonga-se no ideário das falsas vanguardas em busca da imagem do caos que desequilibra o presente para anunciar o fim de um ciclo de civilização.

Na primeira fase do movimento dissidente, veremos que a passagem do Decadentismo para o anarquismo serviu para que as minorias ilustradas articulassem as primeiras bases de seu projeto estético por meio de critérios que absorverão superficialmente as posições da vanguarda europeia, apoiando-se na condição de dependência para assumir o prestígio de sua modernidade e utilizá-la como instrumento de pressão social.

---

[11] Ver Sílvio Romero, "Haeckelismo em sociologia" e "A imigração e o futuro do povo brasileiro", em *Sociologia e literatura*, Rio de Janeiro, Garnier, 1901, pp. 4-12 e 222-7, respectivamente.

Do caos à "utopia da nova América das ideias"

A análise do ideário e das condições do surgimento do grupo da revista *A Meridional*, no Rio de Janeiro, em fevereiro de 1899, dirigida por Elísio de Carvalho, bem como das teses do *Manifesto Naturista*, lançado em 1900 pelo mesmo autor, pode mostrar de que modo se estabelece um método pelo qual o pensamento ilustrado define e transforma ideologicamente os novos modelos estéticos, fixando entre estes e sua aplicação um novo tipo de linguagem que, sem ser literatura ou crítica literária, vale-se destas para legitimar sua identidade formal e, assim, influir no processo de produção e circulação das obras.

Veremos que esse espírito de digressão ilustrada, presente no ideário da *Meridional* e decisivo na obra obscura e polêmica de Elísio de Carvalho, terá consequências num meio em que a dependência do discurso literário se torna um instrumento para a afirmação social: fala-se de Mallarmé, Rimbaud ou Verhaeren não pelo que a obra de cada um deles, quase sempre mal lida ou sequer estudada, possa significar para a produção literária local. Ao contrário, a dependência do modelo se transforma numa espécie de introjeção da aura: o escritor ou poeta que fala de Mallarmé explora o reflexo de seu mito e ocupa socialmente o espaço de sua verdade. Desviando-se do modelo renovador importado, a rebeldia da digressão ilustrada funda nessa contradição o estatuto de sua existência formal. Assim, a função de escrever de certa forma elimina a inventividade da escritura no instante em que concebe o processo formal como um simulacro intelectual que se legitima enquanto mera alusão ao modelo. Sob este aspecto, a projeção da aura é também formal e seus efeitos, imediatos. Basta lembrar o comentário que aos poucos vai se distanciando da crítica, a proliferação de pastiches que não chegam a ser poemas ou o convencionalismo acadêmico que inutiliza a invenção. Isso tudo se mede como reflexo de um impasse mais amplo: o ato de propor a ruptura, desvinculando-a da realidade local, traz em si um compromisso ideológico evidente. O modelo do inconformismo é estranho a seu porta-voz, mas dá-lhe, em contrapartida, a condição de equivalência com a fonte de origem. Com isto, permite que se defina uma nova função para o escritor, uma espécie de revolucionário das elites agora livre para reafirmar o prestígio social do projeto renovador das minorias ilustradas.

O modo como as novas ideias repercutiram na crítica literária da época pode ajudar a compreender o papel da *Meridional* e do *Ma-*

26   Retórica e dissidência

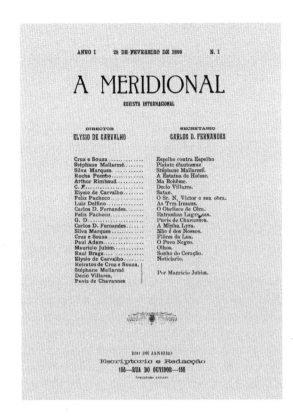

Exemplar do primeiro e único número de *A Meridional: Revista Internacional*, que circulou em fevereiro de 1899, mesclando aos textos de autores nacionais poemas dos simbolistas franceses Arthur Rimbaud (1854-1891) e Stéphane Mallarmé (1842-1898).

nifesto Naturista no método literário do projeto dissidente, bem como de sua permanência na linguagem e no ideário dos movimentos de renovação que as elites decidem sustentar a partir daí. *A Meridional*, de fato, surge num momento em que os observadores literários classificam como uma "tentativa de adaptação do decadismo à poesia brasileira".[12] Há referências ao papel de ligação que Medeiros e Albuquerque teria exercido em Paris com o "grupo mallarmista". As notícias que aqui chegam de um modo geral ligam as atividades desse grupo "às convulsões de fundo democrático" que correspondem à "angústia de uma classe, a classe dirigente enferma". A presença do pessimismo, da decadência, do anarquismo assume em nosso meio

---

[12] Esta citação e as seguintes pertencem ao ensaio de Araripe Júnior "A literatura brasileira" (*Movimento de 1893*, Rio de Janeiro, Democrática, 1896).

Presença da falsa vanguarda 27

uma nova significação: resistir ao clássico equilíbrio do homem europeu, assim como repudiar "as altas potências que representam a velha alma do continente", responsáveis pela marginalização cada vez maior das "faculdades científicas e das aptidões artísticas". A distância e a visão parcial das ideias, como é natural, abrem espaço à circulação de manifestos. Cria-se a imagem de um momento exacerbadamente panfletário, do qual decorre o hábito dos programas apressados que refletem, sem incorporá-las, as tensões comuns a esse momento de transição. Fala-se, por exemplo, da urgência em conciliar o passado ("buscar todas as grandes forças do passado") com esse momento em que renasce "o verdadeiro conhecimento". Adverte-se para os "dislates de diletantismo", localizando no fundo das novas ideias a decisão de "conquistar os poderes dirigentes".

Para o artista, a tarefa de satisfazer o ritmo da vida social e de "pôr-se de acordo com as necessidades do maior número de pessoas" coexiste com o oportunismo dos "agitadores de toda ordem", cujo radicalismo é em parte enaltecido como virtude capaz de acelerar, entre nós, o "novo mundo em gestação, a utopia da nova América das ideias".

No conjunto do material divulgado, vêm também informações desencontradas sobre as tendências estéticas que predominavam na Europa. Entre estas, um destaque particular para o "decadentismo de Mallarmé", aqui explicado como uma "forma de chauvinismo parisiense" ilustrada com vagas informações acerca do método literário do poeta, o mestre do "hieratismo gramatical e da holofrase" e, particularmente, o professor de línguas impressionado pelo mistério da palavra.

A Meridional é um traço isolado no fluxo contraditório desse contexto, e Mallarmé justamente ocupa o centro de suas propostas.[13] A revista, com efeito, reproduz o seu poema em prosa "Plainte d'automne", da fase baudelairiana; insere um artigo de Silva Marques ("Stéphane Mallarmé") sobre o autor; e o diretor Elísio de Carvalho, ao noticiar a morte do poeta no ano anterior ao da publicação da revista, nos fala da "alma pura de poeta santificada no martírio da Maldição", ressaltando que "ninguém melhor do que ele soube ser o escudo do Bem e o amparo da Virtude" ("Noticiário artístico e literário").

---

[13] Utilizamo-nos do único exemplar da revista *A Meridional* (nº 1), que se encontra na seção de raridades da Biblioteca Nacional, no Rio de Janeiro, a que remetemos as citações.

Retrato a bico de pena do poeta, ensaísta, crítico, tradutor e jornalista Elísio de Carvalho (1880-1925), nascido em Penedo, Alagoas, autor de uma vasta produção e fundador de revistas como *A Meridional* (1899), *Kultur* (1904) e *América Brasiliense* (1922), entre outras.

Rimbaud ("Ma bohême") e Paul Adam ("O povo negro") são os outros poetas estrangeiros publicados, embora sem qualquer ênfase. O "Noticiário", no entanto, nos vai dar uma ideia mais ampla sobre as pretensões da revista. Ao comentário sobre a morte de Mallarmé, seguem-se algumas observações sobre outras mortes recentes, a do pintor Puvis de Chavannes, a do poeta Georges Rodenbach, além do registro de comemoração do décimo aniversário da morte de Paul Verlaine, "nossos quatro irmãos em arte", segundo Elísio. Rodenbach representa "no mais alto ponto, o dom da imagem rara e preciosa", mas é também o mestre que sabe "sentir as longínquas analogias que dão um ser [sic] à paisagem, analogias que são gestos discretos e palavras surdas da alma das coisas".

O primeiro aniversário da morte de Cruz e Sousa, por exemplo, desaparece em meio a outras notícias. Entre estas, a publicação da *Danseuse de Pompei*, livro escandaloso de Jean Bertheroy; a inauguração de uma estátua de Baudelaire no Luxemburgo, esculpida por

Presença da falsa vanguarda   29

Rodin; a publicação de *La Force*, de Paul Adam ("a epopeia de um entusiasmo histórico animando os povos da França contra a monarquia"); a intenção de reproduzir um desenho de Maurice Neumont, divulgada em Paris na *Revue des Beaux-Arts et des Lettres* e a morte do caricaturista Max Radiguet.

Dos autores nacionais, Cruz e Sousa recebe a humilhação póstuma da publicação de uma subscrição em dinheiro assinada por Elísio de Carvalho, Saturnino Meirelles, Tibúrcio de Freitas, Carlos D. Fernandes, Maurício Jubim e Félix Pacheco, com a finalidade de erguer-lhe no túmulo um monumento de homenagem. Em compensação, comparece com dois textos: "Espelho contra espelho" e "Flores da lua", acompanhados de seu retrato a bico de pena, como também acontece com Mallarmé, Décio Villares e Puvis de Chavannes. Os demais colaboradores são Silva Marques ("Não é dos nossos", além do citado artigo sobre Mallarmé), Rocha Pombo ("A estátua de Hulme"), Félix Pacheco ("O senhor Nestor Victor e sua obra" e "Estranhas lágrimas"), Luís Delfino ("As três irmãs"), C. F. ("Décio Villares"), Carlos D. Fernandes ("O obelisco de cera" e "A minha lira"), Raul Braga ("Sonho do coração"), Maurício Jubim ("Olhos"), e Elísio de Carvalho ("Satã").

Silva Marques alinha em seu artigo sobre Mallarmé a posição da *Meridional*.[14] Situa-a numa época de transição e de lutas para a qual o poeta francês representa, "mais do que um programa, um desafio". De Mallarmé, traça um rápido perfil literário, valorizando o inimigo da fórmula, o artista que primeiro rompeu com a esterilidade do passado e o poeta que mais se aproxima "do ideal artístico e da forma perfeita". Conclui por uma observação que, apesar de banal, terá muita importância nos desdobramentos posteriores das teses do grupo. Trata-se da ideia de utilizar o mito da obra como uma espécie de relação mística que faz com que o ato de ler se transforme numa passividade extática, pela qual o leitor passa a ver no poema um ritual aberto a todas as "sensações de magia" que a palavra possa despertar. Com ela, se manifesta a primeira tentativa, muito conhecida dos simbolistas, para fixar a relação leitor-texto-aura, permitindo, assim, a gradativa divinização do papel da poesia, que assume agora uma

---

[14] Silva Marques, "Stéphane Mallarmé", *A Meridional: Revista Internacional*, nº 1, fev. 1899, p. 6.

função impositiva sobre a conduta e a própria natureza humana. Silva Marques propõe esse estreitamento da relação leitor-texto a partir do que considera o "ideal artístico" de Mallarmé, segundo ele um poeta cujos escritos se produzem sob "a lei eterna das vibrações [...] do mistério da sombra e da expansão ruidosa da luz, esse movimento perene a que tudo está sujeito [...] o abismo tenebroso e ignorado como os corpos luminosos que se agitam na imensidade visível".

O esteio do texto, como se vê, é a imagem do abismo, do mistério ignorado que nos revela certa rigidez da criação poética; pela primeira vez, dizer-se que não se pode criar conduz em si mesmo ao ato criador. Situação paradoxal que, segundo Camille Mauclair, teria levado Mallarmé a colocar a ideia do Livro numa tal altura mística, que ninguém seria capaz de alcançá-la.[15] Para o leitor, impõe-se então uma disciplina de leitura que vem da invariabilidade e da perenidade da matéria esteticamente elaborada. Esta, agora, opõe-se ao passado, não por um mero confronto estético. É como se nunca tivesse havido literatura antes, como se a singularidade dos fenômenos ainda permanecesse ensombrada, mergulhada no estado de pureza primitiva. Neste caso, o presente da leitura não surge, como antes, com a primeira palavra do poema: confunde-se com a primeira palavra proferida pelo homem e é tão intangível quanto o seu verdadeiro significado.

Como é natural, essa disciplina de leitura como modo de sustentar o paradoxo opera também como força ideológica que favorece, noutros níveis, o "círculo mítico" com que a aura da obra enclausura o leitor. Sob este aspecto, a escolha de "Plainte d'automne", do próprio Mallarmé, tem para a *Meridional* a virtude de prolongá-lo, sobretudo se nos fixarmos na sensação de decadência que, nesse poema, se apodera do homem em seu contato diário com a realidade, para depois levá-lo à recusa e ao desejo de transfigurá-la, abrindo, assim, um novo espaço para o artista redentor.

Isso explica também que em "Plainte d'automne" o motivo central seja dado pela imagem da queda. Ao círculo mágico que prendia o leitor ao mistério do texto, segue-se aqui a sugestão de que só a sabedoria do poeta pode conter os mistérios do mundo. O texto de Mallarmé, na verdade, nos dá um claro indício de como a força in-

---

[15] Camille Mauclair, *Mallarmé chez lui*, 2ª ed., Paris, Éditions Bernard Grasset, 1935, pp. 35-8.

Presença da falsa vanguarda

temporal do poema reduz afinal a existência à mera solução literária. O poeta solitário, jogado no "tenebroso abismo" ante a ausência de um amor perdido, encontra na literatura as forças para desdenhar da própria sorte: a magia de sua palavra, pairando acima dos homens e das civilizações, permite-lhe recompor e gozar a própria queda através de um ciclo literário de que ele, na distância dos séculos, é um heroico avatar. A "literatura agonizante dos últimos momentos de Roma" é que lhe traz a visão estoica com que neutraliza o fracasso para corrigir o destino.

Veremos que a imagem do poeta aí sugerida é uma forma de utilizar a dependência do modelo para firmar a independência das funções. De fato, no confronto das influências que, como vimos, se estabelece em linguagem de plataforma literária, valorizam-se apenas alguns aspectos do método proposto por Mallarmé. Sabemos que o Mallarmé de "Plainte d'automne" não é o mesmo defensor de algumas ideias avançadas que permaneceriam no ideário das vanguardas no começo do século. Não é, por exemplo, o teórico que sustenta que a literatura se esgota na poesia, "confiscando-se, quase, ao discurso que narra, o direito à enunciação".[16] Nem o crítico que propõe que a existência da obra implica "o desaparecimento elocutório do poeta, que cede a iniciativa às palavras, impulsionadas agora pelo choque de sua desigualdade".[17] Ou mesmo o leitor que antecipa a moderna consciência da estrutura da obra literária, ao notar que sua especificidade viria das próprias palavras que "se inflamam por meio de reflexos recíprocos, à semelhança de um virtual rastilho de fogo em contato com as pedrarias, assumindo a função da respiração perceptível do antigo estro lírico ou do tom pessoal e entusiasmado da frase".[18]

Não são esses fragmentos de latente modernidade que interessam à *Meridional*. Interessa-lhe, sobretudo, o Mallarmé do "Mystère dans les lettres", preocupado com a ideia de que todo escritor deve, por força do ofício, esconder-se sob uma camada fundamental de indiferença para com o leitor, aquela dimensão oculta que existe no fundo de todos nós, "fechada, absconsa", que devolve o poema ao "instin-

---

[16] Stéphane Mallarmé, "Crise de vers", em *Oeuvres complètes*, Paris, Gallimard, Col. Pléiade, 1974, p. 361.

[17] *Idem, ibidem*, p. 366.

[18] *Idem, ibidem*.

to dos ritmos" presente em toda a existência.[19] Importa-lhe mais o crítico antigo que define o poeta, "antes de mais nada, como um servidor dos ritmos",[20] ou que exclui a participação social do artista: o destino literário é condição sacralizada, não se concebendo fora de si mesmo (*"Certainement je vise le Poète ne possedant pas d'interêts quelque part"*), nem sequer para assumir a glória literária ou o debate acerca de sua função.[21] O Mallarmé, afinal, que estabelece como fundamento do trabalho literário a "explicação órfica da Terra", concebendo "a época contemporânea como um interregno para o poeta, que não deve se envolver com nada": diante desse mundo de formas gastas e cheio de efervescências, nada lhe resta "senão trabalhar com o mistério para, mais tarde, jamais ou quem sabe de tempos em tempos, remeter aos vivos seu cartão de visitas, estâncias ou soneto, para não ser apedrejado por eles no caso de suspeitarem de que ele tem consciência do pouco que significam".[22]

É no sentido destas breves observações que a caracterização do modelo posto em prática pela *Meridional* nos põe diante de um método literário que utiliza ideologicamente o prestígio formal da modernidade, tomando-a, porém, no sentido inverso do que propõe. Seus efeitos imediatos estão no artigo de Rocha Pombo (*"A estátua de Hulme"*) e no texto de C. F. sobre Décio Villares. O primeiro saudando a força transfiguradora do artista moderno cujo carisma se reflete na "turba capaz agora de sentir o que há de grande e irresistível na majestade astral do gênio". O segundo enfatizando a missão predestinada do intelectual na sociedade de todas as épocas e vinculando, depois, "os modelos de perfeição estética às formas espiritualizadas" que caracterizam a arte e a cultura.

Vimos como a alusão ao método formal de Mallarmé permitiu que o prestígio da aura legitimasse o inconformismo comprometido com as velhas ideias do Simbolismo sob a aparência de modernidade,

---

[19] *Idem, ibidem*, p. 383.

[20] Stéphane Mallarmé, "Bucolique", em *Oeuvres complètes*, Paris, Gallimard, Col. Pléiade, 1974, p. 401.

[21] Stéphane Mallarmé, "Solitude", em *Oeuvres complètes*, Paris, Gallimard, Col. Pléiade, 1974, pp. 405-9.

[22] Stéphane Mallarmé, "Autobiographie/ Lettre a Paul Verlaine", em *Oeuvres complètes*, Paris, Gallimard, Col. Pléiade, 1974, pp. 663-4.

Presença da falsa vanguarda

atitude pela qual, aliás, a proposta renovadora das minorias dissidentes vai convergir para o projeto mais amplo com que o pensamento conservador, valendo-se dos modelos político-institucionais avançados, decide assumir a modernização do país sem alterar as estruturas arcaicas que sustentavam no poder a ação minoritária dos grupos dirigentes.

Vejamos agora como o processo se repete no âmbito do prestígio dos escritores locais. Aqui, a utilização do tema do espelho fornece à *Meridional* a linha de abertura para alçar os escritos do jovem Elísio de Carvalho no rastro da aura de Cruz e Sousa, mesmo que seja para em seguida negá-lo em nome de um vanguardismo irreverente. Na verdade, toda a eloquência que organiza o poema em prosa "Espelho contra espelho", de Cruz e Sousa, é utilizada pela *Meridional* para ilustrar uma espécie de perfil intelectual do poeta moderno. Do Simbolismo, permanecerão o tom confessional, a submissão mística da apostrofação que nos desvenda aos poucos a epifania da "Alma Eleita" que imobiliza o leitor e flutua no texto trazendo "nos nervos [...] essa doença do Desconhecido", agora convertida em "doce e amargo apostolado".

Os temas da queda e da redenção pela arte, tão caros aos manifestos que virão depois, cobrem apenas uma camada do poema. Servem aqui para estabelecer, num primeiro momento, o choque do escritor com o mundo em mudança. O novo *apóstolo da arte* tem agora pleno conhecimento das misérias do homem comum, bem como o poder de compreendê-las e mitigá-las. Conhece e sente "o frio que vai pelo mundo"; percebe como os humildes se encolhem e protegem "nos obscuros vãos de uma porta para não morrer[em] esmagado[s] pelo bárbaro tacão da prepotência". Sua presença, no entanto, como também nos sugere o ritmo de ladainha presente no poema, é um modo de enrijecer a disciplina com que se anuncia ao leitor. A fala do poeta é, com efeito, a do verbo-censor que retorna em nome da "Grande Virtude de todos os tempos", ameaçando com o fogo do demônio os responsáveis pelo pobre espetáculo dado por "essas tristes cousas humanas". Como censor que lamenta a perda do "entusiasmo absoluto" dos jovens, cabe-lhe sobretudo a mordacidade e, com esta, o direito de manifestar sofrimento e revolta pela "petrificação dos sentimentos em tudo".

Transformada em censura, a poesia se socorre de seu poder contrastivo: ao mesmo tempo em que recusa a "regra universal da Rotina", erro maior de toda a literatura do passado, afasta-se da medio-

"Sou um apaixonado, um homem de ideias extremas, um espírito combativo, um energético, um impulsivo, podendo dizer sem exagero que sou um rebelde nato." Assim se autodefiniu certa vez Elísio de Carvalho, aqui em fotografia de juventude, por volta dos dezenove anos.

cridade dos incapazes e estimula igualmente a atividade isolada, mas redentora, da criação literária superior. A nota curiosa aqui vem do fato de que se propõe uma ação organizada para que a poesia se relacione com o mundo. É esta imagem que Elísio de Carvalho isola no texto de Cruz e Sousa: a metáfora do espelho. Realmente, contra a produção menor dos espíritos estéreis (simbolizada pela imagem do Asinino), cada poeta, como homem predestinado, é responsável pelo aperfeiçoamento estético de outro poeta, organizando assim uma espécie de comunhão intemporal da arte, cujos elos, no poema de Cruz e Sousa, figuram eternamente como "espelhos impolutos e astrais que reproduzem a perfectibilidade de sentimentos nas gerações".

A *Meridional* situa o soneto "Satã", de Elísio de Carvalho, como um reflexo contemporâneo desse brilho e arma, desse modo, através da metáfora de Cruz e Sousa, o prolongamento de uma atitude crítica que, como veremos, marcará profundamente o comportamento ideológico do projeto renovador dissidente. Uma de suas tendências, desde aqui evidente, será a radicalização do sentimento elitista, muito clara na imagem central do soneto: a presença do anjo revel implacável que, em nome dos novos tempos, retorna ao signo do caos para com isto justificar uma intervenção mais vigorosa sobre o aviltamento social e intelectual do homem, paralisado no centro desse "antro ascoso e imundo/ de misérias e paixões, de tédio e sofrimento".

Essa manifestação discricionária do lirismo será mais tarde responsável pela decisão de dissolver todas as coisas numa metamorfose, fazendo com que a imagem da nova realidade se apoie no fechamento gradativo da camada conceitual das coisas, visível, por exemplo, nos complexos manifestos renovadores de Graça Aranha, na atividade crítica do próprio Elísio de Carvalho, no elitismo aristocrático de João do Rio e no pensamento de Renato Almeida.

O surgimento em 1900 do *Manifesto Naturista*, assinado por Elísio de Carvalho, é a primeira manifestação concreta nessa direção.[23] A razão de seu aparecimento é a ideia de que a literatura no fim do século XIX no Brasil, como de resto as artes em geral, encontrava-se em grande anarquia, ao contrário das ciências, dos sistemas políticos e da atividade comercial. Nesse contexto, a ausência de grandes livros estaria relacionada diretamente com a perda do "espírito da época", cujo desaparecimento comprometeu as "fontes de inspiração diretas e fortes", sobretudo a natureza, de onde proviria o fluxo das "coragens heroicas", decisivo, como sabemos, em alguns manifestos nacionalistas posteriores à Semana.

Ao lado dessa ressalva à perda de compromisso das letras e das artes, o manifesto aponta também o desleixo para com a "expressão pura" dos fatos, de um modo geral através do pastiche e do artificialismo dos jogos de frase utilizados pelos simbolistas e em particular pelos parnasianos. Recusa-se agora o "culto do irreal", a exploração do "lado fantástico da Natureza (a tormenta, a treva, o cataclismo), cheia de unicórnios e sereias", concluindo-se por um repúdio exacerbado à tarefa estéril do trabalho estilístico, responsável pelo desnaturamento de todos os processos lógicos. Daí a preocupação antiformalista que exclui a visão acadêmica e a mania de escolas; por estéreis, condenam-se igualmente os modelos literários de cuja projeção estética o grupo dissidente retirou o prestígio. Para o manifesto de Elísio de Carvalho, o Simbolismo, por exemplo, nada deixou de consistente, "só males, já que não passou de um deplorável transviamento

[23] Elísio de Carvalho, *Manifesto Naturista*, 2ª ed., Rio de Janeiro, Laemmert, 1901, pp. 10-30.

Ex Libris da biblioteca de Elísio de Carvalho — seu lema, *amor fati* (em latim, amor ao destino), é uma expressão de Nietzsche, autor de sua predileção. "Minha fórmula para expressar a grandeza no homem é *amor fati*: o não querer que nada seja diferente, nem no passado, nem no futuro, nem por toda a eternidade", escreveu o filósofo em *Ecce Homo*.

das almas", espalhando vícios "que desequilibraram os melhores espíritos no seu subjetivismo estéril e doente, fechado para a vida e condenado ao isolamento".

Com o manifesto, ganha corpo também a ideia da necessidade de uma renascença espiritual do país que assinale a transição do velho para o novo século, sem espírito de seita ou escola, mas com vigor para transformar-se numa "revolução de ordem moral". Sob este aspecto, convém indicar que a tese da recuperação do homem através da arte, defendida pelo grupo de Elísio nas páginas da *Meridional*, afasta-se agora dos velhos mitos antes propostos como modelos: fala-se da "influência nefasta de Gautier, Baudelaire, Lautréamont e Mallarmé", para propor uma nova teoria da natureza de bases puramente éticas.

A preocupação com o homem no novo espaço que se abre com o progresso do novo século tem, no entanto, origem no movimento de reação francesa à literatura de vanguarda, precisamente no que esta apresentava de mais veemente para opor à linguagem, ao pensamento e à expressão histórico-política do passado. Por esse caminho, a dissidência das falsas vanguardas não apenas ocupa indevidamente o

Presença da falsa vanguarda

prestígio literário dos modelos renovadores consagrados na Europa (que lhe valeram, como vimos, para que legitimasse entre nós manifestações de inconformismo supostamente paralelas); mas vai além, e transpõe para o ideário renovador dos movimentos locais a própria matriz da reação conservadora francesa, alimentando, assim, de modo decisivo, o prestígio intelectual dos setores reacionários mais arraigados, que encontram agora um equivalente ideológico europeu igualmente eficaz para manter um confronto com o autêntico movimento renovador das novas gerações.

A presença de Elísio de Carvalho, pouco considerada pela crítica que estudou o período, confere-lhe um papel fundamental de divulgador e ideólogo, impondo-o como o porta-voz intelectual da cultura dependente e o definindo como uma espécie de déspota esclarecido da contravanguarda, nacionalista e refinado, iconoclasta e socialista, próximo dos anarquistas e defensor da universidade popular, mas saudoso dos tempos patriarcais e cronista interessado da moral ociosa dos brasões e dos latifúndios. Veremos a seu tempo o que lhe devem as posições modernistas e a própria ficção de Graça Aranha, o conto-reportagem e a crônica social de João do Rio, o panteísmo sensacionista de Ronald de Carvalho, o naturismo nostálgico de Renato Almeida e do Verde-Amarelismo, o elitismo do homem integral na ordem do novo Estado proposta por Plínio Salgado.

Assinalemos por ora de que modo o seu contato com o grupo da *Revue Naturiste* francesa servirá de apoio ao projeto de concentrar na literatura a expressão de um empenho intelectual coletivo e democrático com o qual, por assim dizer, se persegue uma primeira síntese entre o social e o estético. Da leitura dos livros do escritor francês Saint-Georges de Bouhélier, sobretudo *La Vie heroique des aventuriers, des rois e des artisans*, *La Ressurrection des dieux* e o *Discourse sur la mort de Narcise*, bem como o manifesto publicado no *Figaro* a 10 de janeiro de 1897 e sua posterior divulgação no primeiro número da *Revue Naturiste*, Elísio colhe as bases para elaborar a sua plataforma renovadora cujo tema central é o da educação superior do povo através da literatura.

A essa altura, já está impressionado com o curso do movimento naturista na Europa, principalmente depois da adesão de Émile Zola, Lemonnier, Anatole France e Alexis Barrès, que identificavam no movimento não apenas a diluição inevitável das teses simbolistas, mas o advento de uma nova consciência artística determinada pelo surgimento de "um novo homem europeu" em tudo oposto ao obscurantismo dos nefelibatas que morriam com o velho século. Marcam-no também algumas manifestações concretas inspiradas nas novas ideias, como é o caso das experiências em torno do teatro popular desenvolvidas por Lugné Poe, diretor do Théâtre L'Oeuvre, de Paris; da organização, pela revista católica *La Lutte*, em fevereiro de 1898, de um congresso literário em que E. Monfort divulga as propostas do movimento naturista: a fundação, nesse mesmo ano, por Georges Dehermé, da sociedade La Cooperation des Idées pour l'Instruction Éthique et Sociale du Peuple; o surgimento em Aix-en-Provence, em janeiro de 1899, da revista *Pays de France*, fundada por Joachim Gasquet, ao lado dos *Éléments d'une renaissance française*, de Bouhélier, dos *Poèmes* de A. Fleury e do Théâtre Civique de L. Lumet; a encenação, no Théâtre du Capitole de Toulouse, em apresentação popular e gratuita, do drama *Le Tocsin*, de M. Magre; e por fim a instalação, em dezembro de 1900, do Congrès International de la Jeunesse, sob a direção dos chefes do movimento, Bouhélier, Le Blond, E. Monfort, A. Fleury, L. Lumet e outros. Será, entretanto, a admiração pelos programas desenvolvidos pelo Collège d'Esthétique Moderne, instalado em Paris sob a direção de um comitê de honra composto por Zola, Mirbeau, Bouhélier, Verhaeren, Rodin, Lemonnier, Carpentier e Le Blond, que o levará a retomar entre nós algumas das ideias já discutidas pelos artigos da *Meridional*, dois anos antes.

Entre estas, pela repercussão que terão nas fases subsequentes do movimento, está a ruptura entre o escritor moderno e o pensamento oficial dos divulgadores das tradições e da cultura, para Elísio de Carvalho "falsos tiranos" contra os quais há necessidade de lutar no sentido de abrir espaço à dissidência marginalizada. Também essa ideia de sustentar uma marginalização honrosa em nome do povo e da redescoberta das raízes autênticas de sua cultura emerge do fundo polêmico de suas atitudes. A proposta de "constituir, em grupo distinto, a família dos artistas modernos", desvinculando-os das "falsas tiranias", inaugura para as etapas posteriores do Modernismo a trajetória de certo nacionalismo elitista cuja função principal será a de engendrar a grandeza épica necessária aos assuntos e à própria expressão social das tarefas dos incompreendidos "heróis da arte atual".

A genealogia e a seleção elitista dos temas literários, estudadas por Antonio Candido num ensaio em que examina o uso ideológico do passado na contribuição da literatura para a formação de uma

Presença da falsa vanguarda   39

possível identidade nacional brasileira,[24] retornam agora sob uma linguagem que se revigora a partir do contato de Elísio de Carvalho com o movimento naturista/anarquista francês. Na verdade, a heroicidade dos novos contestadores sociais a que se reduzem, afinal, os escritores do socialismo naturista, ao recusar a distância elitista da "torre de marfim" da geração precedente, não abre mão da prerrogativa tradicional que consagra a literatura como uma espécie de conhecimento revelado. A diferença, agora, é que, em nome da modernidade, o escritor transfere para o plano nacional, para o homem comum, para a natureza, o trabalho e o próprio Estado a importância de suas tarefas, colhendo em cada um desses níveis o reflexo cada vez mais vivo do velho projeto transfigurador das minorias ilustradas.

Elísio de Carvalho é o articulador desse olhar dissimulado com que o pensamento conservador procura juntar-se ao movimento antipassadista já então em curso. Ao lado do empenho pela busca de uma autêntica identidade nacional que recusasse o peso desfigurador da devastação colonizadora (discutido, por exemplo, pelo movimento antropofágico ou mesmo pelo grupo Pau Brasil), surge com Elísio um nacionalismo radical cuja base ideológica se concentra exatamente na alegoria do heroísmo. Nessa busca retrospectiva da força ancestral do "novo homem brasileiro", inclui-se também a adesão histórica ao poder ostensivo e à imaginação repressiva dos heróis das camadas dominantes. Nestas, e em sua natural extensão ao conceito de pátria e de natureza livre e exuberante, estão os limites da nova arte, que, igualmente, "deve ser heroica, uma espécie de revivescência da embriaguez militar que se apodera de nosso país e que, em nós, se converte no culto da força, de glorificação aos heróis, que desejamos naturais, propícios ao entusiasmo da energia tumultuosa dos jovens".

Transposta como indício de modernidade e organizando-se em manifesto, essa vertente do nacionalismo povoará o Modernismo de mitos e tabus. No centro dos motivos que a desencadeiam está o dirigismo aristocrático que encampou o movimento dissidente e lhe impôs uma rigorosa seleção estética dos assuntos. Notemos, a propósito, que é dessa atitude que decorrem outras "imposições inadiáveis" que a literatura, segundo Elísio, deve assumir enquanto expressão de

---

[24] Antonio Candido, "Literature and the Rise of Brazilian National Self-Identity", *Luso-Brazilian Review*, The University of Wisconsin Press, vol. 5, nº 1, jun. 1968, pp. 36-41.

Marcado de um cosmopolitismo obscuro, leitor de Nietzsche e Mallarmé, Elísio de Carvalho alinhou-se ao conservadorismo elitista da virada do século, cujas ideias definirão uma facção do Modernismo de 22.

nossa modernidade. Uma delas, colhida em Le Blond, é a urgência da investigação estética dos motivos étnicos, já que, de acordo com o manifesto, "um dos motivos que dirigem os jovens escritores é [...] exprimir a existência de sua raça". Antecipa-se aqui um programa literário que não ficará apenas no romance e no teatro de Graça Aranha, ou mesmo no descomedido rasgo ufanista de *Toda a América*, mas irá além, se compararmos, por exemplo, as teses da *América Brasileira* (1922) com a linha de argumentação do *Movimento Brasileiro*, do *Manifesto Nhengaçu*, da *Novíssima* ou do ideário do grupo de *Lanterna Verde*.

Outra imposição básica no programa de Elísio de Carvalho é a revelação da plataforma, muito antes da aventura de Plínio Salgado, da "expressão integral" do espírito brasileiro, inspirada em Albert Fleury ("exprimir-se integralmente [para] compreender-se através de todas as coisas e compreender todas as coisas através de si mesmo").

Daqui também se amplia uma espécie de deformação naturista do indivíduo baseada nas ideias de Joachim Gasquet, o que convalida em

Elísio a liberação radical da autonomia da vontade, instaurando por via indireta o prazer mesmo irracional do arbítrio. Daí, como veremos, a submissão ao pensamento de Nietzsche, ao historicismo simbólico de Guglielmo Ferrero, ao individualismo de Stirner, ao estetismo de Oscar Wilde e às posições do anarquismo ortodoxo. De modo geral, porém, o contato com o ideário naturista leva a consciência intelectual do pensamento ilustrado a um balanço crítico do próprio isolamento, o que de certa forma explica a decisão posterior de assumir uma função socialmente relevante. Com Elísio, a visão oligárquica da modernidade antecipa-se à própria realidade e o discurso literário procura manifestar-se sobretudo enquanto norma interessada em categorias distintas como o Estado, a natureza, o homem e o trabalho. Aproveitando o clima de mudanças visível mesmo na superficialidade do corpo social em crise no fim do século, o novo modo de aludir passa a explorar o espaço retórico que se anuncia no corpo das soluções generalizadas, definindo aos poucos uma discordância ao mesmo tempo radical e normativa. Essa ampliação da natureza do objeto literário, tendo em vista a participação na ordem geral da sociedade, é, na verdade, normativa, na medida em que o trabalho do escritor, à maneira do poeta detentor do conhecimento coletivo nas sociedades primitivas, passa agora a consistir na elaboração estética da linguagem inspirada na disciplina da conduta autonômica do cidadão brasileiro do novo século, como se assim "constituísse uma teogonia ou organizasse leis" que o despertassem para os novos valores morais, para o civismo e para as tradições mais vivas do povo.

Sendo normativa, cai no esquematismo de sua visão de classe que, como vimos, utiliza a consciência formal para com ela assumir o prestígio social do poder disciplinador, seja ele conservador ou revolucionário. No caso de Elísio de Carvalho, a alusão ao critério estético como forma de modernizar o espírito do homem brasileiro no novo século é apenas um sintoma menor pelo qual a acomodação do pensamento oligárquico dissimula o retrocesso no quadro geral das ideias na Primeira República.

Antes, porém, de examinar a sua participação concreta no desfiguramento da produção literária avançada do período, é preciso definir a sua função. Deve-se com efeito a esse primeiro estágio do movimento dissidente o corte ufanista que engendra a fragmentação arbitrária da realidade em mudança, responsável pelos arquétipos otimistas que alimentarão o pré-modelo do panteísmo de onde os modernos

42   Retórica e dissidência

retirarão a imagem da nossa primitiva singularidade, para mitificá-la num conjunto estético que relaciona a natureza, o homem e a sociedade. É na verdade este o momento que nos permite compreender por que o poeta brasileiro moderno decide abdicar de sua distância para dividir a superioridade de seu ofício com o restante dos homens. E por que, entre estes, o camponês, por exemplo — como o nativo e os mitos da tradição legendária para certas facções do Modernismo —, será sempre idealizado "num instante de eternidade". Já agora, como seria depois, não interessa mais tomá-lo em suas pequenas paixões, mas no centro de seu destino, que é o próprio trabalho, porque então ele se converte em herói, comunicando-se com a exuberância da natureza e entrando em contato com um número maior de seres e elementos. "Toda a humanidade — nos dirá Elísio — está atenta para essa função do campônio: ele deixa, enquanto tal, de ser homem, para tornar-se ao mesmo tempo um anjo, um símbolo, uma força".

Sob essa mesma contradição que submete a modernidade ao olho converso do elitismo ilustrado, é que o canto da nova poesia brasileira procura mesclar-se à expressão coletiva da comunidade. É que, consciente da irreversibilidade de seu percurso, o manifesto de Elísio de Carvalho reconhece que o canto do poeta predestinado afinal não lhe pertence, é absorvido pela comunhão natural de todos os homens, em cuja voz passa a reboar. A natureza e a ordem geral das ideias é que agora impõem os ritmos: o poeta nada cria, sendo alternativamente oceano, ramo pendente, estrela, fonte, escravo, aurora, salgueiro branco, papoula de ouro ou ave — ele escuta o clamor dos espectros.

Essa limitação gradual da imaginação criadora do escritor conduz, no plano literário, à intenção de compreender a modernidade de um texto a partir do grau de despojamento em sua elaboração estilística. Em contrapartida, desvendará na estrutura das novas composições toda uma camada autoritária que passa a empurrar o trabalho literário para um compromisso supostamente abrangente das novas ideias. Sua forma de compensação ideológica será a transformação do texto num instrumento crítico, opção pela qual examinaremos o confronto entre o projeto crítico do grupo dissidente (a adesão de novos autores conduzindo aos primeiros contatos com as posições de vanguarda) e os modelos consagrados pela crítica tradicional.

O lugar social está ocupado: vejamos como se organiza a sua proposta no plano das obras.

Presença da falsa vanguarda   43

ELYSIO DE CARVALHO

AS MODERNAS

Correntes Esthéticas

NA

LITERATURA BRAZILEIRA

H. GARNIER, LIVREIRO-EDITOR

71, RUA DO OUVIDOR, 71 | 6, RUE DES SAINTS-PÈRES,
RIO DE JANEIRO | PARIS

1907

Em *As modernas correntes estéticas na literatura brasileira*,
de 1907, Elísio de Carvalho discorre sobre o momento
literário, revelando os primeiros informes sobre autores como
João do Rio (1881-1921) e os anarquistas Fábio Luz
(1864-1938) e Curvello de Mendonça (1870-1914).

2.

Heroicidade e visão libertária:
o mito integral

AS VOZES DA FORÇA E DO INSTINTO

A diluição do ideário estético de *A Meridional* imposta pelo messianismo libertário do *Manifesto Naturista* corresponde, na trajetória intelectual de Elísio de Carvalho, a uma segunda transformação: a do leitor acadêmico "formado no espírito dos clássicos e da literatura francesa moderna", como ele mesmo se definia ao falar da própria obra,[1] no intérprete radical do momento político e literário que se abre com a definição da Primeira República.

A mudança nos mostra outros desdobramentos, mas veremos que muitas das questões propostas nos escritos anteriores retornarão ao debate, de um lado estimuladas por uma complexa obsessão anarquista que parece corresponder às vezes a uma forma de recusar os mecanismos provincianos que impediam a circulação das ideias; e de outro, estimuladas por um tradicionalismo cada vez mais decidido a moldar as coisas mesmo no instante de contestá-las.

A meio caminho das duas decisões intelectuais, estão *As modernas correntes estéticas na literatura brasileira* (1907), uma espécie de confronto acadêmico, caudaloso e bacharelesco, cuja proposta ensaia um passo mais ousado: oferecer uma leitura abrangente do momento literário com a preocupação de chegar a uma avaliação crítica não apenas dos métodos de trabalho, mas particularmente dos resultados obtidos a partir da pesquisa da realidade em mudança. O modo como o livro se organiza, entretanto, fragmenta a organicidade do projeto,

---

[1] Elísio de Carvalho, "Minha formação literária", em *As modernas correntes estéticas na literatura brasileira*, Rio de Janeiro, Garnier, 1907, pp. 6-7. O capítulo reproduz depoimento do autor a João do Rio. A esse respeito, ver *O momento literário*, de João do Rio (Rio de Janeiro, Garnier, s/d).

Heroicidade e visão libertária   45

e não é difícil marcar as razões que o determinam. Num primeiro plano, o livro reorganiza, sistematizando-as, as direções do ideário dissidente anteriormente expostas n'*A Meridional* e no *Manifesto Naturista*, agora, porém, à luz de um suposto compromisso com as ideias anarquistas. Destas vêm mesmo o enunciado retórico das palavras de ordem que consagravam a simpatia das teses humanísticas e o contorno moral irrecusável do movimento libertário internacional. No rastro de seu alcance é que se estruturam os momentos de argumentação do trabalho, onde estão delineadas as relações entre a arte e a história ("Arte social"), a função da dramaturgia ("O teatro e o social"), a questão da ideologia da cultura e a tentativa de sua interpretação ("O problema da cultura"), textos que, combinados com a minuciosa digressão biográfica do autor ("Minha formação literária"), preparam o segundo plano do livro, em que predomina a intenção de discriminação elitista, visível na seleção dos temas e dos autores estudados. Os exemplos que se oferecem não deixam de ser elucidativos quando pensamos na sacralização do "gesto iluminado" em que se converte a ficção de Graça Aranha (abrindo aí uma afinidade espiritual que marcará o ingresso das teses do grupo no corpo do movimento de 1922). Mas sobretudo quando constatamos, na "leitura militante e comovida", que recupera os textos de Fábio Luz e Curvello de Mendonça pensando num esquema literário do anarquismo, que o leva a insurgir-se contra o espectro formal do Simbolismo-Parnasianismo; ou ainda quando o surpreendemos discutindo a mobilidade urbana do cosmopolitismo literário de João do Rio, paralelamente à reflexão sobre o problema da circulação das novas ideias num meio cultural incaracterístico (José Veríssimo), sem perder de vista a ameaça de deformação do patrimônio intelectual herdado dos grandes momentos da literatura vernácula (João Ribeiro).

Desde já é preciso não se deixar levar pelo tom: quem é, na verdade, o intérprete das novas ideias que nos fala nas *Modernas correntes estéticas*? Que pressupostos determinam nele a consciência da modernidade? Que compromissos está disposto a assumir na esfera cultural em que localiza as mudanças a que diz aderir? A primeira arma é a do ideólogo convicto do anarquismo que diz ter aprendido em Proudhon, Bakunine, Kropotkine, Réclus, Makay e Tucker a verdade de seu ofício: a de que a obra literária, a exemplo da consciência humana, é ingovernável e descomprometida, uma realidade que, à semelhança daquela, encerra em si mesma os limites de sua verdade.

46   Retórica e dissidência

Para Elísio, do mesmo modo que a propriedade é um roubo contra o indivíduo, a condição do texto está em sua inapreensibilidade, imersa na pureza intangível que não circula: criticá-lo é desfigurá-lo, e esse ato de violência, um roubo correlato. Assim se explica que o estatuto da linguagem que se volta para a paráfrase do Estado repressivo, simbolizado pelo "sabre infamante do esbirro e pela toga venal do magistrado", recuse igualmente os discursos paralelos que o ordenem e questionem.[2] Entre estes, como é inevitável, a metalinguagem da crítica, cujo limite se desagrega no traço imponderável da leitura do caos: o limiar de um tempo sem instituições corresponde ao do texto sem crítica, na medida em que o universo dos leitores se distancia dos valores do escritor convencional. Por isso o desprezo às instituições será também, para ele, o desprezo do texto, já que a expectativa coletiva é que dirige agora o trabalho do escritor, que escreve no instante mesmo em que se redescobre a si próprio e à sua razão de ser na Terra.[3] A passagem pela ética solidarista de J. M. Guyau, ao mesmo tempo em que elimina o constrangimento moral da ação punitiva, liberta o indivíduo para a prática social da "vida total sem mutilação" e legitima a condição humana como síntese de um momento de força e de hesitante equidade. Isso tudo imporá à visão literária do movimento dissidente uma espécie de antropocentrismo místico e irreverente desde logo assimilado pela consciência ufanista que começa a ligar a função da literatura à metáfora nacional da grande existência, inaugurando, assim, a linha de combate para uma nova arte comprometida com a força do gênio e da vontade heroica da nação redescoberta.[4]

Esse lado panfletário dos escritos de Elísio de Carvalho contamina a relação entre o seu pensamento literário e as outras séries do conhecimento, principalmente quando destaca a urgência de estudar a sociologia e aprofundar a contribuição social e política, frequentando centros operários, colaborando e fundando jornais e revistas anarquistas e lutando pela criação da universidade popular.[5] Na verdade,

---

[2] Elísio de Carvalho, "Minha formação literária", em *As modernas correntes estéticas na literatura brasileira*, Rio de Janeiro, Garnier, 1907.

[3] *Idem, ibidem*, p. 7.

[4] *Idem, ibidem*, pp. 7-8 e 21.

[5] O projeto da universidade popular, de que também participaram Manuel Curvello de Mendonça, Evaristo de Moraes, Fábio Luz, Rocha Pombo e José Ve-

a formação literária, intransigente em relação ao Brasil e academicamente distante da revolução que simbolizava, parece ser mais produto de uma rebeldia narcisística, amaneirada ao corte da irreverência do dândi fora de moda, libertário e ilustrado ao mesmo tempo, mas sempre próximo da explosão ufanista que se manifesta como forma de superar o quadro desolador da miséria local incapaz de assimilá-lo. Esse "rebelde por instinto, por temperamento, por pessoal vontade de vida"[6] não se considera portanto um escritor brasileiro, e chega mesmo a recusar a influência intelectual local: sua anarquia confronta igualmente com a monomania messiânica dos modelos literários que o enformam. É nesse registro que devemos pensá-lo, uma espécie de clichê fragmentado imposto pela retórica facciosa das minorias dirigentes, um produto metaforizado da consciência dependente, capaz de compensar, com a ferocidade verbal das ideias da moda, a índole retrógada de seu espírito.[7]

No entanto, é preciso notar que esse preconceito de exclusão, ao mesmo tempo em que parece chocar-se com o espírito participante das formulações políticas, acaba deslocando as aspirações revolucionárias para um anarquismo elitista, bastante evidente, por exemplo, na ênfase sobre a tese do *representative man*, de Emerson, nos critérios seletivos da crítica de Thomas Carlyle, e na suposta influência do "individualismo energético e combativo" de Ibsen.[8] A observação tem importância porque é por aí que entra, paralelamente à aversão pela libe-

---

ríssimo, entre outros, encontra-se desenvolvido no artigo "Universidade popular de ensino livre", publicado pela revista *Kultur* (Rio de Janeiro, 1904), de que Elísio era secretário, na qual se encontra também um artigo em que o autor traça um roteiro da atividade anarquista no Brasil ("O movimento anarquista no Brasil"). Segundo Edgard Carone, a participação pequeno-burguesa da iniciativa visava sobretudo à aliança com os líderes da causa operária através do modelo espanhol da Escola Moderna Pedagógica, de Ferrer, muito admirado entre nós por Fábio Luz, Rocha Pombo e o próprio Elísio de Carvalho. "O que pretendem — assinala Carone — é a difusão do nacionalismo e do cientificismo, para combate ao catolicismo e à mistificação capitalista". Ver Edgard Carone, *Movimento operário no Brasil (1877-1944)*, São Paulo, Difel, 1979, pp. 12-3.

[6] Elísio de Carvalho, "Minha formação literária", em *As modernas correntes estéticas na literatura brasileira*, Rio de Janeiro, Garnier, 1907, p. 16.

[7] *Idem, ibidem*, p. 17.

[8] *Idem, ibidem*, p. 10.

ral democracia e pelos direitos universais proclamados pela burguesia, a palavra de ordem que atribui à arte a função de conciliar a soberania estética do indivíduo, na natureza e na ordem social, com a metáfora da *superhumanidade*, concebida a partir do pensamento alemão. Esse sentimento de pretensa marginalização reaviva o revanchismo do projeto libertário de Elísio. Para isto concorre, ainda que de modo desordenado, um outro grupo de referências. A constatação lida, por exemplo, em Schopenhauer, sobre a impossibilidade da existência feliz, do mesmo modo que a impressão ligeira sobre o "individualismo gerador do anarquismo", de Stirner, ou sobre o "niilismo dionisíaco", de Nietzsche, acabam impondo o perfil truculento da alegoria restauradora dos dissidentes: a ideologia do ideal trágico de vida com que se mede o presente emperrado da nação, em contraste com o ufanismo delirante do futuro, marcado pela admiração por todas as formas de poder e de grandeza.[9] A síntese de linguagem que prepara a ruptura ganha aqui uma uniformidade decisiva, harmonizando os critérios éticos da rebelião: o enrijecimento do "deves ser o que és", colhido no exemplo de Zaratustra, ao mesmo tempo em que funde o caráter e o estilo do texto na manifestação da vontade ilimitável e aleatória do artista, estabelece a radicalidade de sua distância: a do teor incomunicável do pensamento, que permite ao escritor manter-se perfeitamente neutro junto ao processo da produção das ideias. Bastaria lembrar, por exemplo, que essa imagem do mundo como mera representação da vontade nutre-se da concepção hermética da ciência e das artes, para justificar com isto, como demonstra Elísio, que a visão crítica da obra literária se organiza a partir de sua imagem enquanto objeto exclusivo criado pela vontade, pelo poder e pelo instinto de beleza de quem a concebe.[10]

Com essas ideias é que nele se manifesta o pressuposto central da modernidade. Num primeiro momento, para caracterizar a própria obra, segundo ele, um "*contínuo excelsior*" motivado pela ânsia do novo e inspirado no dinamismo estético da *metarrythmisis* dos gregos,[11] condição que, a seu ver, contribuía para destacá-la do conjunto estacionário que então configurava a vida intelectual no país. É

[9] *Idem, ibidem*, p. 11.

[10] *Idem, ibidem*, pp. 13-4.

[11] *Idem, ibidem*, p. 18.

Heroicidade e visão libertária

através dela que vai criticar as manifestações do academismo que chamava de oficial, recusando a produção literária baseada nos programas das escolas, segundo ele cada vez mais distantes das novas questões de natureza moral que definiam a participação do escritor na sociedade brasileira, paralisada pela fome, pela falta das liberdades essenciais e, sobretudo, pela ignorância das massas. Num segundo momento, chamará atenção sobre alguns trabalhos cuja elaboração, a seu ver, reacende o espírito inovador do *Manifesto Naturista*, como é o caso do *Ideólogo*, de Fábio Luz, de *Regeneração*, de Curvello de Mendonça, e de *No hospício*, de Rocha Pombo.

Não podemos perder de vista que o crítico simpatizante dos escritos libertários de Manuel Bomfim ("pelo seu labor intenso e progressista"), de Pedro do Couto, de Vítor Viana, Frota Pessoa, Marcelo Gama e Benjamin Mota, já estava em plena militância anarquista. Depois de ter dirigido o jornal anarquista *A Greve* (1903) e de secretariar a revista *Kultur* (1904), órgão informativo da doutrina anarquista que se propunha a traçar uma espécie de roteiro do movimento libertário no Brasil, vinha por essa época de assinar dois manifestos decisivos no jornal militante paulista *O Amigo do Povo*, nos quais se deterá na trajetória da propaganda revolucionária anarquista posterior à morte, em 1879, de Bakunine. Aí, não apenas divulga a declaração de princípios que os terroristas, liderados por Kropotkine e presos em Thonon em 1883, leram perante os jurados do tribunal correcional de Lyon, como também sublinha as bases táticas da ação anarquista pela violência direta, colhidas nas barricadas urbanas e no poder saqueador dos grevistas de Barcelona (1902), sem esquecer o exemplo dos 750 operários italianos que minaram em Nova York as margens do depósito de água em que trabalhavam, ameaçando, em greve, inundar a cidade.[12]

Apesar de mais brando no exercício do comentário literário,[13] o tom panfletário conduz, nesse segundo momento, à discussão do ro-

---

[12] Ver Edgard Carone, *Movimento operário no Brasil (1877-1944)*, São Paulo, Difel, 1979, pp. 343-55.

[13] No artigo "Ideólogos, sonhadores e revoltados", de Elísio de Carvalho (*As modernas correntes estéticas na literatura brasileira*, pp. 78-9), o exemplo pode ser visto no corte acadêmico do *portrait* de Fábio Luz, cujo rosto "emoldurado por uma linda barba, à nazarena, sedosa e fina, que vai aos poucos nevando", serve como índice em que se concentra a visão mística do discípulo de Kropotkine.

50   Retórica e dissidência

mance como objeto formal da progressão do que Elísio chama de arte social. Em Fábio Luz, segundo ele, se define o ensaio dialético da arte assim considerada, e sob este aspecto, Alcibíades, personagem central do *Ideólogo*, traz em si a marca da modernidade: a tensão entre a loucura e a regeneração como traços estruturais da sociedade em que se movimenta.

Essa contradição entre a natureza íntima do homem, capaz de regeneração, e a sociedade que o bloqueia ampliará, em Elísio, a discussão das relações entre a arte e a sociedade, destacando-se aí o romance não apenas como um modo pelo qual o artista pode "traçar o futuro social que está reservado à família humana", mas particularmente como um instrumento capaz de pressentir os tempos novos, autêntica "síntese lírica da humanidade" em sua marcha para a libertação integral imposta pelos novos tempos.[14] *Regeneração*, de Curvello de Mendonça, surge assim, para Elísio, como um parâmetro dessa "síntese": nele os homens aparecem, apesar de seu destino, como impetuosas alegorias da sociedade igualitária, heróis potenciais que se redescobrem no fundo das aparências, disseminando a linguagem inédita da "revolução pelo amor, e só pelo amor", como a queria Walt Whitman (*"I will plant companionship thick/ As trees along all the rivers of America,/ And along the shores of the great lakes,/ And all over the prairies"*).[15]

Outra questão a assinalar é que, sob esse modo ambíguo de ver o novo, o projeto de Elísio de Carvalho discutirá as relações entre a arte e a história, propondo ainda uma vez o caráter anárquico da "literatura integral". Na verdade, interpretada como um registro dos momentos superiores daquilo que a utopia anarquista considera a "grande e forte vida", também a história, para ele, se converte num modo de projeção estética, na medida em que os fundamentos de sua verdade serão tanto mais decisivos quanto mais se aproximarem do ideal transfigurador com que a arte anuncia a essência espiritual do homem. Uma de suas bases está no princípio da *coenesthesia*, de Guyau, que atribui à arte a função simultânea e global de "viver" em sua instância concreta a própria vida da coletividade, exprimindo-a por meio de elementos emprestados à realidade, com apoio na ideia de que, deven-

---

[14] *Idem, ibidem*, pp. 80-91.

[15] *Idem, ibidem*, p. 94.

Heroicidade e visão libertária

do produzir uma emoção estética profundamente social, a força simbólica de sua verdade equivale "à manifestação mais completa da vida coletiva passada através da vida intelectual".[16] Vislumbra-se aqui o conduto de passagem para a expressão da vida universal, já que é a única forma de conhecimento de que dispõe o homem para conjecturar e afinal conviver em harmonia com o imponderável. A constatação antecipa o contorno especulativo do "dinamismo objetivista e da concepção espetacular do mundo" com que Graça Aranha, pouco depois, fundamentaria o estágio moderno da utopia solidarista, abrandando o despertar da consciência colonizada para submetê-la à visão prospectiva que impôs ao homem local o arquétipo matizado da universalidade. O embrião desse projeto é a redescoberta do nosso ímpeto selvagem, instintivo e inesgotável, caminho promissor entre o progresso e a natureza, a máquina e a mítica, por onde a trajetória dissidente se cruzaria com o Modernismo antipaulista que, na observação de Tasso da Silveira, nasceu com as ideias de Graça Aranha e "encontrou expressão criadora no *Toda a América*, de Ronald de Carvalho". As palavras de ordem de certo ufanismo de 22 soam, assim, como velhas verdades, pois é com Elísio que se começa a esboçar a reação restauradora preocupada em mostrar que o nosso futuro estava na civilização, que era preciso "sacudir o mistério verde das florestas", fazer o trilho aterrar os pântanos e os bugres, opor o futuro ao passado, incorporar, com as leis, a libertação dos vínculos tradicionais, depurar a raça, expulsar a fé com a razão, fazer com que a liberdade estimule o instinto: o Brasil, segundo ele, precisava "viver violentamente a sua vida", e a sua vida era "o progresso, o futuro, a libertação absoluta do indivíduo".[17] Para Elísio, como vimos, é decisiva a ideia de que, mesmo quando não sabemos que caminhos toma a natureza visível ou sensível, a arte não estaca: para o poeta, como para o gênio, o desconhecido não existe, assim como desaparece a distinção entre o contingente e o eterno.[18] Daí os

[16] Ver Elísio de Carvalho, "A arte social", em *As modernas correntes estéticas na literatura brasileira*, pp. 240-2.

[17] Tasso da Silveira, *Definição do modernismo brasileiro*, Rio de Janeiro, Forja, 1932, p. 19.

[18] Ver "A arte social", em *As modernas correntes estéticas na literatura brasileira*, p. 244.

desdobramentos, nesse instante em que a alma visionária dos dissidentes especulava sobre a germinação dos ritmos heroicos, da visão do poema como expressão do mundo interior em seus instantes de transcendência. E é o mesmo Tasso da Silveira quem nos remete à atualidade de Elísio, ao retomar o conceito de totalidade ("o artista assenhorando-se da realidade integral") para propor a tese da tendência "místico-criadora" como conciliação entre o Modernismo primitivista de São Paulo e o dinamismo objetivista de Graça Aranha. Em sua base, a diluição do tema da "deformação", que caracterizava o simplismo dos novos, converte-se no processo transfigurador articulado pelos manifestos dissidentes: também agora "o artista deforma porque a luz deforma, porque o movimento deforma", e transfigura "porque os sentimentos penetram as coisas, transfigurando-as".[19]

Será ainda o poeta enquanto "teórico do mundo" que brotará de Elísio, numa fala sobre a poesia de Rubén Darío (*"Bajo su ley, así como tus versos,/ Eres un universo de universos/ Y tu alma una fuente de canciones./ La celeste unidad que presupones/ Hará brotar en ti mundos diversos"*), para a teoria poética de Ronald de Carvalho, seja como motivo que estimula a pesquisa do verso, o "cria o teu ritmo e criarás o mundo" (*"Ama tu ritmo y ritma tus acciones"*), seja como referência intertextual às matrizes formadoras (Verhaeren, Vielé Griffin, Verlaine, Johan de Duenyas, Valtierra, Johan de Torres e outros trovadores espanhóis do século XV), seja ainda pela divulgação da sabedoria dos *quatrains* de Omar Khayam ou da "deliciosa nostalgia do nada", a anagogia que Elísio chamava *Setnencht* e que Ronald transformou em versos em *Luz gloriosa* (1913).[20] Em torno dela se instaura uma atitude estética, que o próprio Elísio esclarece ao assumir o dinamismo cósmico de Graça Aranha como forma de elucidar a "aristocracia do espírito" de Rubén Darío, tão intraduzível quanto *"el abrazo imposible de la Venus de Milo"*.[21]

---

[19] Ver Tasso da Silveira, *Definição do modernismo brasileiro*, pp. 58, 73 e 93.

[20] Elísio de Carvalho, "Rubén Darío, príncipe dos poetas de língua castelhana", em *Bárbaros e europeus*, Rio de Janeiro, Garnier, 1909, pp. 127-50.

[21] *Idem, ibidem*, p. 151.

Heroicidade e visão libertária   53

O PASSADO EM QUESTÃO

O conceito de que a arte é social por sua origem, seu fim e sua essência, encerrando em si mesma, como se fosse sua própria alma, uma sociedade ideal,[22] é reaberto num ensaio de 1909, "Guglielmo Ferrero e a transmutação dos valores históricos", para propor o parentesco intelectual entre o artista e o historiador, visível no próprio enunciado da minuciosa digressão de Elísio sobre a trajetória historiográfica de Guglielmo Ferrero. Tanto o método da exposição quanto o fundo ideológico do argumento partem do empenho restaurador com o qual o movimento dissidente definia sua participação nesse momento de transição na vida cultural do país. Nessa perspectiva está, por exemplo, a evocação da história como "uma ressurreição viva mas exata do passado" através da imaginação e da crítica, que, na concepção de Ferrero, se completam para "produzir no espírito o sentimento da verdade dos fatos", à maneira de uma consoladora recordação.[23] Nesse sentido, a imagem do escritor que se adianta sobre seu tempo por exercer uma função eminentemente social, serve também para configurar o papel do historiador: um produz, por delegação espiritual da coletividade, a metáfora da sociedade ideal; o outro, sob a égide do mesmo pacto, cria intuitivamente a melhor interpretação para a ordem dos fatos, dimensionando livremente as direções da trajetória do homem: "atrás do historiador — dirá Elísio — oculta-se muitas vezes o homem com suas simpatias, suas tendências filosóficas e suas preferências estéticas".[24]

A tese do historiador-artista, lida em Ferrero, além de embasar o princípio de que a história pode ser produzida, sugere a participação necessária de um segmento dirigente na condução do processo. Elísio se detém, com o olhar fascinado, no modo arbitrário com que Nietzsche concebia o papel das minorias na produção da cultura. Retoma, por exemplo, o conceito da transformação da história a partir do pensamento das inteligências "mais raras", sugerindo que é "pela

---

[22] Ver "A arte social", em *As modernas correntes estéticas na literatura brasileira*, p. 243.

[23] Ver Elísio de Carvalho, "Guglielmo Ferrero e a transmutação dos valores históricos", em *Bárbaros e europeus*, p. 28.

[24] *Idem, ibidem*, pp. 28-9.

maior tensão das nossas faculdades mais nobres que adivinharemos o que no passado é digno de ser conhecido e conservado".[25] A história, "produto sazonado do homem superior", é, portanto, à semelhança da arte, um testemunho intelectual que engendra os valores e, como aquela, inscreve-se como um discurso marcado pelo "poder de revelação dos mistérios" que só se encontra "nos espíritos excepcionais, nos videntes supremos".[26]

E vai além: se de um lado essa visão iluminadora faz do historiador um crítico do velho sistema de interpretação da história (que procura, por exemplo, defini-la com base nos cultos, nas instituições, nas migrações etc.), veremos que, de outro, a substituição do documento pela imaginação criadora serve como modo de articular a restauração do velho individualismo elitista que estava na base da proposta original do pensamento dissidente. É assim que Elísio justifica a relação entre o estético e o heroico na visão renovadora do grupo. Dizer, por exemplo, que a história "só pode ser escrita como verdade [...] pela Arte, porque a Arte não é menos que a projeção da nossa própria personalidade",[27] é de fato um modo de legitimar o individualismo estético que marcou essa primeira fase do movimento. Daí a crença de que, "no contínuo evolucionar dos entes", o que fica é o símbolo de heroicidade, aspecto da arte na história que se cobre do estético para firmar, pelo impacto do novo texto, o pressuposto básico da história estilizada. Neste caso, a renovação literária significaria a capacidade do texto literário para influenciar outros discursos, o que ocorre, por exemplo, quando aprofunda o contato com Graça Aranha, momento em que Elísio reconhece que só a arte, pelo seu mistério e por sua força transfiguradora, pode ressuscitar o passado.[28]

Note-se que entre as condições que Elísio de Carvalho considera "benéficas para a civilização", o confronto entre o estético e o factual estabelece, como nos textos anteriores, um paralelo entre o lirismo heroico — responsável pela "ressurreição das maneiras de ser e de pensar nobilíssimas" —, e o "dogma de igualdade absoluta, que pre-

[25] *Idem, ibidem*, p. 29.

[26] *Idem, ibidem*, p. 30.

[27] *Idem, ibidem*, p. 34.

[28] *Idem, ibidem*.

Heroicidade e visão libertária

para por todos os meios possíveis o advento do socialismo".[29] Na base desse juízo está a conversão da história na reconstituição intuitiva do saber das elites ("toda verdadeira ascensão da história se faz num sentido aristocrático")[30] em sua busca para legitimá-las seja no plano epistemológico, onde prevalece para Elísio o critério de Emerson, segundo o qual "a natureza existe para os seres representativos e o mundo subsiste pela veracidade dos heróis"; seja no plano teleológico, marcado pelo princípio de Renan de que "o fim da História é produzir, não massas esclarecidas, mas alguns indivíduos superiores", já que toda civilização foi sempre obra de aristocratas; seja ainda no plano axiológico, lido em Carlyle, que reduz o valor da atividade humana a partir da projeção universal imposta pelo exemplo dos "grandes homens".[31]

Em Elísio de Carvalho, esse espírito elitista, profusamente refletido no lirismo heroico que radicaliza o ideal da restauração nacional voltado para os modelos épicos produzidos pelas minorias, lança os temas para discussão do "sentido trágico da existência", assimilado nos mitos paraliterários da filosofia de Nietzsche, servindo Zaratustra como modelo. O entresséculos figura, sob esse ângulo, como uma espécie de "prelúdio de uma renascença", na medida em que se encaminha para um compromisso histórico assumido contra a "anarquia dos instintos" que ameaça, através do corte retrógrado de sua expressão, o reencontro de nossa vida inteligente. Esta equivale, em sentido amplo, à redescoberta de nossa autêntica "existência moral", cujo centro, na expressão ufanista da vida coletiva, é "animado do mistério, da legenda, de tudo que tiver de heroico a nossa história".[32]

O próprio Elísio nos confessa que nesse contato com as ideias de Nietzsche encontrou os critérios que lhe permitiram ampliar a leitura de determinados críticos que prolongarão as etapas posteriores do movimento. Em primeiro lugar está o "niilismo dionisíaco", que determina a síntese de uma transformação cultural utopicamente solidária e coletiva, através da qual ele formula a uniformização do dis-

[29] *Idem, ibidem*, p. 35.

[30] *Idem, ibidem*.

[31] *Idem, ibidem*.

[32] Elísio de Carvalho, "O teatro heroico e social", em *As modernas correntes estéticas na literatura brasileira*, p. 276.

curso dominante com base numa revisão moral dos costumes, uma espécie de disciplina dos sentimentos e das ideias que valorize não apenas o aspecto formal das coisas, mas sobretudo o critério de bom gosto em todas as manifestações da vida.[33] A ideia de que a cultura não significa apenas instrução literária ou científica completa-se com a visão da unidade de estilo, que preside a criação artística impulsionada pela ordem lógica da natureza, mais do que pela ordem lógica do conhecimento: "a doutrina de um pensador — dirá Elísio — importa pouco, porque o filósofo pode se enganar, a qualidade de sua alma valendo mais que todo sistema".[34] Sua qualidade primordial será, para ele, a de conduzir o conhecimento à constatação imediata de que "a vida existe", valorizando assim toda experiência humana que tem na intensidade das sensações a única razão a justificá-la, ainda que isto exija reconhecer o erro, a violência e a inutilidade da moral e da consciência.[35]

Por outro lado, a preocupação em livrar o homem do pessimismo e do aniquilamento organiza, no confronto simbólico entre a "visão apolínea" e o "espírito dionisíaco", um modo de propor a afinidade intelectual com os escritos de Graça Aranha e estabelecer, assim, uma atitude crítica que, como veremos, servirá de apoio à própria análise que fará Elísio da obra do autor de *Canaã*. Aqui, é importante assinalar a tensão entre o sensacionismo e a energia como forma de integrar a participação intelectual do homem no "todo universal", aspectos que comporão, mais tarde, o repertório crítico de Graça Aranha. Na verdade, a referência ao "estado dionisíaco" já antecipa o que, neste autor, explica toda reflexão sobre o sentido integrado da arte como instrumento revelador de um novo espírito nacional até então amordaçado pela hostilidade natural do meio. O germe desta tese, a visão do homem como um ser isolado na natureza e na sociedade, sua vontade dependendo da vontade universal que é eterna, prepara a etapa posterior em que o pensamento dissidente, a partir de Graça Aranha, lançará a metáfora da oposição entre o pri-

---

[33] Elísio de Carvalho, "O problema da cultura", em *As modernas correntes estéticas na literatura brasileira*, pp. 181-5.

[34] Elísio de Carvalho, "Trágica história de um criador de valores", em *Bárbaros e europeus*, p. 14.

[35] *Idem, ibidem*, pp. 15-6.

Heroicidade e visão libertária

mitivismo local e a força latente do novo espírito, de onde nasce o fundo épico que sustentará alguns dos mitos modernos decorrentes da gloriosa epifania do novo herói brasileiro, arrancado do fundo mágico da terra.[36]

Em *Bárbaros e europeus*, um livro feito em homenagem a Graça Aranha,[37] está o debate sobre as questões teóricas presentes nos manifestos deste último.[38] Nos ensaios "A ressurreição de um filósofo", "Biografia de um filósofo soberano" e "O único e sua propriedade", que tratam de M. Stirner, aparece a distinção entre as vertentes "democrática" e "aristocrática" do anarquismo, que separam, por meio de "profundas divergências", o projeto político de Stirner dos de Kropotkine, Tucker, Bakunine e Jean Grave, deslocando a intenção coletivista do projeto social para o mesmo esquema inflexível da consciência de classe responsável pelo dirigismo aristocrático que, como vimos, reduzia a uma questão meramente estética as relações da literatura com a realidade em mudança. O resultado desse confronto fragmenta a exposição de Elísio para anunciar, aos pedaços, pequenos discursos paralelos que vão delineando a verdade da proposta: a identificação com o individualismo intransigente de M. Stirner, "bravo, destemido, cruel, amando a luta, duro com os outros e para consigo mesmo, desdenhoso de toda consideração estranha a seu interesse, desprovido de todo escrúpulo e de todo respeito, associando-se livremente a únicos emancipados como ele" e simbolizando enquanto tipo

---

[36] *Idem, ibidem*, pp. 17-9.

[37] A dedicatória ressalta um outro aspecto da afinidade intelectual entre Elísio e Graça Aranha: a condição de ser este "um representante do espírito europeu na nossa gente". Curiosamente, o prefácio, de Vítor Viana, após assinalar que, em literatura, não se podia dizer que houvesse no Brasil um "espírito mundial" ("Não vibramos propriamente com todas as crises mundiais do pensamento [...] A cultura geral é limitada. E tão limitada é que para muitos letrados a literatura é uma coisa que se cultiva no Brasil, em Portugal e em França"), argumenta com a figura do que considera o "escritor de cultura mundial", que, segundo ele, abre em seu país um novo delineamento intelectual, já que transmite uma noção mais ampla das coisas. Elísio de Carvalho, para Vítor Viana, é exatamente um representante dessa visão intelectual. E Elísio, em *Bárbaros e europeus*, a transfere a Graça Aranha.

[38] Elísio de Carvalho, "A ressurreição de um filósofo", em *Bárbaros e europeus*, p. 47.

ideal, na Alemanha da época, uma espécie de *representative man* do império de Bismarck, homem de ação, de força e de astúcia.[39]

A intenção é mostrar como Stirner se apodera dos resultados do pensamento crítico da esquerda hegeliana, para concluir que esta se deteve a meio caminho. Ou seja, manipulando a dialética de Hegel à sua direita, Stirner opôs-se, segundo Elísio, às formulações teóricas propostas pela esquerda hegeliana, Marx e Engels à frente. Hegel, nos diz ele, professava uma doutrina conservadora que contrastava com a revolucionariedade de um método que, nas mãos de seus discípulos, se transformou em arma de dois gumes. Basta ver, por exemplo, como Elísio valoriza a elaboração política dos neo-hegelianos que, a seu ver, compreenderam o perigo de conceber o Estado como "um absoluto, uma coisa existente em si, irredutível", como queria Hegel,[40] para, em nome das "liberdades individuais" e das "verdades superiores que reinam na consciência", propor a conciliação de sua fé no absoluto hegeliano com a modernidade de suas aspirações políticas, o que conseguiram "transpondo este absoluto do Estado ao Homem".[41] Daí a opção pelo anarquismo, pois é com ela que se fecha o pacto com o moderno sem precisar dispor das alternativas que o sistema dominante oferece para discipliná-lo e absorvê-lo.

LIMITES DO ATO CRÍTICO

A presença intelectual de Graça Aranha nas *Modernas correntes estéticas* representa o símbolo do artista "da raça brasileira regenerada", tão caro ao ideário dissidente.[42]

E, no caso de Graça Aranha, veremos que o que vale para o homem se aplica também para a obra. A leitura de *Canaã* serve de exemplo, pois a visão do livro é também simbólica — a "síntese das aspirações da Pátria universal", um produto imaginado bem no corte dos

---

[39] *Idem, ibidem*, pp. 47-8.

[40] Elísio de Carvalho, "O único e sua propriedade", em *Bárbaros e europeus*, pp. 72-3.

[41] *Idem, ibidem*.

[42] Elísio de Carvalho, "Graça Aranha", em *As modernas correntes estéticas na literatura brasileira*, pp. 3-4.

Heroicidade e visão libertária

clichês que Elísio extrai de Guyau e Carlyle, para justificar que a crítica obedece sobretudo a um estado de simpatia necessário a quem a exerce, para bem julgar.[43] Um breve contato com as "qualidades maiores" que Elísio encontra em *Canaã* basta para indicar o modo como se descarta da apreensão do literário e abre espaço para a figuração simbólica de seu projeto ideológico, voltado não apenas para a exaltação panteísta do homem na natureza e na sociedade, como também para a celebração da cultura e do trabalho dos heróis, "a caminho da cidade universal, do progresso e do solidarismo".[44]

Mas convém não perder de vista que essa tensão entre a projeção utópica do símbolo e sua conversão paralela em linguagem de manifesto (como no caso dos editoriais da *Meridional* e do texto-libelo do *Delenda Carthago*) é na verdade uma opção que transfere o elitismo de Elísio de Carvalho para a outra frente panfletária que, como veremos, acompanhará a trajetória do movimento modernista de 1922. Uma reflexão isolada sobre um texto contra Max Nordau, por exemplo, em que Elísio explica a função da crítica literária enquanto "exclusiva procura do *eu* transcendental" do escritor a partir da eliminação das fronteiras entre o crime e a cultura,[45] dá bem a medida de como essa fome panfletária atropela a vocação acadêmica, simulando o inconformismo tão próprio do momento histórico que então se vivia.

Na verdade, para o crítico das *Modernas correntes estéticas na literatura brasileira*, o que fica de Graça Aranha enquanto primeiro símbolo da nossa modernidade é a constatação, a partir de *Canaã*, de que a expressão naturista dos mitos libertários sai dos manifestos para fecundar a criação literária em si mesma, o que faz com que a raiz do novo homem brasileiro se funda à utopia do solidarismo cósmico, consagrando uma nova linguagem para a retórica da celebração étnica que vinha do *Manifesto Naturista*, passando pelas *Modernas correntes estéticas*, antes de se consumar com a publicação de *Bárbaros e europeus*.[46] A consequência imediata é que o parentesco entre o crí-

---

[43] *Idem, ibidem*, p. 3.

[44] *Idem, ibidem*, pp. 4-7.

[45] Elísio de Carvalho, "Max Nordau, um caso de atavismo histórico", em *Bárbaros e europeus*, p. 113.

[46] Elísio de Carvalho, "O único e sua propriedade", em *Bárbaros e europeus*, p. 74-6.

tico e o romancista deixa de ser meramente espiritual, para ser agora intertextual e programático, em cujo âmbito se fecha o círculo das afinidades intelectuais (e agora "revolucionárias") que decidirão o curso do movimento dissidente na fase imediatamente anterior à Semana, marcada justamente pelo desdobramento do elitismo anarquista de Elísio nos manifestos de Graça Aranha.

Havia ainda dois outros símbolos da velha crítica (João Ribeiro e José Veríssimo) no caminho dos dissidentes, mas mesmo com a intenção de recusar os seus critérios, Elísio não dissimula a adesão ao traço aristocrático de sua índole. De um comentário sobre *Páginas de estética* (1905), por exemplo, chega-se à conclusão de que, para ele, o trabalho literário exigia a elaboração de uma linguagem que *canalizasse o jorro épico da pátria redescoberta*, justificando em João Ribeiro um novo modo de expressar a "consciência integral da cultura", entendida como unidade de sentimento, de pensamento e de estilo.

Também é preciso dizer que essa restauração dos processos da linguagem que o autor identifica em João Ribeiro não elimina o esoterismo que sacraliza a habilidade verbal dos grupos de poder. Dela se exclui sumariamente o povo, aquele que "só lê a salário e jornal", naturalmente distante do voo transfigurador que a aristocracia do espírito atribuía à consciência dos poetas e escritores. A verdade é que num projeto como o de Elísio de Carvalho, voltado para a "superior educação do povo" e apoiado numa concepção de modernidade que assumia o dever histórico de postular, no Brasil, nada menos que a "regeneração estética das massas", a permanência desse vínculo sacralizador da literatura traz a marca da hegemonia de uma classe em crise: ao recuperar o espírito da tradição como forma de fecundar o futuro, a leitura de *Páginas de estética* como que completa o ciclo aberto com o manifesto d'*A Meridional* em 1899, verdadeiro sinal de rebeldia com que os dissidentes lutavam para recuperar o lugar intelectual e político que lhes fora arrebatado com o advento da República.

Neste caso, a literatura e sua função, assim como a retomada da velha imagem do escritor como condutor do processo cultural, retornariam para o lugar em que sempre estiveram — a linhagem intelectual da tradição, venerada como instância de poder e prestígio. Do mesmo modo que a ciência sem veneração é estéril ("o homem que não sabe venerar — dirá Elísio — sempre se comportará como um par de óculos detrás dos quais não existem olhos"), a literatura e a arte sem o poder catalisador da visão transfiguradora do gênio serão para ele

Heroicidade e visão libertária   61

o sinal medíocre de uma sociedade destituída de heroicidade e grandeza, condenada a permanecer ausente na trajetória dos novos tempos. Daí a exaltação do parentesco entre o gênio e o herói significar um largo filão de onde extrair os argumentos de força, necessários ao ritmo do novo século.[47]

Outra não é, por outro lado, a intenção de buscar na crítica de José Veríssimo as brechas que justificassem no sistema literário a irreversibilidade do movimento. A retomada, a partir de Veríssimo, das condições que impediam entre nós o desenvolvimento da crítica literária, permite a Elísio de Carvalho o encaixe de velhas afinidades que se organizam como segunda voz da intuição renovadora do mestre que ousou duvidar da validade do próprio método crítico. Numa sociedade em que predomina a ausência extrema de disciplina intelectual (deficiência de escolaridade, péssima organização do ensino superior, influência nefasta do jornalismo), desaparece, segundo Elísio, a função básica da crítica literária em relação à produção cultural: a de incentivar a exploração de técnicas e métodos que possibilitem a expressão da realidade local a partir dos melhores modelos latentes na índole da língua e na "força moral" da cultura.[48]

Tal atitude, tributária da crítica de Veríssimo, ao mesmo tempo em que impulsiona o inconformismo da dissidência, simula uma espécie de convivência inadiável com as tendências modernas da literatura, mesmo que isso signifique não abrir mão do tom discricionário com que normalmente opinava sobre a obra literária. A vantagem, para Elísio, está na precisão em isolar os momentos de lucidez da crítica anterior, de linhagem conservadora, para ordená-los depois, sob a ótica dissimulada da irreverência, numa trajetória pretensamente interessada em recusar o passado e anunciar a vanguarda como seu extremo limite. Nessa tarefa, a presença do crítico como censor de seu tempo choca-se com o velho desejo de compreender a obra como um processo intelectual dinâmico, embora o próprio Elísio não deixe de considerar a crítica como "um gênero dotado de reflexão, sabedoria e consciência".[49]

---

[47] Ver "Graça Aranha", em *As modernas correntes estéticas na literatura brasileira*, pp. 57-61.

[48] Ver Elísio de Carvalho, "José Veríssimo", em *As modernas correntes estéticas na literatura brasileira*, pp. 19-30.

[49] *Idem, ibidem*, pp. 21-2.

62   Retórica e dissidência

Na verdade, a mesma intervenção elitista que define na produção da obra literária a função do escritor frente ao destino de seus leitores, funciona também como um pressuposto para transformar o exercício da crítica num instrumento de controle em defesa dos critérios de gosto, ordem, beleza e verdade.[50] Sabemos que para Veríssimo a expressão literária deplora a repetição servil dos modelos estrangeiros, razão pela qual a crítica deve sempre estar atenta para os problemas mais abrangentes, como a questão da cultura, a defesa da língua e, particularmente, a ênfase sobre a função social da arte. Pelo que ficou dito, é possível dizer que a intenção de Elísio é transformá-las num argumento panfletário, menor, sem dúvida, quanto ao alcance estético e literário, mas definitivo na utilização desses princípios para legitimar o elitismo aristocrático com que os dissidentes interpretavam a cultura. Um exemplo do que estamos dizendo está em que a maioria dos temas que Elísio lê em Veríssimo, arrancados do contexto específico das condições de produção literária no Brasil, transformam-se em formulações abstratas sem qualquer relação com os fatos. A própria ideia de que o baixo índice cultural determina a repetição servil dos modelos estrangeiros serve-lhe de pretexto para a defesa do crítico como um "livre pensador em literatura", a quem não cabe indagar o valor ou estabelecer preferências: as obras valem pelas ideias que traduzem e estas pela força moral que contêm em si mesmas; o máximo que um crítico pode fazer é encará-las como fenômenos naturais e, nesse limite, pensar em compreender suas causas, tendências e efeitos.[51]

Ao mesmo tempo, sua independência em relação ao conhecimento sistemático da teoria literária, apesar de conflitar com o prestígio de sua imagem enquanto detentor iluminado do "padrão superior da realização do belo, intemporal e fluido, pairando sobre todas as tendências e ligando no espaço e no tempo as produções maiores do espírito humano",[52] manterá a distância equilibrada do velho homem de letras. Isento da obrigação de saber literatura e transformado em livre pensador da cultura, o crítico na verdade se converte na voz anômala encarregada de policiar a meia distância o ajustamento da produção

[50] *Idem, ibidem*, p. 31.

[51] *Idem, ibidem*, pp. 24-36.

[52] *Idem, ibidem*, p. 39.

Heroicidade e visão libertária

literária à ordem imposta pela expectativa do pensamento dominante. Poderíamos compará-lo ao historiador e ao filósofo que, na imagem que Elísio elabora a partir de Guglielmo Ferrero e de Nietzsche, estão livres para engendrar intuitivamente os pressupostos imaginários da ordem, como a concebe o sistema, ou como o quer manejá-lo a razão dos que mandam. Ou mesmo como aqueles que simulam a neutralidade dos valores da ordem para com isso descaracterizar a natureza do fato literário, interferindo não apenas na identificação conceitual de seu objeto, como também na proposição de seus fins. É o que constatamos quando Elísio prolonga as brechas que José Veríssimo abre na tradição, submetendo o conceito de modernidade a uma atitude crítica que procura harmonizar a ideia de que só as grandes obras fazem a literatura com a recusa sistemática do "elitismo das capelas literárias, em que só os iniciados podem achar a *jouissance* das coisas requintadas, longe do bulício humano e da simplicidade emotiva do povo". E, paradoxalmente, é sob a visão ambígua dessa distância que o vemos combater indiscriminadamente tanto o "mercantilismo literário" e o "gosto depravado de dissecar a burguesia", quanto o "charlatanismo" com que a seu ver naturalistas e simbolistas se afastavam dos verdadeiros temas da modernidade.[53]

É apoiado nessa ambiguidade que o projeto renovador de Elísio se vale da crítica acadêmica para juntar-se à oposição intelectual que se instaura no quadro geral das ideias em nome da modernização do país. Ou seja: é apenas como subsídio dessa consciência ideológica mais ampla que se define a consciência ocasional da vanguarda, voltada, como vimos, para um elitismo anarquista que não combina, mesmo ao nível de sua formulação teórica mais elementar, com pressupostos libertários que estão na base do movimento. Para ele, ruptura e modernidade não se desvinculam dos critérios estéticos da crítica tradicional, estabelecendo um contraste ostensivo entre a visão disciplinada do discurso acadêmico e o tom panfletário da intenção analítica. Isso desloca a função da literatura para o plano utópico do manifesto político e da revisão conceitual da história, com base na destruição da relação entre o texto e seu referente social concreto.

Mas é preciso notar que essa descaracterização do papel da crítica conduz a uma deformação mais grave: o crítico como "livre pen-

[53] *Idem, ibidem*, pp. 31-4.

sador", vislumbrado na leitura tendenciosa que Elísio faz de José Veríssimo, não será propriamente um crítico de literatura, já que o seu interesse estará muito além da avaliação concreta da obra literária. Ao contrário, define-se com Elísio de Carvalho a ideia de que, na arte, o novo e o inédito são aptidões dos mais nobres. Assim, fecha-se o círculo ao limitar-se a crítica apenas aos "momentos de elevação" imersos na densidade da obra: para o crítico, como para o historiador e o filósofo, só interessam nos textos os momentos da mirada iluminadora, "o instante de lucidez e grandeza" do homem. É justamente a definição dos critérios que amarram *As modernas correntes estéticas na literatura brasileira* aos ensaios de *Bárbaros e europeus*.

ESTILO E EXPERIMENTO

A passagem da ruptura para o momento da produção "inovadora e cosmopolita" está na leitura que Elísio de Carvalho faz da obra de João do Rio, o quarto arquétipo, para ele uma espécie de ícone da renovação perseguida pelos dissidentes.

A afinidade com o contista de *Dentro da noite* nasce com algumas ressonâncias nas *Modernas correntes estéticas*, ilumina-se na reelaboração intelectual de seus pressupostos (*Bárbaros e europeus*), e prolonga-se na publicação, ainda em 1909, de *Five o'clock*, livro que acompanha, em seu andamento, o *Cinematógrafo*, de João do Rio, publicado nesse mesmo ano. Neles, Elísio tenta superar o tom de libelo para ensaiar o risco do experimento, calcado em algumas atitudes dos narradores de João do Rio, entre as quais a digressão irônica do narrador com a reportagem de costumes (*As religiões do Rio, Os dias passam, Psicologia urbana*), a convergência para a crítica social urbana (*A bela madame Vargas, A mulher e os espelhos, Dentro da noite*), até que, em 1913, com o aparecimento de *Luz gloriosa*, de Ronald de Carvalho, as ideias parecem completar o seu curso ao ganhar a simpatia de alguns dos jovens autores ligados à Semana de Arte Moderna.

Já foi dito que na própria leitura que Elísio faz de João do Rio[54] vinha anunciada essa busca do cotidiano, numa como assimilação da trajetória mundana que parecia mover a visão do texto-reportagem,

[54] Elísio de Carvalho, "João do Rio", em *As modernas correntes estéticas na literatura brasileira*.

Heroicidade e visão libertária

como estratégia de pesquisa. Apesar da sedução que em Elísio desperta essa passagem para o jogo das imagens instantâneas fisgadas no próprio evento em que se sucedem, o objetivo é quase sempre o de evitar "o perigo da mistura dos gêneros". Ou seja, o relato jornalístico, até então recusado como gênero por degradar a literatura, corromper o estilo e descaracterizar o artista,[55] é habilmente alterado, para assim sugerir maior elasticidade ao plano literário, que passa a ser considerado por Elísio como uma instância vicária do relato flagrante, deslocando a linguagem da literatura para o registro instantâneo e fragmentário do real. Aqui, ao mesmo tempo em que se anula a contradição originária nesse novo discurso, improvisa-se a modernidade do narrador, transformando a sua retórica acadêmica numa técnica indispensável frente à sociedade que mudava. O que buscar, afinal, no fluxo caleidoscópico dos maquinismos, do cinematógrafo e do *movietone?* É claro que a tendência para confundir o "inédito" com o "novo" implica a tese do "belo é o raro" como um espectro redutor a neutralizar toda a força do relato-flagrante, tênue limite entre a crônica e o conto, zona ambígua entre o depoimento, a digressão e a reportagem — projeto em que já se manifestava latente o fluxo antiacadêmico do movimento de 22.

De fato, os movimentos do "cronista mundano" ou do "pintor das elites cariocas" são como que apagados. Nenhuma palavra que nos lembre a mobilidade do *flâneur* ou indique a possibilidade de seu êxito num instante da vida nacional em que a sociedade tende a acompanhar, com a concentração dos aglomerados urbanos, a tensão dos valores em crise, e isso apesar de Elísio reconhecer em João do Rio "o observador irônico, paradoxal e cruel do nosso tempo" e mesmo de aludir à modernidade inegável desse "iconoclasta impenitente, demolidor de ídolos e altares, inimigo acérrimo das fórmulas consagradas e dos dogmas estéticos que nasciam".[56]

A alusão ao "raro" e ao "inédito", no entanto, além de limitar a contribuição do "iconoclasta impenitente" e de não aprofundar o sentido de sua modernidade, procura, ao contrário, discipliná-la, pensando atingi-la em sua plenitude. Na verdade, o cronista mundano ou o pintor dos costumes, oscilando entre o pitoresco e o trágico, só se

---

[55] *Idem, ibidem,* p. 137.

[56] *Idem, ibidem,* p. 123.

66   Retórica e dissidência

impõe na medida em que concilia a função do "escritor de uma raça" com a função moderna de "descobrir aspectos novos, significativos, interessantes, íntimos da sociedade carioca até então recônditos à crônica".[57] É essa presença do mistério da "coisa nova", do oculto, que Elísio vê em João do Rio como tema predominante — nos diz ele — "numa vontade infinita de criar coisas novas, e não para de arrancar à sua visão intuspectiva, superiormente intensa nessa natureza de psicólogo, estranhas flores, colorações raras, paisagens exóticas, efeitos misteriosos e fantásticos". Ainda que admirando o cronista que mergulha nas ruas, o Paulo Barreto que impressiona a Elísio é ainda o "Paulo que ama tudo, na arte, como na vida, que traz o cunho do novo. O herói de Balzac, Balthasar Clés, passou toda sua existência febril [...] a procurar o *absoluto* [sic]: do mesmo modo, o nosso autor não se cansa nunca da busca do oculto, do fantástico, do terrível para os seus livros, indo até as raias do insano".[58]

Quer dizer: do mesmo modo que essa preocupação com o inédito se arma a partir da falsa equivalência entre a pesquisa do "raro" e a revelação documental do cotidiano, a alusão ao poder revelador da invenção determina uma segunda equivalência, que é a imagem do escritor como "homem-síntese", nos termos do próprio Elísio de Carvalho, "o indivíduo soberano, [...] que não é semelhante senão a si próprio, [...] libertado da moralidade dos costumes, [...] autônomo e supermoral, enfim o homem entregue à própria vontade, [...] aquele que possui em si mesmo o sentimento de ter chegado à perfeição".[59]

Vejamos como, na fase que abre a experiência do cotidiano através da publicação paralela, em 1909, de *Cinematógrafo* (João do Rio) e *Five o'clock* (Elísio de Carvalho), esse cosmopolitismo do "homem-síntese" procura mostrar a modernidade do elitismo dissidente não apenas por meio da caricatura literária de seus hábitos refinados, mas também de uma linguagem que, através da crônica, se pretende crítica e inovadora.

[57] *Idem, ibidem*, pp. 121 e 125-6.

[58] *Idem, ibidem*, pp. 131.

[59] Ver Elísio de Carvalho, "O problema da cultura", em *As modernas correntes estéticas na literatura brasileira*, p. 186.

Heroicidade e visão libertária

João do Rio (pseudônimo de Paulo Barreto), jornalista e homem de letras, combinou em suas crônicas o dandismo e a atmosfera modernizante com que retratou o Rio de Janeiro sob influência da estética decadentista do final do século XIX.

3.

O dândi, a aura e o rastro

JOÃO DO RIO, O RETRATO E O TEMA

Guardada a devida distância, João do Rio é para Elísio de Carvalho o exemplo verossímil da modernidade num meio até então considerado provinciano e canhestro. Sua presença, além de sugerir a habilidade das elites para adaptar-se ao curso dos novos tempos, servirá de filtro para o anarquismo elitista de Elísio de Carvalho, oscilante entre a pretendida ruptura dos intelectuais acadêmicos e o utópico voo solidarista dos escritores menores. Sob este aspecto, avança um passo no conjunto das teses do grupo, compensando o excesso teórico que as afastava da realidade em mudança. "O público — nos diz no prefácio 'Antes', d'*O momento literário* —, quer uma nova curiosidade", e esse desejo de saber é que traz para ele "o primeiro sintoma da agitação e da nevrose".[1]

Com João do Rio tem início o que se pode chamar de vulgarização do "homem-síntese", agora aberto para outros discursos que o habilitam a ingressar no registro antierudito e fragmentado da nova ordem, como é o caso do relato jornalístico e, no âmbito deste, da reportagem e da crônica. A consciência, que surge com João do Rio, de que o jornalismo desencadeia não apenas a desmistificação estética do texto, mas também uma alteração no curso das relações entre o momento histórico e a técnica narrativa, pode ser constatada em diferentes momentos de sua obra, quando investe na pesquisa do depoimento, quando procura integrar discursos diferentes, quando manifesta juízos críticos sobre as condições da produção literária, aproximando a circulação do livro à da mercadoria transformada em bem de consumo, de que o escritor é o credor e o crítico, seu propagandista.

---

[1] João do Rio, *O momento literário*, Rio de Janeiro, Garnier, s/d, p. 11.

Lembremos que é a partir dele que a reportagem literária penetra na impassibilidade do escritor demiurgo, distante da nova massa de leitores que agora o exige a seu lado, integrado à rotina da vida comum. É que em João do Rio a modernidade apresenta uma face irônica de "*show business*", que explora no dândi todos os limites imagináveis de autenticidade e rebeldia. O crítico e o leitor que há nele já confundem os limites da personalidade literária, a biografia preexistindo ao texto como forma de consagrar na rua, sob o crivo de todas as linguagens, o carisma pessoal e a superioridade impiedosa do bisbilhoteiro moderno. "Se o romance — nos diz João do Rio — desde Balzac outra coisa não foi senão a reportagem, genial ou não, da moral e dos costumes, a crítica é a reportagem dos autores. Só dominam hoje os que vão ao local, indagam, veem e escrevem com o documento ao lado".[2]

No centro dessa linguagem aberta à procura da aura no "cronista paradoxal", o escritor vira um "envenenador curioso" que faz de seu trabalho não mais um empenho estético programado em nome da arte, mas principalmente o resultado especial de um "temperamento único".[3]

Se é verdade, de um lado, que no conjunto do ideário dissidente essa persistência da mágica inventiva contém ainda os germes elitistas dos primeiros manifestos (1899-1901), convém destacar que em João do Rio o mecanismo da vulgarização mundana do "homem-síntese" imaginado por Elísio de Carvalho diminui a distância entre o inconformismo dissidente e o espírito panfletário do Pré-Modernismo, que ele persegue "no anonimato dos becos, no esboroar das vivendas que morriam com o velho século no Rio de Janeiro que se civilizava".

É na verdade sob a ironia letrada desse estranho "*flâneur*" que imagina no percurso bizarro dos seus escritos a "nulificação estética da burguesia arrogante", vislumbrando nas fumaças azuis dos cigarros egípcios com pontas de ouro o escândalo das baforadas wildianas contra a face de todos os preconceitos, é sob essa ironia letrada que se supera o anarquismo do *Manifesto Naturista*. A partir dela chega-se à conclusão de que "a crítica está acabada" e que o escritor não passa de "uma notoriedade lucrativa de valor no mercado": se a venda é uma força, o livro que circula depende do público, diante de cuja

[2] *Idem, ibidem*, p. 12.

[3] João do Rio, "Aos editores", em *Intenções*, Rio de Janeiro, Garnier, 1912, p. 7.

Na gestão de Pereira Passos (1902-1906), o Rio de Janeiro sofreu um processo acelerado de reformas modernizantes, com a remoção de vários cortiços, entre eles o famoso Cabeça de Porco, para dar lugar à Avenida Central — aqui em foto de Augusto Malta, vendo-se, à esquerda, a Escola Nacional de Belas Artes e a Biblioteca Nacional.

vontade, "o autor que vence é uma espécie de jogador feliz".[4] Morre com ele o tempo da "boemia dourada" e não mais se admite que o escritor, como faziam, por exemplo, José de Alencar e Joaquim Manuel de Macedo, "mande vender suas obras de porta em porta, por um preto de balaio nos braços, como melancias ou tangerinas". A especialização do trabalho já anuncia a queda da torre de marfim: a imagem dos velhos nefelibatas e dos sisudos naturalistas desfaz-se inteira ante a rigidez das cláusulas contratuais impostas pelos editores. O mundo do escritor, como o de qualquer homem moderno, é agora a luta pelo conforto, pelo dinheiro e pelo luxo. Importa enfrentar a concorrência, submeter-se ao espírito persuasório da publicidade e da

[4] João do Rio, "Depois", em *O momento literário*, Rio de Janeiro, Garnier, s/d, pp. 324-5.

propaganda, diante do qual a utilidade de um elogio da crítica pouco representa frente à cotação do boletim de vendas que aponta o balanço dos lucros ao final de cada mês. A obra como mercadoria é já o instrumento que garante o bem-estar e o êxito, multiplicando-se na sucessão de encomendas que vão aos poucos disciplinando a racionalização do trabalho em função do número de horas gastas na produção dos livros. O seu momento é o da crise "de um individualismo hiperestésico", em que pulsa "a grande anarquia mental que desequilibra o século" e marca a revisão ideológica que se origina com o debate das ideias na geração que nasce com a República, aparentemente curada dos devaneios e cheia "de curiosidade, de informação, fazendo da literatura, no romance, na crônica, no conto, nas descrições de viagem, uma única e colossal reportagem". Para João do Rio, é exatamente na mobilidade do "homem-síntese" que se define a consciência de um outro "homem de letras, absolutamente novo, capaz de sair dessa forja de luta, de cóleras, de vontade, muito mais habilitado, muito mais útil e muito mais fecundo que os contemporâneos".[5] Na verdade, esse trânsfuga das elites, que surge num momento em que "a alma e o cérebro do Brasil tomam feições modernas" e cuja fantasia se insinua "como um desdobramento moral da verdade", ostentará a partir de agora a marca de um novo compromisso: o de ser sobretudo "o eco da alegria, da ironia, da dor do público — o repórter".

Nele talvez esteja a maior contribuição de João do Rio para a extravagância inovadora das minorias ilustradas. De fato, ao fundir o inconformismo do "homem sintético" com os artifícios do dândi, ele desloca a produção literária dissidente para a esfera da burguesia urbana em ascensão. Como nesta se organizava a sustentação político-ideológica da nova ordem, o velho aristocratismo d'*A Meridional* e do *Manifesto Naturista* associa-se a esse momento em que a liberação das elites já assume a sua própria articulação junto às bases do poder. É o instante da acomodação dos valores institucionais em crise, compensados através de uma visão programada da ordem que transmudava para o ritmo moderno numa sociedade que se mirava nos laços comuns da latinidade e da tradição europeia, do pan-americanismo e do renascimento cultural de um novo mito do *locus amoenus* sob o céu da América.

Nesse contexto, a busca da informação imediata segue o curso da relativização do destino: a circulação do dinheiro fragmenta a ex-

[5] *Idem, ibidem*, pp. 325-31.

periência e artificializa a vida, o choque do novo altera a função da palavra, que perde agora a densidade de signo revelador para ganhar uma dimensão pragmática de contiguidade cada vez mais cifrada no fluxo das ideias que banalizam as coisas. Surge aí uma espécie de moral "voyeurista do consumo" em cuja base se define a necessidade interna de fruir o percurso social do êxito a partir da banalidade e do excesso das classes ociosas como forma de prolongar a ilusão da autonomia nacional, assegurada, no plano externo, através da conversão gradativa das ideologias belicistas dos países detentores dos mercados internacionais em instrumento da mítica tradicional da nação.[6]

João do Rio traz assim o impulso que dinamiza as duas pontas dessa falsa modernidade: se, de um lado, atualiza a retórica emperrada dos manifestos anteriores, de outro lado, enquanto intelectual afinado com as oligarquias, indica o caminho para a aventura do herói moderno cercado pelos valores da tradição. Nesse sentido, um modo de compreender o alcance de sua obra, é vislumbrar nesta um primeiro momento em que literatura se divide entre a invenção e o depoimento. A crise de invenção aí implícita parece diluir-se na síntese entre o instantaneísmo oferecido pela nova realidade e o sentimento de restauração presente no compromisso de origem com a velha consciência oligárquica.

Isso explica que em João do Rio o relato-flagrante antecipe o percurso de leitura de sua ficção, na qual os processos de singularização se valem desse recurso para fazer a crítica da nova sociedade em contraponto com o impressionismo da crônica e do ensaio de Elísio de Carvalho, inspirados na grã-finagem dos salões mundanos (*Five o'clock*) e na mitificação dos grupos dominantes (*Esplendor e decadência da sociedade brasileira*).

Aqui, depoimento e ficção perscrutam a literatura com os mesmos olhos com que interrogam o futuro, "o deus vago e polimorfo que preside aos nossos destinos entre as estrelas",[7] fascinado pela linguagem reveladora dos ritos e dos mágicos, que se ilumina aos poucos na perseguição dos fantasmas urbanos, "os nevropatas, os delirantes, os possuídos de Satanás, os mistagogos da Morte, do Mar e

---

[6] Sobre a acomodação do pensamento reacionário no espaço de transição em que se definem as ideias do grupo, ver *História e ideologia*, de Francisco Iglesias (São Paulo, Perspectiva, 1971).

[7] Ver João do Rio, "As sacerdotisas do futuro", em *As religiões no Rio*, Rio de Janeiro, Garnier, 1906, p. 185.

do Arco-Íris",[8] sob o brilho mecânico da luz dos automóveis e dos luminosos.[9]

Que intenção literária organiza a tópica do cronista que pressente a chispa meteórica do olho satânico de Huysmans para montar a imagem da "perversão poética" a partir do olhar disponível dos que saem "à procura de emoções novas" que compensem a vida penosa dos subúrbios distantes, "fúfias histéricas e ninfomaníacas, mulatas perdidas, a ralé da prostituição, tipos ambíguos [...] caras lívidas de *rôdeurs* das praças, homens desbriados"?[10] Que intenção organiza essa alegoria do mal no interior do quadro realmente amargo da opressão e do abandono? Que motivos estarão por trás do excurso delirante desse pícaro grã-fino capaz de converter a visão aristocrática do repórter urbano em instrumento eficaz para registrar a erosão da miséria nas populações do campo, de que é exemplo a figuração da morte na cena da passagem das morféticas, vistas da janela do trem que subia para Congonhas, "empurrando esqueletos de roldão, com a traparia, a fome, a náusea, pelas estradas desertas"?[11]

Na verdade, é do tom escuro dessas imagens que surge o espectro cromático da morte, oscilando entre o negro matiz da velhice, o branco pergaminhado das caboclas e a "cor lamentável das brancas, como se entre a derme e a epiderme tivessem passado uma lixa amarela".[12] Veremos que é nesse processo que se manifesta um dos motivos centrais do ideário estético de João do Rio: o de que a obra literária deve exprimir as aspirações do momento, sendo mesmo "inteiramente inútil quando não exprime, através de uma personalidade, as aspirações do mundo ou o reflexo dos sentimentos de moral e de beleza da época em que surge".[13]

[8] Ver prefácio do mesmo livro.

[9] João do Rio, "A estrela", *apud* "Tríptico dos símbolos", em *Crônicas e frases de Godofredo de Alencar*, Rio de Janeiro, Villas-Boas, 1916, pp. 21-9.

[10] Ver "A missa negra", em *As religiões no Rio*, Rio de Janeiro, Garnier, 1906, p. 164.

[11] Ver "O jubileu de Congonhas", em *Os dias passam*, Porto, Lello & Irmão, 1912, p. 152.

[12] *Idem, ibidem.*

[13] Ver "Discurso de recepção na Academia Brasileira", em *Psicologia urbana*, Rio de Janeiro, Garnier, 1911, p. 220.

Nessa perspectiva, por exemplo, a voz que dialoga com a máquina, ironizando no ritmo de suas engrenagens "o deus racional equilibrador do mundo" que desfigura o sonho realizado da igualdade,[14] instaura um limite de ambiguidade reveladora capaz de desvendar, com a mesma densidade, a convergência estética entre o hedonismo purificador da *Madalena*, de Ticiano, visitada em Florença,[15] e a eliminação gradual do humano que suprime a dor e a consciência no automatismo radical do cotidiano do "homem superior" da década de 1920.[16] E a constatação relevante é precisamente a descoberta do ritmo total que anuncia a consciência mais ampla do fato literário repercutindo nas fendas imediatas da realidade e superando agora a aventura do canto isolado. Nesse instante, nos dirá o cronista que "a inspiração ficou abaixo da mecânica e as fantasias delirantes não ultrapassaram a conquista do conforto". Se os grandes poetas assumem aos poucos o radicalismo da atitude crítica, a poesia pessoal, no extremo oposto, "passou à confecção de bugigangas industriais, em que o molde é tudo". Por isso o sonho particular não interessa mais: num "momento em que todos são poetas e a poesia vive nos menores gestos, nas menores ideias, em cada canto, em cada corpo", o esteio do trabalho literário é a perseguição incansável do "ritmo mecânico" que flui dessa "atmosfera de assombro", a partir da qual "nada pode ser impossível". Se agora é inevitável o sentimento ridículo que inspiram os velhos processos — "o vazio de repetir diante da imensidade do atual" —, a luta incessante pelo texto mecânico impõe-se como estigma de um tempo que recusa a hesitação da fala diante da personalização do inerte, das máquinas que pensam, da vertigem vencida dos espaços livres, da estética da velocidade, da fúria metálica da rapidez e, sobretudo, do sentimento do impalpável.[17]

Em essência, João do Rio adere ao automatismo da linguagem como forma irredutível de convivência do escritor com o novo tempo

---

[14] Ver "As palavras da máquina", em *Rosário da ilusão*, Lisboa, Portugal--Brasil Ltda., s/d, pp. 141-50.

[15] Ver "Maria Madalena", em *Rosário da ilusão*, pp. 105-17.

[16] Ver "O dia de um homem em 1920", em *Vida vertiginosa*, Rio de Janeiro, Garnier, 1911, pp. 333-41.

[17] Ver "Discurso de recepção na Academia Brasileira", em *Psicologia urbana*, pp. 221-2.

O dândi, a aura e o rastro

que ameaça devorá-lo. O sensacionismo do ritmo mecânico surge, assim, como uma espécie de concessão inevitável que nos desvenda aos poucos a face de uma heroicidade melancólica sacudida pela urgência de preservar a visão equilibrada do estético, o que de certa maneira não deixa de ser uma forma engenhosa de insinuar a diluição do silêncio como indício mortal para o poder disciplinador da palavra. Entre esta e o espaço em que se redescobre o mundo, paira sobre tudo "a fúria da satisfação na beleza" como instrumento imprescindível para "domar os elementos", daí nascendo a decisão maior: "o ritmo mecânico — assinala o autor — regra como uma apoteose à beleza, todos os delírios, o do prático que descobre, o do rico que esbanja, o do ladrão que mata, o do anarquista que incendeia, o da mulher que perde, o da multidão que freme com a fúria da satisfação na beleza". E em seguida:

> "tudo quanto parecia impossível ao mundo antigo e não passava de símbolo e de ficção, a imensa e infinita aspiração dos homens desde as árias para conhecer e fixar, domar os elementos, criar, gerar, inventar, descobrir o mundo onde habita e os outros mundos e o seu próprio ser e a sua própria alma, sentir o inanimado, e animar o aço, descer ao oceano, subir aos ares, consciente e seguro — tudo — arremata —, o homem realizou materializando o sonho".[18]

Diante do impasse dessa mobilidade, agora infinita, das formas de significação num mundo a que nada parece faltar, a narrativa desvia-se da tradição inventiva, circulando como uma imensa paráfrase imposta pelo "*maelstrom* do sonho realizado". Quer dizer: a utopia, preexistindo ao discurso, é o centro de sua irradiação, o que faz da "decisão de gravar o instante" um efeito acessório da força transformadora exterior ao discurso. O resultado é a constatação de "um excesso de poesia ativa que diminui os poetas",[19] condição que recoloca João do Rio no rastro do pensamento dissidente de Elísio de Carvalho, para quem, como vimos, o escritor não passava de um revo-

---

[18] *Idem, ibidem*, p. 221.

[19] *Idem, ibidem*, p. 224.

lucionário isolado que ampliava em meia dúzia de metáforas a revisão utópica das coisas.

Menor do que a palavra e, em certa medida, estranho à sua própria essência, o escritor de João do Rio traz em seu "sorriso de esfinge" a marca do "anjo revel" de Elísio de Carvalho: como este, cabe-lhe também "fixar através da própria personalidade o grande momento de transformação social de sua pátria na maravilha da vida contemporânea", assim como "refletir a vertiginosa ânsia de progresso, esse aspecto incompleto, pouco constituído, agregado heteróclito de apetites bárbaros e delicadezas civilizadas da raça, agora".[20] Sobre ele, podemos dizer que apesar de talhado intelectualmente para "sentir e ver doutro feitio, amar doutra forma e reproduzir doutra maneira", guardará, comparado à irreverência preconceituosa e carismática do herói de Elísio, a mesma consciência do "dominador que guarda consigo a imensa e suave força transformadora, a força que mostra os ridículos, indica as falhas, reduz a vaidade, diminui os poderosos, mata os imbecis, esmorece os fracos, incentiva os fortes e julga o mundo".[21] Esta força dominadora, nos dirá João do Rio, é a força da ironia que, colhendo em Da Vinci o "sorriso da esfinge" e passando pela imortalidade dos mármores gregos de Benevenuto, acaba sacralizada no espaço isolado da Academia, que é o limite reservado ao "escol mental do país".[22]

A referência por certo estimularia o confronto e, se fosse o caso, conviria aprofundar as relações que marcam no ideário estético de João do Rio os contornos da sombra intelectual de Elísio de Carvalho, como sejam o recurso à metáfora que traz de volta o ufanismo da "visão dionisíaca", contrapondo-a à "nossa visão canônica da tristeza";[23] a recuperação do traço hedonístico reverberando na plasticidade que redescobre na natureza os motivos de transformação e refulgência da cultura;[24] a redefinição das funções do poema a partir do conceito de contribuição da raça ao aperfeiçoamento da humani-

---

[20] *Idem, ibidem*, p. 225.

[21] *Idem, ibidem*, p. 224.

[22] *Idem, ibidem*, pp. 224-5.

[23] João do Rio, *Ramo de loiro*, Lisboa, Aillaud & Bertrand, s/d, p. 10.

[24] *Idem, ibidem*.

dade, privilegiando no poeta o psicologismo dos "seres de eleição", e abrindo espaço ideológico para a valorização do poeta-super-homem, responsável pela tese da arte como vitória, em que as obras-primas são manifestações super-humanas;[25] a manipulação do conceito do "poeta guiador", que transforma a "posse do verbo regente" em instrumento para a ação direta da arte sobre as multidões;[26] a discussão das relações entre o escritor, a pátria e a defesa da Academia;[27] e, por fim, as reflexões sobre arte e dominação a partir das relações entre o escritor e o público, lidas em Oscar Wilde.[28]

Sob este aspecto, e sem deixar de ter em conta a contradição que se manifesta no centro dessa dualidade, a fragmentação da visão narrativa, ao mesmo tempo em que supera a fase de radicalização delirante dos manifestos de Elísio, serve para aperfeiçoar os critérios de justaposição estética que buscam de alguma forma a convivência harmoniosa com as correntes renovadoras do Modernismo. Neste caso, por exemplo, está a adesão aos mecanismos literários que sugerem a disponibilidade total para a captação sensacionista das coisas, Baudelaire e a metáfora das correspondências figurando no centro do caminho para a consciência maior que transcende a relação da literatura com o simples enunciado das palavras. Por estar presente nas intenções e na própria seleção dos modelos, a abertura para o universo semiológico dos signos não verbais aponta para uma nova linha de participação em que a própria emoção literária puxa o poeta para o vértice das sensações imponderáveis em busca de uma nova realidade. A ânsia de colar-se ao fato, de ser pedaço do que acontece, a imagem aguda de emergir do fundo de tudo que vibra, ecoa, repercute ou reverbera em ritmo de catástrofe ou penitência, tudo parece fluir aos poucos da percepção antilírica da cor ("luz feita sangue, força invisível da vida que vive em tudo e tudo modifica"), do mistério evocador do cheiro ou do verbo alucinante do ruído. A descoberta, agora, de que "o som é a fala da luz, a linguagem do íris", coincide com a alegoria dos maquinismos enquanto trágica prosopopeia em que "tudo tem

---

[25] *Idem, ibidem*, pp. 13-25.

[26] *Idem, ibidem*, p. 33.

[27] *Idem, ibidem*, pp. 50-1.

[28] *Idem, ibidem*, pp. 139-52.

som: se a cor é sangue, o som é mais, age mais, é o suspiro, é o ai, é a ânsia, é a dor".[29] Entre a consciência de que "a música nasceu da inteligência dos sons, como a noção da vida da cor" e a recuperação da memória herdada do cheiro, "que nos faz conhecer o leite antes de ter provado pela primeira vez o leite de farto odor",[30] insinua-se a efígie literária do experimento de Baudelaire em busca da "vida grave do peso dos mundos, [...] aspirando a vida d'olhos fechados, sem ouvir, isolando-nos na polifonia dos cheiros", fazendo-nos sentir "a divina correspondência e o segredo do mistério e da beleza terrenos".[31]

Na passagem para essa visão da expressão literária como um sintoma da "realidade rítmica da existência",[32] ficou também a marca do intelectualismo itinerante de Isadora Duncan, com quem sentiu, num breve contato pessoal mantido no Rio de Janeiro, "a necessidade de se compenetrar dos símbolos pagãos e educar a beleza das atitudes",[33] daí surgindo o contraponto que superpõe ao andamento do texto o compasso da mesma "expressão do desejo inicial da vida" que, através da linguagem da dança, nos joga para diante, "para a guerra, para a glória, para a morte, para o amor — para a atração que move os céus e os homens".[34] Tudo isso fará da crônica de João do Rio um instrumento eficaz para marcar o contraste das novas situações impostas ao escritor pela ascensão da mentalidade da burguesia urbana no Brasil do começo do século. A voracidade com que persegue o moderno no brilho arrivista instalado com o novo século é uma forma de conviver com os mecanismos de reificação que transferem o sentido da vida para a consagração da ética competitiva do mercado e das bolsas. A morte da poesia na alma do poeta Pedreira, agora convertido em hábil publicitário, anuncia a conversão da vida numa formidável barraca de feira, em que todos ganem as vantagens de seus

---

[29] João do Rio, "Elogio dos perfumes", em *Sésamo*, Rio de Janeiro, Francisco Alves, 1917, pp. 40-1.

[30] *Idem, ibidem*, p. 55.

[31] *Idem, ibidem*, pp. 39-40.

[32] Ver "Apologia da dança", em *Sésamo*, p. 74.

[33] *Idem, ibidem*, p. 83.

[34] *Idem, ibidem*, p. 93.

O dândi, a aura e o rastro

produtos.[35] Ante o ruído do caos, o ritmo da crônica se amolda à trepidação do "sorvedouro, do *fjord* humano" a que se reduz a grande cidade, marcada por um único confronto: "diante da máquina humana, uma estrada atravancada de máquinas".[36] Nele, a constatação que retira do bojo de cada máquina, "a movê-la, a mola de aço substituta da alma", é a mesma que reduz a vida à "nevrose da concorrência", ao "eu desesperador" que se reflete agora na linguagem da propaganda como espelho necessário à rotatividade do sistema, sacralizando aos poucos a ideologia da personalização e convertendo-a em mercadoria fungível e de bom lastro aos interesses do próximo, mesmo que os atraia "com a brutalidade de um prego entre os olhos".[37] Delineia-se então, na mobilidade das cenas que vão registrando os flagrantes da vida, uma espécie de mapa animado da futilidade e da malandragem que testemunha a adaptação social aos imperativos da industrialização. Aqui, os conflitos humanos determinados pela ansiedade de participar do desfrute da vida surgem desengonçados nas mãos do cronista: o arrivista anônimo que rouba no jogo; a família de classe média que se arruína para não perder no teatro a visão de cima dos camarotes; o sábio de laboratório que gasta a existência num experimento para ver o nome consagrado nos jornais; o redator mundano que faz coluna social para morder os abastados sem glória; a "vertigem alucinadora" nos escândalos dos financistas; a degradação humana dos "reclamistas"; "o homem-sanduíche ou barril de cerveja", como Franz e Guilherme Hopffer, que consomem a própria vida na divulgação dos produtos que vendem.[38]

Mergulhada no centro do caos, a crônica de João do Rio será também o depoimento expressivo da modernização dos espaços urbanos em que se debatem as tensões e misérias que pululam sob o espetáculo inovador da circulação do dinheiro. A visão narrativa amplia gradativamente o ângulo, para estar em cada praça, nas janelas, no alto dos telhados, em mudos jogos de luz, nas emoções dos ci-

[35] João do Rio, "O reclamo moderno", em *Vida vertiginosa*, Rio de Janeiro, Garnier, 1911, p. 71.

[36] *Idem, ibidem*, p. 73.

[37] *Idem, ibidem*, pp. 72-3.

[38] *Idem, ibidem*, pp. 73-81.

Cronista da modernidade um tanto artificiosa que tomava conta do Rio de Janeiro no início do século XX, João do Rio foi dos primeiros a explorar a convergência entre jornalismo e literatura, lançando sistematicamente em livro as matérias que produzia. Aqui, capa de *Vida vertiginosa*, reunião de crônicas publicada em 1911. A epígrafe, em francês, procura dar o tom de época: "Que transformação, ó céu! e de alma e de linguagem!".

nematógrafos e no brilho artificial das lanternas mágicas que "gritam através do *écran* o reclamo do melhor alfaiate, do melhor livro, do melhor teatro, do melhor revólver".[39] O andamento do texto revela então uma hábil manipulação dos planos, quase sempre a intercessão da visão de cima funcionando como olho que disciplina o mundo no enquadramento da visão panorâmica, explorando os efeitos genéricos dos grandes conceitos, para depois fisgar, no enfoque flagrante das cenas, a extensão humana que particulariza a miséria e o desencanto através do diálogo direto ou da inserção do comentário. Num primeiro momento, o anonimato distante do olhar que sobrevoa os telhados utiliza os motivos da cor, do ruído e das sensações para captar a dimensão da *nevrose* e do interesse: o brilho das letras de fogo, o azul, o verde e o vermelho refletem agora, não o contorno cromático

---

[39] *Idem, ibidem*, p. 77.

do delírio que anuncia a vertigem dos novos tempos, mas o vazio da reflexão e da melancolia, que aproveita o fundo caliginoso da noite para desdenhar do progresso e lamentar a galvanização dos apetites exaustos da multidão, moléstia da cidade e do mundo — a luz do reclamo projetando na alma a frieza da treva. A mobilidade das cenas que cobrem, lá embaixo, o espaço da segunda voz, surpreende o desdobramento da instância narrativa, ombro a ombro com as pessoas, emergindo do mesmo labirinto em que se produz a reportagem, fragmentada na mesma atmosfera de opressão e desespero, o olhar embaçado pela mesma nuvem que cega os transeuntes, a atmosfera não mais de luz mas de sombra, a cor, o preto, e sua motivação, o silêncio. Serve de exemplo o momento que puxa do acaso o destino de Franz, enlutado com a morte de Guilherme Hopffer, de quem traça um trágico perfil biográfico. A atmosfera escura da morte passa do rosto sombrio da personagem para os olhos embaçados do cronista, suspenso na mesma nuvem que os funde no vazio absurdo das percepções ausentes: na morte de Guilherme, está o silêncio que anuncia o fim próximo de Franz, contaminando igualmente as reflexões do cronista, mudo e perplexo perante os fatos. A queda de um copo impõe o silêncio, indiciando a atmosfera hostil que prolonga o significado da conversão do homem em mero acessório da circulação da mercadoria. Armada a tensão, salta aos olhos do leitor o percurso miserável do "homem-barril de cerveja", o bebedor profissional que, obrigado pela empresa a lutar pelo bom nome do produto, transforma-se no "agente de reclamos vivos" que tropeça dilacerado na sequência final do relato, quando, no limite de suas forças, o estômago cheio, ergue-se, vai ao banheiro, põe o dedo na garganta, vomita e volta sereno à mesa, para reiniciar o trabalho. Esse exercício vai de uma hora da tarde às duas ou três da manhã, intercalando um período de sono até às oito, já que "às nove, estava lépido no escritório da companhia, a receber ordens".[40]

Essa aproximação entre os motivos literários e os mecanismos que alteraram a fisionomia das relações urbanas na transição para a República não terá, porém, a densidade crítica a que a princípio nos parece conduzir. A importância inegável do depoimento confronta com a superficialidade preconceituosa do comentário, levado quase

---

[40] *Idem, ibidem*, pp. 77-80.

sempre pelo tom pessimista que combina o fundo nostálgico na maneira de aludir às transformações do presente com a convicção de quem reconhece a impossibilidade de evitá-las. O resultado é um amoralismo agressivo e muitas vezes irônico, atitude de quem se acoberta no sarcasmo para dissimular a neutralidade dos juízos dúbios que procuram muito mais a visão "catastrófica" da crise do que propriamente as contradições profundas que a determinam. Exemplo expressivo é a maneira direta pela qual o dandismo preconcebido de João do Rio perde, de repente, a marca da disponibilidade elitista, para denunciar o parasitismo desse "ornamento essencial das perfeitas civilizações", que é o "moço bonito",[41] apoiado no argumento de que o nosso atraso intelectual não permite ainda, como seria de desejar, a plenitude do carreirismo elegante.[42] A consciência que recusa agora "a moral relativa" desse "rapaz de educação e princípios finos, que, detestando o trabalho e não tendo fortuna pessoal, procura, sem escolher meios, conservar boa cama, boa mesa, boas mulheres e mesmo uma roda relativamente boa", é a mesma que lamentará adiante que esse arrivista corre o risco de cadeia por viver "num país que de fidalguia só tem a vontade *snob* de possuí-la".[43] Posta em confronto com o fascínio pelo vagabundo elegante que circula na alta roda francesa escorado no peso de seus antepassados, a crítica aos nossos "gatunos de salão", de que é exemplo a engenhosa digressão sobre a "evolução moral" do ladrão civilizado Agostinho Batata, assume ares de deformação grotesca que passa ao largo da caricatura para ficar apenas na configuração da pilhéria ilustrada.[44]

É exatamente essa tendência para racionalizar a "*boutade*", transformando-a no dito culto a que subjaz um evidente juízo de classe, que puxa a irreverência de João do Rio para o espírito falsamente contestador das minorias ilustradas. Sem a afinidade necessária à dedução dialética do absurdo, o achado grotesco não conduz ao riso demolidor com que os modernistas desdenhariam das coisas sérias: sua linguagem é de concessão, não de combate, e a aventura, sendo progra-

---

[41] João do Rio, "O trabalho e os parasitas", em *Vida vertiginosa*, p. 232.

[42] *Idem, ibidem*, p. 230.

[43] *Idem, ibidem*, p. 231.

[44] *Idem, ibidem*, pp. 228-30.

mada, perde o caráter aleatório para reduzir-se ao gesto miúdo do risco calculado. Assim é que devem ser lidas as conclusões pessimistas sobre o estado geral da voracidade pequeno-burguesa que transforma a moral numa "invenção relativa, um vestido de ir às compras". Se o comentário por vezes se aproxima do plano geral da hostilidade que fixa as contradições entre a maior movimentação do dinheiro e a agitação civilizada, as constatações do depoimento têm quase sempre a marca do desespero decadentista que se imoraliza com a imoralidade, insinua-se na "hipótese circulante" a que se reduz o capital, mergulha no espaço promissor da "cavação da moda" e aprende a esgueirar o olhar e o corpo, perseguindo a meia distância o oportunismo do ladrão civilizado, transformado em herói pela vertigem da nova ordem que consagra o risco da ascensão como fundamento de toda profissão.[45]

A tensão entre o comentário e o depoimento, implícita na diluição dos limites entre o conto e a crônica, fica mais clara quando observamos, na ficção de João do Rio, o predomínio da visão descritiva sobre a narrativa. A preferência reiterada pelo corte circunstancial da crônica retira da técnica do "ver" e do "mostrar" uma nova maneira de desarticular os procedimentos literários tradicionais, o que obriga a pensar melhor na função reveladora desse *voyeur* que flana a contragosto num espaço degradado que não é o seu. Em primeiro lugar, é preciso definir bem que, nele, a disponibilidade para a captação do flagrante em seu estado de pureza permanece à distância das contradições do real, já que a superficialidade do gesto, como vimos, é fruto muito mais da intenção oportunista de não se ver superado pelo momento, do que propriamente de uma consciência sobre as causas que articulam a superação. Sob esse aspecto, a opção por uma técnica de ver e sentir as emoções alheias, o "sentir através dos outros, a vida, a desgraça e o desespero, de modo frio e distante, apenas por divertir", não pode também aqui ser tomada como um fato isolado.[46] Paralela à decisão de fragmentar o discurso para tentar apreender a convulsão moderna da ordem em mudança a partir da irreverência indiferente do dândi transformado em repórter de uma realidade que o repele, a

[45] *Idem, ibidem*, pp. 228-34.

[46] João do Rio, "Emoções", em *Dentro da noite*, Rio de Janeiro, Garnier, s/d, p. 23.

desconfiança dos processos literários tradicionais soa também como referência sem âmbito.

Uma indagação mais objetiva sobre as razões que levam o ficcionista a reduzir toda a literatura depois de Homero, Ésquilo e Aristófanes a "uma grande pelintrice", pode levar a algumas conclusões expressivas para a compreensão da permanência do dândi agora como crítico do mundo que o exclui e, por via indireta, como porta-voz do inconformismo nostálgico do pensamento dominante, igualmente questionado e reagindo, perante a ordem que se altera, sob o travo da mesma irreverência. Trata-se agora de discutir em João do Rio o sentido de sua contribuição para a acomodação do ideário reformista ao espírito das novas ideias e que se manifesta, como sabemos, com o pleno domínio da técnica e do jargão antipassadista que figurava como oposição ostensiva à ordem geral da cultura. Talvez se pudesse dizer que o seu papel frente à emergência do novo, mais do que a suposta recusa de reproduzir os modelos "que fazem a miséria dos literatos",[47] seja o da dissimulação elitista de um narrador estranho ao mundo a que pertence.

Isso explica que os relatos de *A mulher e os espelhos* confirmem a hesitação entre a palavra e o silêncio, numa espécie de passividade repulsiva que acaba sugerindo a inutilidade de recompor esteticamente a realidade. Assim, entre a indiferença elitista do "homem-síntese" e a mobilidade irreverente do dândi que flana ocioso, convicto da modernidade de seu gesto, surge o desencanto do narrador, que articula o texto negando-se a "cometer essa infâmia", o que em tese seria a própria morte do artificialismo e da visão intelectual da vida.[48] Aqui, é a decisão de fugir "ao horrível trivialismo que retém a humanidade e faz a lamentável equação social: toda gente igual a toda gente",[49] que imporá o ritmo do livro, revelando não apenas o isolamento do estetismo individualista diante da realidade a apreender (o amor delirante pela mulher casada que só se concretiza enquanto imaginação ideal da posse),[50] mas também a notação impressionista da violência,

---

[47] João do Rio, "A rua", em *A mulher e os espelhos*, Lisboa, Brasil-Portugal Ltda., s/d, p. 43.

[48] *Idem, ibidem*, pp. 42-5.

[49] *Idem, ibidem*, p. 52.

[50] *Idem, ibidem*, pp. 44-52.

O dândi, a aura e o rastro

estilizada por um efeito cromático no episódio da menina violentada pelo carroceiro amigo do pai.[51] Isto para não mencionar a oposição entre tradição e modernidade como causa da morte da amante ideal por apendicite;[52] o falseamento das relações entre a literatura e a vida, sugerindo a inviabilidade do romance num mundo fechado às ilusões;[53] a imagem da decadência, filtrada pelos olhos de diferentes dândis vingadores que alteram marginalização consciente e sentimento de espanto com a perda de prestígio. Isso tudo conduz a uma atmosfera de cinismo e rebeldia em que a preocupação maior é retomar "a dialética da grã-finagem" do satanismo decadentista *fin-de-siècle*. Ou seja: a aparente marginalização gerando sempre como resposta o ressentimento apocalíptico, a metáfora do desespero e da catástrofe que sobrepõe à noção de transformação e progresso a ironia do saudosismo aristocrático marcado pelo sentimento de perda, pela sensação da morte da civilização.

Outro não é o sentido da insistência pela imagem elegante dos ambientes escusos, pelo corte estilizado da violência e da miséria que converte a monstruosidade numa espécie de síntese irreversível dos novos tempos. É necessariamente desse contexto que emerge o duplo do cronista, multiplicado no sensacionismo deformante e ao mesmo tempo purificador dos novos "anjos revéis" que se movem como arquétipos degradados da nova ordem que desarticula a vida. O estranho amor de Pedro de Alencar, "rapaz distinto, aristocrata, com uma posição invejável", pela decaída Flora Bertha, além de procurar marcar no leitor o impacto moral que descaracteriza a relação amorosa convencional, sugere um novo foco para banalizar os efeitos da promiscuidade da vida moderna. Serve de exemplo a *modernidade* das personagens que vivem na casa de Flora Bertha, onde transcorre a ação: Rosinha da Gruma, mulher infeliz, que alarga o mercado da sobrevivência na prostituição, recebendo e desencaminhando, serena, um grupo de trinta meninos, enquanto, na alcova pegada, a meretriz Formiga entretém, com o mesmo objetivo, conquanto apaixonada, "um adolescente belo como o Perseu de Benevenuto". Isso sem falar

[51] Ver "A menina amarela", em *A mulher e os espelhos*, Lisboa, Brasil-Portugal Ltda., s/d, pp. 63-5.

[52] Ver "A amante ideal", em *A mulher e os espelhos*, pp. 68 ss.

[53] Ver "O veneno da literatura", em *A mulher e os espelhos*, pp. 243-4.

de Nina Banez, ex-cantora de café-concerto, que marca um contraste quase singelo com a libertinagem da mãe de Flora, anti-imagem da serenidade das damas de antanho, que se dilui na serena mancebia com um "tipo valentaço" e desprezível.[54]

Ernesto Pereira e Rosendo Moura, dois dândis em maldosa disponibilidade, confirmam, em percursos opostos, a trajetória decadentista inaugurada pelo grã-fino Alencar. O primeiro, proprietário, antes dos quarenta anos, de um palacete discreto e de muito mais de mil contos, é "um moço gentil" que faz as despesas de uma italiana, além de ter montado uma casa a uma espanhola. Protetor de algumas costureiras e modistas, desfruta alto da vida, "comendo com as figuras mais impressionantes do armorial e dedicando-se à galantaria". O segundo, um passeador indiferente com acesso aos bordéis e ao submundo. Ernesto Pereira mantém com a ordem um limite de preconceituosa neutralidade: o seu modo de convivência com a adversidade é um claro indício que faz do cinismo o instrumento ideal para permanecer na degradação sob a falsa certeza de não ser degradado, o que afinal acabará explicando a insistência em permanecer distante, ileso e íntegro perante o quadro social de luxúria e miséria de que também é parte. Rosendo Moura, se não traz essa sensação de falsa perda moral que anuncia o momento da concessão irremediável ao novo ritmo da vida moderna, não deixa de ser o cronista que assume a distância da visão documental, depoimento preciso que vai até à redundância para captar as deformações e monstruosidades que a circulação do dinheiro produzia.[55]

A matriz ideal dessa tendência conciliadora entre a visão do depoimento, que assegura a imparcialidade da crítica, e a retórica do Decadentismo, que simula a modernidade do relato, pondo em evidência a alegoria da degradação burguesa, aparece delineada no percurso literário do barão Belfort, personagem-coringa e arquétipo *raisonneur* que marca o andamento da narrativa em *Dentro da noite*. Belfort é o *snob*, o inútil que passa a vida jogando cartas num clube da rua do Passeio. Caracteriza-se por algumas poucas atitudes, como a de trazer sempre na lapela um crisântemo amarelo, "da cor da sua tez", e a de ter uma rara coleção de esmaltes. O olhar frio e arguto, as unhas

---

[54] Ver "A amante ideal", em *A mulher e os espelhos*.

[55] Ver "A aventura de Rosendo Moura", em *A mulher e os espelhos*.

O dândi, a aura e o rastro

brunidas e o desprezo pelo discernimento do próximo (aconselha que se tome sempre "água de flor de laranja") completam-se com a observação banal de que fuma cigarrilhas do Egito "com o seu monograma de ouro".

Para esse vagabundo elegante o jogo não será apenas uma forma de preencher a vida: como o inesperado giro das cartas, a relação com o outro será também uma forma de convertê-lo em objeto de novas sensações, um meio a mais de sentir a vida, a desgraça e o desespero de modo frio e distante, apenas por divertir-se. Confessando-se ao leitor, é assim mesmo que se declara, sem meias palavras: o gosto de sentir as emoções alheias chega a levá-lo a admitir friamente que não passa de um bisbilhoteiro das taras do próximo, capaz até de "forçar as paixões, os delírios, os paroxismos sentimentais dos outros" para atingir à mais delicada das observações e à mais fina emoção. Mas é aos poucos que se revela sua disponibilidade para o lado enlouquecedor da catástrofe, que jamais se abate sobre ele. A alusão ao vício não se fragmenta enquanto decisão que explora as consequências de ter experimentado a desgraça alheia. Terá sempre, ao con trário, os limites de uma imposição moral que o poupa em detrimento do outro, para o qual se reservam os males da imprevidência, o que mais uma vez confirma o descompasso entre as intenções e as atitudes. Valendo como um verniz, a degradação voluntária acaba revelando a passividade deformadora do *voyeur* que se substitui na experiência do outro para criticá-lo sem o risco de desintegrar-se. Com isto, o desprendimento do gesto isolado se transforma em disfarce e o que parecia um desvio agressivo a denunciar a regularidade dos velhos padrões morais, acaba sendo um modo de recuperá-los, como ocorre na cena em que o barão se diverte com o suicídio de um pacato chinês absolutamente sem vícios que, por uma incursão ocasional pelas mesas de jogo, desespera-se e resolve, afinal, esfacelar o crânio contra as quinas das portas.[56]

Esse exemplo da má consciência que se poupa para projetar no outro a atmosfera de tragédia dá bem o indício de como os espaços estão separados, anulando a comunicação e a coexistência com os fatos humanos sob a ótica preconceituosa do esteticismo e do ideal artístico de vida. Na "História de gente alegre", por exemplo, é visí-

---

[56] Ver "Emoções", em *Dentro da noite*, Rio de Janeiro, Garnier, s/d.

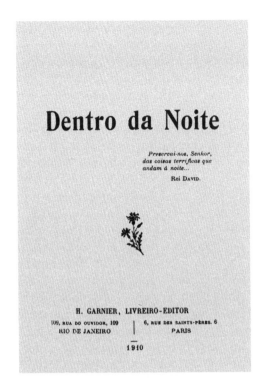

Folha de rosto da primeira edição de *Dentro da noite*, coletânea de relatos em que João do Rio faz desfilarem as vozes desagregadoras do pastiche decadentista centrado particularmente na personagem do grã-fino barão Belfort.

vel a intersecção dos planos como forma de experimentar o contraste entre situações sociais opostas: no terraço do Smart-Club, que domina a praia do Russel, cheio de divãs, mesas de *baccarat*, soalho envernizado, com "criados vindos todos de Buenos Aires e de São Paulo, criados italianos, marca registrada como a melhor em Londres, no Cairo, em Nova York", o barão Belfort reaparece como extensão literária da atmosfera elegante e bem posta, no contexto ocioso dos "*smart-dinners* franceses condecorados, ingleses de *smoking* e parasitas na lapela, americanos de casaca ou sapatos de futebol ou tênis, dos *michés* ricos ou jogadores cuja primeira refeição deve ser o jantar e que pareciam d'olheiras, a voz pastosa, pensando no *bac chemin de fer*, no 9 de cara e nos pedidos do último *béguin*".

Os motivos que constituem a cena desnudam aos poucos as intenções do narrador, levantando contradições evidentes. O recurso à descrição convencional tem aí uma função clara: projetar um equilíbrio que legitima, enquanto extensão natural da nobreza das classes dominantes, o ócio como espetáculo ou episódio corriqueiro da vida moderna. Basta pensar, por exemplo, na comparação do prédio do Smart-Club com uma vila da bacia do Mediterrâneo que arde na noite serena, parecendo "a miragem dos astros do alto". Ou atentar para o contraste que prolonga o brilho dos astros nos reflexos das toalhas brancas, dos cristais e dos baldes de *cristofle*, na "farândola fantasista de pequenas velas com *capuchons* coloridos" que pareciam correr sobre as mesas, tudo sob a atmosfera suspensa da languidez de uma valsa, "uma dessas valsas de lento inebriar, que adejam voos de mariposas e têm fermatas que parecem espasmos". Nesse quadro de convivência entre o artificialismo literário e a futilidade estilizada pelo desfrute da vida, o barão Belfort é a um tempo o vadio e o artífice, o admirador da arte antiga, com "estudos pessoais sobre a noção de linha na Grécia de Péricles", que transfere a degradação para o espaço oposto, reduzindo-o a uma "hipótese falsificada de vida, uma espécie de *fiorde* num copo d'água, à luz elétrica". A utilização esquemática dos recursos decadentistas que exploram os efeitos da atmosfera gótica (o mergulho no horror, entre alucinações, espasmos e frascos de éter na relação de amor-homicida entre Elsa d'Aragon e Elisa)[57] mescla-se de novo ao artificialismo das impressões sensacionistas (a metamorfose, pela música, da jovem Carlota Paes, "a última mocinha romântica deste agudo começo de século")[58] estabelecendo uma falsa apreensão do moderno, visível no contraste alarmante entre o aparente domínio da técnica e a ironia distante do narrador, indiferente ao relato, trincando com apetite as frutas geladas ante o silêncio dos que o ouviam, no espaço indevassável do "zumbido alegre feito de risos e gorjeios de todas aquelas mulheres que o jantar alegrava".

Explica-se, assim, a indiferença das personagens de João do Rio frente ao mundo em que se movem. Ou, de um outro ângulo, os mecanismos de violência com que se projetam contra a ordem que aparentemente não reconhecem. Violência que se compraz, às vezes, na destruição do outro, como faz, "com ar desvairado", o morfinômano Rodolfo, recordando num trem de subúrbio o amor sádico que nutria pelos braços de Clotilde, lentamente desfigurados com picadas de alfinete ("Que estranho fundo de bondade, de submissão, de desejo, de

[57] Ver "História de gente alegre", em *Dentro da noite*.

[58] Ver "A noiva do som", em *Dentro da noite*.

dedicação inconscientes tem uma pobre menina") até que os pais a escondam, já exangue, e ele possa continuar "estragando os outros", impune, "a gozar nos *tramways*, nos *music halls*, nos comboios, nos caminhos de ferro, na rua".[59] O que conduz à destruição pelo silêncio, pelo desejo inútil de compreender e participar da vida, de elucidar as suas ameaças, trágica tentativa a que sucumbe o malogrado prisioneiro Arsênio Godar, preso como suspeito de ter levado instruções aos legalistas e torturado, a bordo de um barco, com o mais absoluto desprezo. A busca da palavra, da comunicação com o poder que faz mistério de sua sorte, é um modo de engendrar o desespero e a morte, que vem, afinal, na decisão de enfrentar a tripulação inteira e imolar-se ante o silêncio de todos, decepando, com o sabre mais próximo, a própria cabeça.[60]

Pairando noutro plano, ficam as intenções literárias, a apologia da "estranha moléstia" dos artistas jovens que se manifesta na digressão estética da personagem cifrada Oscar, interessada numa espécie de realização da arte voltada para um ideal que jamais se corporifica, a exploração intelectual do desequilíbrio, a transformação do organismo no império de um único sentido, "caldeando a sensibilidade numa ascendência de requintados". A gradativa transformação da vida íntima "numa prévia noção incorpórea" traz a causa que o desloca "para o mundo da fantasia exasperante" onde se delineia, aos poucos, a presença intelectual do escritor "lascivo da atmosfera, gozador das essências esparsas, o detalhador do imponderável, empolgado da miragem da vida".

Diante de sua "nevrose olfativa", mais do que uma miragem, o mundo se distancia como um produto inconsciente, vislumbrado apenas na fluidez emotiva das olências exóticas em cuja "sinfonia de recordações" está o segredo para compreender os outros.[61] De seus efeitos nutre-se a insociabilidade delirante que faz a monstruosidade de Luciano de Barros, preocupado apenas em gozar o perfume instantâneo da vida e em seguida perdê-lo,[62] assim como a trágica lição de Heitor de Alencar, induzido a recusar o convívio da gente ordinária

---

[59] Ver "Dentro da noite", em *Dentro da noite*.

[60] Ver "O fim de Arsênio Godar", em *Dentro da noite*.

[61] Ver "A mais estranha moléstia", em *Dentro da noite*.

[62] Ver "O monstro", em *Dentro da noite*.

pela sensação de asco e horror que lhe inspira o contato amoroso com uma caveira de carne que girava como falsa bailarina no baile de máscaras do Recreio.[63] O olhar e o nojo, inevitáveis enquanto temas indissociáveis no reconhecimento da velha ordem que se fragmenta, prolongam, assim, a convivência entre o depoimento e a ficção. O olhar que espreita, ao mesmo tempo em que artificializa a vida, instaura um modo de recusá-la, ainda que instalado no centro de suas contradições. A deformação estética dá o ritmo e a pausa para o endurecimento da má consciência, e para esta, como se constata em João do Rio, a modernidade não chega ao menos a desenvolver-se enquanto tema: diluída na miragem preconceituosa e marginalizada do dândi, rebenta para fora como versão ampliada de seu desvario.

ELÍSIO DE CARVALHO E O DIÁRIO INTEMPORAL

A presença de João do Rio, como vimos, coincide com uma leitura da modernidade cujas propostas estarão no centro das etapas posteriores do movimento dissidente, sobretudo em sua fase de convivência panfletária com o Modernismo da Semana. De sua tentativa de organizar uma visão documental que captasse a mutação do instante sem perder de vista o traço impressionista de sua mobilidade, decorrem algumas consequências importantes para compreender melhor as atitudes posteriores dos dissidentes diante dos movimentos da vanguarda. A primeira delas se relaciona a uma nova função para a literatura. O fato de o discurso dissidente oscilar entre as propostas do novo método e a recusa da tradição contém, na verdade, uma segunda natureza, que é a de pensar o papel da literatura nos limites da atualização do pensamento conservador. Nessa direção, se é possível identificar na emergência da burguesia a ação paralela da vanguarda, a participação literária dos dissidentes, no horizonte oposto, tenderá a aproximar-se do bloco conservador, com vistas a garantir-lhe a hegemonia na esfera do pensamento e da circulação das ideias sob a égide do novo regime.

Compreende-se, assim, que a aparente adesão dos escritos de João do Rio ao espírito de transformações que anunciavam a modernização do país sob o impulso do novo regime, sirva na verdade para

[63] Ver "O bebê de tarlatana rosa", em *Dentro da noite*.

que se estabeleça, de um lado, a crítica ao ufanismo consumista da burguesia urbana e, de outro, a oposição, muitas vezes contida, mas quase sempre preconceituosa e elitista, ao caráter libertário dos novos tempos. Seja como for, as coisas se equilibravam sempre quando se tratava de demonstrar uma visão atualizada das novas técnicas e, como consequência, o repúdio sistemático à literatura do passado. É preciso, porém, assinalar que a presença intelectual de João do Rio dará uma nova direção ao reformismo dissidente a partir do momento em que, questionando o papel da literatura no contexto da nova ordem, permitirá aos setores mais arraigados do pensamento conservador empenhados em conviver com a modernidade, tomá-lo como expressão dessa "atitude modernizante" e, por via indireta, vinculá-la ao inconformismo dos segmentos ilustrados mais radicais, que agora buscavam recuperar prestígio.

O resultado pode ser visto em três momentos da representação literária daquilo que os dissidentes entendiam por modernidade. Num primeiro momento, a pesquisa do relato-flagrante, destinada a produzir um registro documental e instantâneo das transformações que se operavam na realidade imediata em mudança; em seguida, a conversão da crônica numa espécie de *portrait* ilustrado do cotidiano da vida "moderna" e avançada em relação aos padrões limitados da época (o mecenato dos salões, a informação cultural sobre as oscilações da moda europeia, a divulgação de autores e tendências estéticas, a imposição elitista dos critérios de gosto, o chá, as conferências, o cinematógrafo, as *tournées* artísticas das companhias estrangeiras, o *derby* e os *rallies*, o tráfico de influências no jogo político); e, por fim, a projeção épica da consciência dirigente que aí se manifesta, servindo a literatura como meio de estabelecer o contato retórico entre a virtude hegemônica das forças dominantes que preparavam agora a remodelação político-cultural do país e a estirpe aristocrática de seus antepassados, pretensos responsáveis, desde os tempos coloniais, pela condução dos destinos da pátria, e por sua defesa permanente em face das ameaças dos inimigos externos.

É com esse empenho que, atuando na mesma frente dos inconformistas, as minorias dissidentes, ao mesmo tempo em que parecem aderir ao movimento mais amplo de ruptura que vinha no bojo das ideias de 22, acabam servindo de contraponto ao espírito de reação acadêmica visivelmente apartado daquela aspiração, mesmo que aliado à classe que a patrocinava.

O dândi, a aura e o rastro

João do Rio, no *Cinematógrafo*, nos fala das atitudes que não se organizam num só dia, para justificar os paradoxos e excentricidades improvisadas que aparecem sempre "como o corpo ódico da fantasia". Com isto pretende fechar o círculo dos eleitos que podiam conduzir o processo renovador, ou pelo menos participar da discussão de suas premissas. Na ponta do argumento vai o estigma do pensamento elitista que serve de pretexto para opor a autenticidade do "burguês comedido" à imitação niveladora da nulidade que dá a todos o apetite de ser como ele.[64] A constatação não fica apenas no registro da imitação como marca característica do comportamento social dos grupos marginalizados: estende-se de maneira sintomática à própria produção da arte (aos falsos artistas dramáticos "que aparecem de aldeia em aldeia, usando como nome de guerra o nome dos atores populares do Rio");[65] à análise irreverente das falsas vocações do Brasil, particularmente a que ridiculariza a nossa pretensão de reproduzir aqui ("o Brasil é dos brasileiros") o exclusivismo da mítica nacionalista norte-americana e, através dos programas da Liga de Defesa Nacional,[66] a ordem e a disciplina das legiões do Kaiser;[67] e abrange por fim a exclusão dos grupos étnicos primitivos sob o crivo do preconceito civilizado, como ocorre com a impressão deformadora que nos oferece quando compara os movimentos dos bororós, que tocavam bombardão e flautim em excursão pelo Sul, com "os esgares jocosos dos macacos", lamentando que, por não serem latinos, não engrandecessem, com sua presença, o Brasil.[68]

[64] João do Rio, "As máscaras de todo o ano", em *Cinematógrafo*, Porto, Chardron, 1909, pp. 63-4.

[65] Ver "Chuva de *land-trotters*", em *Cinematógrafo*, p. 68.

[66] Órgão de defesa e civismo fundado por Olavo Bilac, no Rio de Janeiro, em 7 de setembro de 1916, com o apoio de outros intelectuais fundadores, entre os quais se destacam os nomes de Coelho Neto, Rui Barbosa, Pedro Lessa, Miguel Couto e Pandiá Calógeras. Liderada oficialmente por Wenceslau Brás, então na Presidência da República, a Liga visava sobretudo a enaltecer e valorizar no espírito do povo as virtudes do elevado sentimento patriótico. Trata-se de entidade que permanece até hoje com existência reconhecida oficialmente em estados como Ceará, Piauí, Rio Grande do Sul, São Paulo e Maranhão.

[67] Ver "A nova vocação", em *Cinematógrafo*, p. 101.

[68] Ver "Impressão dos bororós", em *Cinematógrafo*, p. 349.

Tudo, porém, é dito de maneira calculada, não faltando, para entremear o discurso, a observação sobre o predomínio do bacharelismo e da poesia entre as "grandes correntes de ideias" que polarizavam a vida intelectual do país,[69] valorizando a origem étnica dos falantes e o peso sociológico do seu berço. Tanto assim que, ao reconhecer, por exemplo, a estagnação do teatro nacional, emperrado pelo envelhecimento do repertório, pela ausência de pesquisa e pelo caráter pedante das associações dirigentes,[70] associa a presença das companhias estrangeiras ao nosso inexplicável sentimento de inferioridade e à necessidade de "redescobrir o Brasil", em busca de um esteio nacionalista indispensável — segundo ele — para demonstrar, no concerto das nações, o nosso valor igual ou maior do que os outros povos, na indústria, nas artes, no progresso em geral.[71]

A recusa em continuar vendo no Brasil o país "pretensiosamente descoberto por quanto cavador europeu" nutre-se ainda uma vez da projeção metafórica do *locus amoenus*, que se redescobre enquanto mostruário colossal para o mundo, figurando o governo de Rodrigues Alves e "a ingerência dos moços de modo dominador nas administrações e nos negócios públicos" como fatores decisivos.[72] Delineia-se aí a vocação ufanista que depois se incorpora ao Modernismo de Ronald de Carvalho, Graça Aranha e os poetas do Verde-Amarelismo, decidida a demonstrar ao estrangeiro que no Brasil do século XX já existia "a fibra do próprio domínio de grande potência", coincidindo com a afirmação de um povo que já não é mais "o brasileiro das operetas do Meillac, mas o tipo que alia ao afinamento latino a energia prodigiosa da América".[73]

Paralelamente, se reafirma, com João do Rio, a tendência para vincular o sentido da revolução na arte em primeiro lugar ao culto da terra e, como decorrência imediata, à celebração da raça e dos maiores. Os exemplos da Inglaterra e da Itália, tomados para ilustrar em que medida o movimento estético de meados do século passado foram

---

[69] Ver "A nova vocação", em *Cinematógrafo*, p. 97.

[70] Ver "A solução dos transatlânticos", em *Cinematógrafo*, pp. 157 ss.

[71] Ver "O milagre da mocidade", em *Cinematógrafo*, pp. 289-90.

[72] *Idem, ibidem*, pp. 286-7.

[73] *Idem, ibidem*, pp. 290-1.

O dândi, a aura e o rastro

produto "da cultura do *eu* encalgado na tradição da raça", prolongam-se na retomada da falange redentora dos demiurgos, que lemos nos manifestos de Elísio de Carvalho: os gênios e os artistas, também para João do Rio, "são produtos de gerações, cadeias que ligam os tempos e desenvolvimentos da alma de um povo".[74] Sua função, aqui como antes, é aproveitar o finalismo de Guyau pelo lado inverso da visão militante que, por exemplo, nutriu o inconformismo da literatura de resistência, de que são mostras, entre outros, o romance de inspiração anarquista (Fábio Luz, Curvello de Mendonça) e o libelo caricatural urbano de Lima Barreto.

Mas se em João do Rio os flagrantes da realidade suspendem a verdade histórica do comentário, o aparecimento de *Five o'clock: diário de um esteta*, de Elísio de Carvalho, nesse mesmo ano, introduz um novo contexto para a recuperação dessa verdade. Dedicado a João do Rio, a quem Elísio chama de discípulo de Oscar Wilde e Jean Lorrain, o livro reconstrói o espírito crítico do *flâneur*, que descreve a alma das ruas, esquadrinha os vícios, mergulha nas crenças do povo e faz a crônica da luxúria e da perversão. A atitude é claramente estratégica: vista em seu conjunto, a intenção é explorar a variedade do cotidiano e em seguida reintegrá-lo ao plano intemporal da criação literária, onde está a heroicidade perdida e a liberdade necessária para justificar a modernidade de seu espírito decadentista.

Retomando uma distinção de Benedito Nunes, poderíamos dizer que a ascensão desse herói como ser literário decorre da necessidade de fruir a transfiguração do mundo, ao abrigo da utopia que é também ucronia. Projetada pela convenção literária, a voz fragmentada do cotidiano recupera o vigor da palavra revelada e obtém, assim, a passagem instantânea do reino da necessidade para o reino da liberdade.[75] Quer dizer: o contraponto do *flâneur* é agora o lirismo do poeta insatisfeito com o curso que tomam as coisas, perdido diante do mundo que se esboroa e decidido a converter em espetáculo "o reino da liberdade" que organiza a cosmovisão de sua própria classe.

Gradativamente, assim, vão-se delineando as duas frentes que orientam a trajetória dissidente em busca do discurso transformador

---

[74] Ver "O pavilhão de Portugal", em *Cinematógrafo*, pp. 341-5.

[75] Ver Benedito Nunes, "Das utopias", em *O dorso do tigre*, São Paulo, Perspectiva, 1969, pp. 27-30 (3ª ed.: São Paulo, Editora 34, 2009).

"O Sr. Elísio de Carvalho representa por si só uma porção de pequenos movimentos literários, reflexos de pequenas escolas francesas" — assim João do Rio apresentava, em seu inquérito de *O momento literário*, o escritor Elísio de Carvalho, aqui retratado na maturidade, com o monóculo que o distinguia desde os tempos da juventude.

da vanguarda de 1922: de um lado, a visão flagrante do cotidiano gerando, através do verbo apocalíptico do *flâneur*, a imagem degradada do presente que — como vimos — representa um limite ambíguo de modernidade; e, de outro, a conversão dessa *ruptura* numa atitude literária vinculada ao radicalismo dos segmentos urbanos ilustrados, responsáveis pelo poder de informação e pelo contato com as novas ideias.

Ao sarcasmo do dândi correspondem agora "as visões do amargurado" com que a poesia emoldura o diário intemporal de um segundo cronista, o príncipe liricamente infeliz, imaginado por Elísio de Carvalho entre as folhagens do jardim de Elseneur como forma de recuperar o fracasso daquele, devolvendo-lhe a aura do "delírio mórbido", incapaz de abrandar o estranhamento em face da vida que o recusava. A visão decadentista da paisagem conduz também a um salto irracional por sobre o mundo: a fragmentação do *eu*, distanciando-se da experiência, soa como um efeito artificial de retórica no qual a própria forma parece perseguir e destruir os significados, justificando a aversão ao mundo que vem com a imagem das flores bizarras, dos reflexos dos espelhos tenebrosos, da perturbação dos desejos, da derrocada de impérios em agonia, "cidades de ouro flutuando em crepúsculos bárbaros, populações de andróginos e de hermafroditas em êxodo, sátiros perseguindo ninfas ensanguentadas, esfinges com olhos de esmeraldas".[76]

Toda essa atmosfera envolve o dia a dia de um cronista na solidão amarga de um desfecho amoroso infeliz. Abandonado por Sidônia, segundo anúncio do amigo Gustavo d'Aguilar, o cronista abre um diário, o ano é 190... e as entradas dão apenas o dia da semana. O memorial condensa as visões do passado, convertendo o poeta num príncipe de um espaço lírico desconhecido, recomposto ora mediante a alusão ao sítio retórico do jardim ameno, ora mediante a paisagem aristocrática dos mármores e dos bronzes que agravam o abandono, entre mistérios e penumbras.[77] No entanto, apesar de se antecipar aí a linguagem intimista que reelabora alguns temas da tradição romântica e neoclássica como índice de ilustração (em Ronald de Carvalho de *Poemas e sonetos* a mesma intersecção entre o *locus amoenus* dos parques e jardins encantados e a humanização da paisagem é filtrada pela busca das legendas distantes, dos faunos tocando flauta à beira das lagoas, das rondas e pastorais, dos bosques por onde cambaleiam bacantes), a intenção aparente é mergulhar na "essência intangível" da poesia, na forma como, por exemplo, a propõe Graça Aranha. O diário, aliás, nos fala da necessidade da fusão no outro, na desintegração do *eu* no Todo, aludindo à força evocadora da "magia do amor", responsável pela "grande ânsia de ser possuído, [...] como sob a ação de um poderoso veneno, sem remédio".[78]

É essa estranha evocação que dá o tom do livro, fazendo com que o contexto literário mude o seu rumo. Gradualmente, a "infecção mórbida" da ausência alterna sua motivação e vai se convertendo num painel estilístico da aristocracia, cujos membros se transformam em vultos literários intangíveis, flutuando como máscaras intemporais de beleza e virtude, num horizonte de quimeras que os projeta como ar-

---

[76] Ver Elísio de Carvalho, *Five o'clock*, Rio de Janeiro, Garnier, 1909, pp. 7-8.

[77] *Idem, ibidem*, pp. 9-12.

[78] *Idem, ibidem*, pp. 13-4.

quétipos acabados pela convergência de todas as artes, como fragmentos suspensos do poder evocador dos pintores e filósofos, dos poetas e escultores. À medida que o seu cotidiano se intemporaliza, a marcha das "personagens" segue o andamento de um baile acadêmico. Não é mais a história que engendra os seus heróis: legitimada pelo relato-flagrante como se fosse um documento, a inventiva da escritura é agora animada pelo fundo épico que instaura o signo ideal à celebração dos grupos dominantes, eles próprios como referência humanizada a cristalizar a virtualidade do estético. A descrição do palacete de *mademoiselle* Greta Prosor, que parecia "ter sido construído por um príncipe poeta para esquecer as mágoas, entre altas montanhas e um lindo céu claro", é um índice temático expressivo para a compreensão do *portrait* de sua proprietária: filha de um comentador de Ibsen, e seu tradutor, amigo de Nietzsche e admirado por Georges Brandes, era mulher cuja fronte tinha a brancura de um mármore de Rodin, talhada num "rosto oval, talvez um pouco alongado, com esse desenvolvimento aristocrático que os artistas do século XV, pesquisadores de elegâncias, exageravam".

A vestimenta, com "*toilettes* que parecem compostas numa tempestade e com essas cores estéticas que se encontram nas pinturas dos primitivos italianos e dos pré-rafaelistas ingleses, em Dante Gabriel Rossetti, por exemplo", antecipa as feições delicadas em que predomina "a sutil expressão de sofrimento, de fadiga e de bondade que constituem o encanto das madonas dos frescos florentinos, lembrando uma sacerdotisa de Alma Tedema". Poetisa egotista e discípula de Henry de Regnier, harmoniza em seu espírito a sutileza da arte moderna e a risonha transparência do gênio antigo, como se fosse uma autêntica helena.[79] Mulheres como Greta Prosor circulam pelo diário sob a atmosfera da estação dos sonhos, com pássaros chilreantes "ruflando as asas à luz faiscante" do sol, com homens e mulheres, felizes e contentes, sentindo "a alma presa no contentamento de viver e atenta ao gozo do presente, esquecida das desgraças do passado e dos cuidados do futuro". Esse ambiente, "cheio de uma inspiração primitiva de cousas modernas", é igualmente cercado pela "farândola de bacantes gregas e parisienses, e um vasto orgulho viril animado pelo *odor di femina*". Por ele também perpassa o vulto de Rubén Darío,

---

[79] *Idem, ibidem*, pp. 16-9.

O dândi, a aura e o rastro

olhos de asiático, numa atmosfera azul, diáfana, etérea, atormentado por nevralgias violentas no luxuoso apartamento de Santa Teresa (é delegado da Nicarágua à Terceira Conferência Americana), a existência impossível tirando do fundo das reminiscências a imagem de Oscar Wilde ("os paradoxos são como punhais dos malabaristas, inofensivos e brilhantes nas mãos de quem sabe manejá-los, mas têm pontas que podem ferir e matar"), os *quatrains* de Omar Khayam e a luta dolorosa "pelo contraste que existe entre seu aéreo sonho de beleza e a realidade tangível, brutal e esmagadora entre as criaturas de sua imaginação e os seres que lhe [sic] cercam".[80]

É sob o fluxo delirante desse mundo (a democracia é "um terreno sáfaro para o florescimento da arte, da beleza e da graça")[81] que ingressamos no salão literário da condessa Sílvia Dinis, instalado no belo palacete da rua Marquês de Paranaguá. Nele, ainda surpreendemos a vocação wildiana de Camerino Rocha ("tinha a psicose do estilo em tudo, na arte como na vida, e dizia sempre, repetindo não sei que autor, que os deuses enviaram os homens ao mundo para viverem e falarem com elegância"),[82] o *portrait* cristalino e imaterial da Viscondessa de Sidney, "hierática, grave e austera", ao lado do *causeur* Sousa Barros, fumando num divã cigarros *Bird's Eye* com os olhos fitos em Liliana Ferney, sua companheira ocasional, e revelando friamente ao leitor qual a sua única preocupação na vida: estudar a arte muito aristocrática de não fazer absolutamente nada e tomar três banhos tépidos por dia.[83]

A digressão sobre a pintura de Hélios Seelinger parece ser a única maneira de descobrir "o sofrimento e a podridão da sociedade", ainda que o autor veja em Seelinger um visionário decadente, bárbaro e um pouco cínico.[84] Mas logo o ritmo se recompõe, como no comentário sobre o estilo voluptuoso de Lídia Gautier, "o símbolo majestoso e terrível da natureza feminina do século XVIII [...] reivindicando os seus direitos contra a hipocrisia da nossa época", ou na descrição da trajetória decadente de Ida d'Harcourt, "cançonetista" do Moulin

[80] *Idem, ibidem*, p. 24-7.

[81] *Idem, ibidem*, p. 27.

[82] *Idem, ibidem*, p. 42.

[83] *Idem, ibidem*, p. 57.

[84] *Idem, ibidem*, p. 82.

Rouge do Rio, a *olla podrida* de todas as nossas extravagâncias cosmopolitas, trecho em que Elísio retorna ao registro preconceituoso dos quadros decadentistas de João do Rio.[85] Assim perseguirá os passos do atrevido Fontana, um dândi que procurava "renovar a antiguidade pagã em sua voluptuosidade extrema", retomando gradativamente a irreverência dos tipos de Paulo Barreto para sugerir também que a "busca da felicidade na torpeza" é a maneira inevitável de tolerar a degradação dos valores consagrados.

Mas é no relato que acompanha o retorno do *flâneur* Heliodoro Augusto ao Brasil, que veremos melhor como em Elísio de Carvalho os flagrantes da realidade deixam de ser uma modalidade sensacionista, para se transformar num autêntico símbolo do poder das elites, transformadas elas mesmas num procedimento estético que se organiza como extensão do discurso abstrato da arte, em oposição à imagem concreta do mundo. Estética e libertinagem já não valem aí como trabalho específico do escritor, como ocorre com João do Rio, no momento em que concentra na imagem da decadência a crítica indireta à sociedade contemporânea. Gerado e articulado num contexto livresco, o discurso já não instaura o seu enunciado, mas é um prolongamento de outros enunciados, que lhe dão continuidade. Heliodoro Augusto, sem ser escritor, traz em si a aura artificializada que o consagra: a sua fala já é o texto, e as suas imagens, uma forma de estar no mundo, superando ao próprio João do Rio pela precisão plástica ("de um Flaubert") ou pela finura erótica ("de um D'Annunzio") com que descreve o ventre de uma condessa napolitana e reproduz "os horrores de libertinagem moderna".[86]

Note-se que *Five o'clock* representa, na trajetória intelectual de Elísio de Carvalho, a discussão das perspectivas que se transformavam em obstáculo ao que ele chamava de "floração da intelectualidade". A recusa do anarquismo, antes produto de sua admiração pelas manifestações coletivistas da arte e da política, e agora "uma doutrina de decadência" cujas falácias conduzem à "negação da realidade tangível e superior", à aglomeração "de todos os instintos mórbidos" e ao "ódio desesperado aos criadores de valores",[87] pode ser apontada

[85] *Idem, ibidem*, pp. 80-2.

[86] *Idem, ibidem*, pp. 100-1.

[87] *Idem, ibidem*, pp. 113-4.

O dândi, a aura e o rastro

como um de seus indícios mais expressivos. Supera-os agora, a busca de um profundo sentimento do belo, o culto apaixonado pela arte e sobretudo a intransigente admiração por todas as formas de grandeza, "o meu conceito individualista da história", voltado para a necessidade de uma profunda transformação do regime social, baseada na obra "de uma aristocracia esclarecida, prudente e criadora, que tenha seus decretos respeitados por um povo que saiba obedecer". Essa aristocracia, mitificada no presente através da literatura e da arte, pretende-se desvinculada dos padrões morais do passado, mas não pode transgredir as leis da vida e da experiência fora do equilíbrio de sua imagem convencional. Por isso representa, na Terra, "o dom magnífico daqueles que podem prometer": nela, a própria libertinagem — segundo ele — surge como um exemplo, e de sua sensibilidade nascerão as mudanças, como foi no passado tanto da civilização quanto da barbárie.[88]

Daí a apoteose final da reminiscência fundir-se ao ideário estético de Graça Aranha, que reconduz Elísio a retomar a literatura como grande regeneradora da vida, como suprema redenção que liberta o homem, espiritualizando-o através da busca dos sentimentos vagos decorrentes da experiência sensível, "das formas, das cores, dos sabores, dos tatos [sic]". Os conflitos da existência só interessam agora na medida em que criem emoção estética e resultem de uma visão espetacular do universo. Para compreender a transformação dessa ética aristocrática na visão transfiguradora que, de Elísio, chegará ao Modernismo através de Graça Aranha, será preciso lembrar que a elevação do artista, mais do que uma atitude elitista, representará a condição necessária para construir literariamente o mito disciplinador da unidade e da perfeição. "Não é a sociedade, não são as questões humanas — assinala Elísio — nem ainda as palavras ou o próprio Universo, que por uma impressão positiva e fragmentária, dão a sensação estética". Segundo ele, esta só resultará desses assuntos "se o artista extrair deles e comunicar aqueles sentimentos vagos, indefinidos, que constituem a essência da Arte e nos dão a emoção do Infinito, que está em cada homem, porque o fato supremo do espírito humano — conclui — é o sentimento da unidade infinita do Universo".[89]

---

[88] *Idem, ibidem.*

[89] *Idem, ibidem*, pp. 117-8.

Na verdade, o interesse é projetar a história como um aspecto da arte, já que só esta, "por suas forças misteriosas e criadoras", pode ressuscitar o passado. Não é em vão que Graça Aranha se manifesta no diário elogiando a análise de Elísio sobre o pensamento de Guglielmo Ferrero, publicada em *Bárbaros e europeus*: exatamente a representação artística dos homens e dos acontecimentos, o escritor enquanto "*metteur-en-scène*" da heroicidade e da catástrofe, da utopia e da mágica do mundo, resignado sempre a obedecer às combinações do destino, é que ressurge daí para submeter a consciência e a vontade às imposições de uma nova ordem coletiva que ao mesmo tempo o justifica e transcende.[90]

O desdobramento dessa atitude coincidirá no ponto em que, à altura de 1918, as minorias dissidentes utilizarão a literatura como expressão simbólica da aliança cultural entre os grupos dominantes tradicionais. *Pall-Mall Rio*, de João do Rio, explorando a imagem urbana do heroísmo burguês emergente na linha inaugurada por *Five o'clock*, funcionará como autêntico retrato do espírito moderno do Rio de Janeiro do começo do século a partir do refinamento das elites, numa linguagem que lembra muito a futilidade disciplinada das colunas sociais dos jornais de hoje: o movimento dos teatros, os chás em Petrópolis, os passeios de automóvel, a resenha das atividades sociais dos financistas e diplomatas, "a aristocratização do sol e dos espaços", aproximando o Rio de Cannes ou Karnac, o preconceito da visão europeizada da paisagem contrastando com a multiplicidade de espetáculos proporcionados pela cidade (*matchs, foot-ball*, feiticeiras, fadas, bandas, *cercles fermés*, chás-tango, barcos venezianos), o roteiro dos salões e cinematógrafos, a análise da estratificação social dos bairros, o contato com "o sistema democrático das oligarquias" de São Paulo, a crítica aos intelectuais que insultam o próximo em cassange, tudo temperado por uma desconfiança incontida à "democratização" imposta pela República, que já não permitia distinguir os que realmente tinham berço da chusma dos arrivistas ("um dos maiores males do Brasil — nos diz João do Rio — vem da revolução democrática, realizada sem pólvora e sem espingardas, mas realizada todos os dias"), e por um orgulho ufanista das coisas do país que se manifesta até mesmo no elogio "à maestrina Chiquinha Gonzaga", artista de um

---

[90] *Idem, ibidem*, p. 123.

O dândi, a aura e o rastro

tempo em que o Brasil tinha arte e em que as coisas ainda não se haviam estrangeirado e nulificado.[91] E *Esplendor e decadência da sociedade brasileira*, de Elísio de Carvalho, propondo compreender a sociedade brasileira não como mera relação de fatos políticos e econômicos, mas como o *mise-en-scène* e o cenário da história baseado na "contemplação da alma de nossos antepassados", procurará retomar no presente "a distinção fidalga da gente de antanho", desdobrada numa espécie de reportagem literária de sua vida mundana, de seus quadros picturais de interior e de costumes, exatamente como "fizeram os Goucourts em *La Société française pendant la Révolution et pendant le Directoire*". A ideia central, inspirada em Nietzsche, de que só tem valor o que for herdado completa-se na oposição entre nobreza e democracia ("um povo não tem a cultura que quer e não se faz culto quando quer, senão quando, de todas as maneiras, essa cultura foi praticada anteriormente por seus antepassados"), mediante a qual o autor procura defender a nossa aptidão intelectual para assumir a vida nos limites do ideal artístico, surgindo as elites aristocráticas do Brasil anterior ao século XIX como esteio dessa grandeza. Justificadas as condições da supremacia intelectual, a apologia dos graus nobiliárquicos (os Albuquerque, os Lins, os Holanda, os Cavalcanti) declara Pernambuco o núcleo da civilização brasileira, por ter sido povoado "pela melhor gente que veio ao Brasil", e o livro, a partir daí, se transforma numa espécie de louvação heroica "dos gentis homens da parentela de Maurício de Nassau, fidalgos e colonos escolhidos que em nada lembravam os criminosos remetidos da metrópole".

Nessa busca retrospectiva de nossas pretensas raízes épicas, a que não faltam alusões aos relatos de aventuras e façanhas militares na Índia, descrições de torneios à maneira medieval, com ginetes, cavalhadas e folganças populares para animar "o legítimo fausto dos fidalgos", a digressão sobre a "casa dos Cavalcanti" mostra bem a função ideológica do argumento. Projetado enquanto reminiscência, o heroísmo de Guido Cavalcanti descrito por Dante no canto X da *Divina comédia* desdobra-se nas referências eruditas de Giovanni Cavalcanti das *Istorie fiorentine*, para estender à aristocracia colonial brasi-

---

[91] Ver João do Rio, *Pall-Mall Rio, de José Antonio José*, Rio de Janeiro, Villas-Boas, 1917.

104   Retórica e dissidência

leira "as virtudes do patriciado florentino", notável, segundo Elísio, pela distinção de alta cultura e tradição. Completam a imagem a biografia do conde de Nassau, um misto de dominador e civilizador; o depoimento de Diogo de Vasconcelos sobre o aulicismo e o esplendor da vida na Corte; o episódio da prodigalidade de Antonio Nogueira da Silva, mandando vir do Peru, onde possuía minas, suas baixelas e alfaias; o relato sobre a célebre mulata Chica da Silva, amante do desembargador João Fernandes de Oliveira, que costumava ir às igrejas coberta de sedas e joias, acompanhada de um cortejo de doze mulatas trajando ricos vestidos; e a descrição do salão da marquesa de Abrantes, no Rio de Janeiro, que funcionava à semelhança dos salões de Madame Girardin e de Madame de Stael. A sequência descritiva traz a intenção de fixar aquele "reinado da turbulência e do espírito", que figurava como autêntica marca emblemática das oligarquias, cujo declínio, a partir de 1880, acarretou, segundo Elísio, um marco "de decadência da nossa sociabilidade".[92]

Veremos, no entanto, que essa leitura do perfil histórico dos grupos dominantes, buscando alinhá-los (e por consequência o país) "numa tradição europeia de *raffinement*" ("o escritor — nos diz Elísio — que conseguisse reunir os ditos de espírito e as aventuras amorosas dos nossos homens, teria reabilitado com uma obra singularmente interessante [...] a genuína raça brasileira"), não será uma atitude isolada. Surge num instante em que era preciso matizar a onda nacionalista que, a partir de 1917, mergulha o Brasil numa crise de identidade que luta, a rigor, para reabilitar os valores do passado. A projeção literária da pátria, baseada na aristocracia enquanto representante secular de uma civilização superior, determina a alternativa revanchista, que coexistirá com a busca das raízes autênticas de um ângulo mais aberto e integrador. Veremos que esse confronto, entre a visão elitista do passado e a sua negação através de uma linguagem empostada da mítica nacional, será responsável pelo acirramento das posições radicais que, depois de 1922, conduzirão os literatos dissidentes a operar como autêntico arsenal simbólico da ideologia restauradora da direita, que imporá ao país os projetos supostamente renovadores dos programas nacionais de linha fascista, inspirados em suas matrizes europeias.

[92] Ver Elísio de Carvalho, *Esplendor e decadência da sociedade brasileira*, Rio de Janeiro, Garnier, 1911.

O dândi, a aura e o rastro

Nos liames da tradição

Se é verdade que esse espírito ufanista parecia ter livre trânsito junto às bases do pensamento conservador, é inegável que recebeu contrapartes veementes que o obrigariam a mudar de curso. O primeiro sinal no horizonte oposto vem do ensaio em que Sílvio Romero discute as antinomias profundas que marcaram a nação no primeiro decênio do século, entre as quais o profundo descompasso entre o estado real do país, atrasado e inculto, e o tempo presente, "época do carvão de pedra, do vapor, da eletricidade". No tom geral da análise, Romero aponta para o ritmo emperrado em que se moviam as ideias restauradoras dos dissidentes, ao destacar a distância entre "um povo quase inteiro e uma pequena elite de intelectuais", diretores políticos, jornalistas e literatos.[93]

Para o crítico, o ponto em questão é a ênfase sobre a necessidade de desmontar os elos da imensa cadeia das desilusões nacionais, para assim bloquear o controle hegemônico imposto pelo nosso "eterno messianismo que não se realiza". Na crista do libelo, Romero desvenda o jogo maquiavélico das composições políticas entre o bloco agrário em crise e a especulação financista que irrompe com a República, não apenas para denunciar à nação o traço autoritário e isolado das soluções (a Abolição, a açucarocracia, a cafeocracia, a República, o Encilhamento, o *funding-loan* e até mesmo as tentativas de restauração monárquica), mas também para sugerir uma espécie de contenção jurídica que embargasse a visão transfiguradora do elitismo dissidente através de uma saída constitucional que restabelecesse a verdadeira unidade do país.[94]

Essa busca da unidade nacional só tem sentido, para o crítico, se se dispuser a revigorar a nação. Atacar a miséria e o analfabetismo da zona rural, denunciar e descrever a ausência de trabalho regularmente organizado, não apenas no interior do país, como também nas áreas mais atrasadas dos aglomerados urbanos, e discutir a irremediável organização do ensino são temas que, no ensaio de Sílvio Romero, atuam como reflexo de um movimento mais amplo de resistência ao

---

[93] Sílvio Romero, *O Brasil na primeira década do século XX*, Lisboa, A Editora Ltda., 1912, p. 15.

[94] *Idem, ibidem*, pp. 16-25.

"erro capital de toda nossa engrenagem política [...] como ela se fabrica pelas chamadas classes dirigentes" e que consistia em "ocultar a verdade sobre o real estado dos 16 ou 18 milhões de habitantes do país, tomando-lhes a frente, substituindo-os, tomando-lhes o lugar e figurando por eles".[95]

O ataque à retórica do "Brasil de Haia" fere de frente o mito ufanista do "Brasil sem *metharrythmisis*", que Elísio de Carvalho elabora no *Esplendor e decadência da sociedade brasileira* e Sílvio Romero parafraseia, ao aludir ironicamente ao paraíso de "25 milhões de homens, cultíssimos, riquíssimos e adiantadíssimos, vivendo no regime da mais encantadora liberdade civil, sob o governo progressivo de estadistas incomparáveis".[96] Mas não é só: desmontando a ilusão retórica que cinde o reformismo da consciência dominante entre a exacerbação utópica da nova realidade e o desconhecimento de sua expressão concreta, a análise de Sílvio Romero põe a nu os mecanismos pelos quais o poder oligárquico engendra e reprime a desordem, explorando "o maior defeito da nossa psicologia nacional [que] [...] é não querermos ir ao fundo das questões políticas", e ao mesmo tempo alargando o espaço de sua deformação megalomaníaca através das tendências imperialistas que se manifestam no sonho dos grandes exércitos, das esquadras imbatíveis e na expansão da linhagem caudilhesca próxima de Pinheiro Machado, Borges de Medeiros etc.[97]

As restrições aos dissidentes não se limitam apenas a essas contradições político-ideológicas de seu programa. A necessidade de questionar o laço homogêneo que sustentava a atitude elitista do grupo, limitando a sua proposta renovadora à classe que detinha os canais por onde circulavam as ideias, apesar de já estar na proposta de Sílvio Romero, quando fala da urgência em conciliar a investigação do destino nacional com o sentido universal de nossas aspirações,[98] aparece também na reflexão de outros autores. Almáquio Dinis, por exemplo, num livro complexo, que trata das relações da literatura no âmbito de diferentes culturas, é o primeiro a refutar as posições de Elísio de Carvalho exatamente pelo caráter particularista de suas constatações,

[95] *Idem, ibidem*, p. 128.

[96] *Idem, ibidem.*

[97] *Idem, ibidem*, p. 60.

[98] *Idem, ibidem*, pp. 206-9.

que não chegam, segundo ele, a relacionar os fenômenos estéticos com os demais fenômenos do universo. Deixam, assim, conforme explica, de dimensionar o homem num mundo maior, para situá-lo apenas como expressão de um segmento social, configurando aí a presença do arbítrio, traço a seu ver inconcebível no exercício superior da verdadeira crítica.[99]

É preciso notar que essa visão integradora, que vê na literatura um salto por sobre os limites da produção isolada, coincide com o sentimento de unidade americana que então começa a se esboçar através dos contatos dos dissidentes com o Modernismo hispano-americano, aqui divulgados pela *Revista Americana*, reacendendo a luta pelos temas nacionalistas que buscavam revelar, em toda plenitude, uma nova dimensão da alma brasileira. Recordemos que, por esse tempo, Rufino Blanco Fombona, que mereceu de Elísio de Carvalho um longo e minucioso ensaio depois enfeixado no livro *Suave austero* (Rio de Janeiro, Anuário do Brasil/América Brasileira, 1925), sustentava a urgência em encaminhar a literatura latino-americana para a pesquisa dos traços psicológicos que a distinguissem da literatura de outros povos: a revalorização das raízes nacionais, a arte e a literatura como "produto do solo, da civilização da alma da América", buscando "algo de novo" na história das nossas letras. Vendo a América devorada pela política e pelas guerras civis, enfrentando um período de desenvolvimento lento e gradativo, Fombona, a exemplo dos dissidentes, lastima a ausência de classes que "por refinamento ou ócio hereditário, necessitam da arte para viver [e] a pagam, compreendem e glorificam". Num tempo em que os escritores imitam os centros civilizados e suas técnicas, "buscando uma pátria intelectual em outras civilizações", o resultado só pode estar, como assinala, no pessimismo, na desorientação espiritual, no refinamento verbal, no individualismo e na anarquia. Curiosamente, a atitude que recusa a barbárie propondo uma saída pela cultura ataca a nossa condição dependente enquanto homens de livros, espíritos sem geografia e poetas sem pátria: nosso "eu" artificial nutrido pelo coração que "não tem sangue, e sim tinta, a tinta dos livros que lemos". Contra a imagem do exotismo e do cosmopolitismo ("somos fenômenos [...] no sentido de coisa rara e mons-

---

[99] Ver Almáquio Dinis, *Da estética na literatura comparada*, Rio de Janeiro, Garnier, 1911, p. 29.

truosa"), diz-nos Fombona que a necessidade de lastrear o "eu" racial coexiste e de certo modo depende da identificação de nossa veia literária, reflexo ainda perdido da nossa alma própria. Fazer com que essa alma lance fora os seus frutos ("o inimigo é Paris! Morra Paris! Abaixo o exotismo!"), empurrando o sentimento pessoal e coletivo, eis as tarefas que, para ele, estão reservadas à autêntica literatura nacionalista, baseada na força latente da arte crioula, expoente do modo crioulo de sentir e de pensar.[100]

Transposta para o contexto local, essa recusa do "rubendarismo" gongórico e afetado, que passava até então, segundo Fombona, por atitude modernista exemplar, ampliará as frentes da resistência ao curso do reformismo ilustrado. Sem dispor da função dirigente das elites intelectuais, mas preocupado com o perigo a que estão virtualmente expostas as massas quando à mercê dos "intelectuais desvairados pelo acúmulo de preocupações mentais dirigentes", como M. Stirner e F. Nietzsche (visavam "à tarefa incruenta de destruição de todos os preconceitos [...] e valores da moral válida [sic]"), um crítico como Andrade Muricy não hesita em incluir entre estes os representantes do movimento dissidente. Ao aludir aos "cabotinos hábeis [...] especialmente aqueles que são aureolados pela voga escandalosa ou pela moda efêmera", inscreve-os "entre os surtos capazes de ameaçar a coletividade", que para ele são basicamente dois: o *individualismo inabalável* e o *humanitarismo anárquico e vago.*

Chega mesmo a particularizar o perigo dessa convivência, localizando-a na presença constante da psicologia mórbida, na voluptuosidade plástica à maneira de D'Annunzio, nas nevropatias literárias e neurastenias pessoais dos escritores, no niilismo de Tolstói e no "deísmo descrente de Carlyle", a que opõe a esperança de "uma renovação sentimental, uma verdadeira Renascença idealista". Sua proposta, no entanto, vai de encontro ao pensamento de Fombona, quando lembra com otimismo que "o espírito de nacionalidade tende a se acentuar, apesar das doutrinas socialistas e do cosmopolitismo reinante no mundo civilizado" e, sobretudo, quando insiste em que "o pensamento nacional é uno, ou quase, nos países etnicamente firmes". No passo seguinte da argumentação, quando procura explicar a intersecção

---

[100] Ver Rufino Blanco Fombona, "Ensayo sobre el modernismo literal en América", *Revista Americana*, nº 2, jul./ago./set. 1913, pp. 204-9.

O dândi, a aura e o rastro

Capa da revista *Brazílea*, ano 1, nº 1, de janeiro de 1917, fundada em São Paulo pelo escritor Álvaro Bomílcar. Congregando o pensamento nacionalista conservador, a revista tinha como metas depurar o "espírito da raça", promover a entrada do Brasil na Guerra e denunciar a infiltração estrangeira na vida nacional.

entre o espírito de raça e o espírito nacional, delineiam-se as brechas pelas quais o pensamento de Andrade Muricy se integrará ao radicalismo jacobinista que, a partir de Alberto Torres e particularmente das posições da revista *Brazílea*, movimentará setores mais amplos da sociedade civil. Sustentando que a falta de coesão intelectual é um caminho para a desorganização nacional, sobretudo no caso do Brasil, que, segundo ele, é um país pouco suscetível às reformas radicais, Muricy argumenta que "o movimento nacionalizador" gradativo deve combater as influências estrangeiras, num primeiro momento destacando a importância do regionalismo como fator necessário à afirmação da psicologia dos brasileiros e, em seguida, procurando "ativar a preparação do meio favorável ao aparecimento da verdadeira literatura brasileira autônoma".[101]

---

[101] Andrade Muricy, *A literatura nacionalista*, Petrópolis, 1916, pp. 5-26.

Cabe lembrar que, a essa altura, a busca de uma arte nacionalista nos moldes daqueles que sentem como se lhes nascesse na alma "um vago assombro, semelhante ao dos descobridores, quando no horizonte de mar delineava-se um perfil esfumado de costas desconhecidas",[102] tem a esperá-la o peso considerável da alegoria do futuro concebida por Graça Aranha. Como mostra Alberto Torres, esse é um momento em que as camadas dirigentes começam a ser advertidas sobre os perigos que emperravam o desenvolvimento do país, que, na opinião de muitos, chegava ao segundo decênio do século XX "sem haver nada construído e tendo estragado a sua terra e anemiado o vigor comprovado das suas raças". Já se recusam com maior veemência os dogmas da ciência estrangeira utilizados pelo colonialismo para pôr em dúvida "o valor das raças no Brasil". Gradativamente, o "estado de desencontro" entre a terra e seus habitantes (a imagem do brasileiro como estrangeiro em sua própria terra), entre as raças e o meio cósmico, as instituições, os costumes e as ideias, aos poucos alimenta a revolta contra o mau uso da terra e a incapacidade dos governantes para conter "entre nós o privilégio, o monopólio, a desigualdade jurídica e social, a oligarquia política, econômica e cultural". Firma-se também a proposta de uma colonização nacional que se afaste definitivamente do caráter predatório da colonização imposta pela Coroa portuguesa, e começa-se a exigir do povo mais amor ao trabalho e mais disciplina, até então exigidos apenas dos escravos e donos de fazenda. E já se fala no egoísmo das classes superiores, particularmente responsáveis pelo fato de o Brasil não ter mais "trabalhadores rurais", explorados e abandonados em favor do trabalhador europeu, "indiferente e hostil a tudo que nos interessa". A exigência de um regime social de trabalho mais justo, ao mesmo tempo em que repele a imigração como um verdadeiro atentado contra o país, nutre a ambição mais ampla de construir "o Estado como órgão da vida social da Nação", visando a preservá-lo da "batalha real dos imperialismos", que não se trava mais nos campos europeus, e sim no espaço vulnerável e promissor das terras novas e dos povos jovens do Novo Mundo. O que se propunha, enfim, n'*As fontes de vida no Brasil*, era a definição de um nacionalismo dirigido pela razão, e não produto da afetividade individual (a busca dos nossos "vínculos gerais de relação, a liga plás-

[102] *Idem, ibidem*, p. 26.

O dândi, a aura e o rastro

tica dos interesses"), incompatível com a tarefa inadiável de eliminar a nossa inferioridade transitória, para fazer emergir a nossa vocação de domínio, que está, afinal, "no fundo de toda ação política".[103]

Em nome desse "Brasil colocado, pelo curso da História e por suas condições geográficas, na primeira linha — decisiva — em que se decidirá o dilema do prosseguir da evolução, para a Liberdade, para a Paz e para a Ordem, ou para o obscurantismo e a opressão medieval",[104] é que se reacende a verdadeira batalha pela independência, retomando o velho tema do antilusitanismo para denunciar a nossa condição de único país da América a querer, incompreensivelmente, ser clássico e latino apenas para permanecer ligado às glórias duvidosas da Metrópole.[105] As tensões se agravam: já se aponta como um fracasso de nossa soberania o fato de não termos uma tradição política originária das bases da nacionalidade;[106] investe-se contra a raça portuguesa como "a única causadora do nosso mal-estar e patente aniquilamento";[107] insinua-se abertamente a necessidade de conter "a indisciplina de todos contra tudo, e de tudo contra todos", assim como "a guerra infundada contra o princípio da autoridade", cujo único remédio já se admite que seja a retomada da "ação enérgica de governos filosoficamente orientados";[108] e chega-se mesmo a justificar o absolutismo de Estado como "o máximo amparo das sociedades humanas", dado que nele se reflete o princípio moderno de que a consciência individual é mais importante do que a "satisfação egoística das generalidades suspeitas".[109]

[103] Alberto Torres, *As fontes de vida no Brasil*, Rio de Janeiro, Papelaria Brasil, 1915, pp. 7-41.

[104] *Idem, ibidem*, p. 39.

[105] Ver Álvaro Bomílcar, "A política no Brasil: aspectos gerais", *Brazílea*, nº 1, jan. 1917, pp. 23-7.

[106] *Idem, ibidem*, p. 28.

[107] Ver Gustavo Garnett, "O preconceito de raças no Brasil", *Brazílea*, nº 4, 1917, p. 179.

[108] Álvaro Bomílcar, "Carta aberta a Pedro do Couto", *Brazílea*, nº 4, abr. 1917, p. 153.

[109] Ver editorial "Ação política e demagogia", *Brazílea*, nº 7, jul. 1917, pp. 288-9.

Desse radicalismo revanchista sairão moções de aplauso ao governo republicano pela decisão de aceitar o repto da Alemanha e entrar para a guerra deflagrada em 1914. O exemplo parece ter repercutido nas aspirações hegemônicas dos que sustentavam a necessidade de definir o Estado Nacional: fala-se agora em "sustentar a todo transe a ordem constitucional", em fazer a propaganda do Brasil dentro do Brasil, em estreitar a federação política e espiritual, divulgando estrategicamente a "obra humanista" de Farias Brito. A guerra, nesse contexto, ao mesmo tempo em que surge como um castigo da Providência à fome comercial e às imposições materialistas dos países detentores do mercado internacional, é recebida como "a mais gloriosa condição de paz e de amor no seio da humanidade", já que traria em seu bojo não apenas o fim da ciência haeckeliana e de sua "civilização apodrecida", cujos resultados mais sensíveis estariam no imperialismo, no "apachismo" e no "caftismo", mas particularmente uma etapa posterior de renascença espiritual, de ordem e de disciplina. A essa etapa haveria de corresponder, segundo se pensava, um período em que a garantia da ordem, até mesmo pelas armas, decorreria de um autêntico reencontro com "os brios da nacionalidade", como se fosse uma composição tácita entre todos os segmentos da sociedade, uma espécie de instante transfigurador que nos desvendaria a consciência de nossa força, já trabalhada, a essa altura, como um sucedâneo ufanista da honra para figurar, no ideário da mítica nacionalista, como a mais nobre das revelações que Deus concede ao homem.[110]

Daí para a declaração da nossa independência intelectual, havia pouco a transpor. No âmbito da produção de propaganda da revista *Brazílea*, o exemplo mais expressivo é o artigo em que Antônio Torres anuncia a nossa maioridade literária através da comparação da "Balada da neve", do poeta português Augusto Gil, com o poema de Castro Alves "O fantasma e a canção", procurando mostrar como, no segundo texto, a captação da "síntese eternamente jovem, mais rica e mais esvoaçante dos nossos ímpetos tropicais, é mais consciente". O curto voo da leitura contrasta com as generalizações de natureza panfletária, ostensivamente dirigidas para a proposição de que agora os papéis estão invertidos, "nós é que damos lições aos nossos antigos

---

[110] Ver editorial "A guerra é o nosso programa", *Brazílea*, n° 10, out. 1917, pp. 467-71, e Lacerda de Almeida, "A Brazílea", *Brazílea*, n° 11, nov. 1917, pp. 502-5.

colonizadores"; de que "é urgente reivindicar para nós, dentro da nossa terra, a supremacia espiritual que os descendentes dos descobridores do Brasil teimam em conservar com a criminosa conivência da imprensa". Emerge daí um sentimento de hegemonia que estabelece aos poucos uma cisão no ideário das minorias ilustradas, marcadas, de um lado, pela aspiração de liderança da "geração" que surge, superpondo-se à inferioridade de todas as gerações passadas, "no jornalismo, nas letras, nas ciências, na jurisprudência, na religião, nas forças armadas, nas finanças e no comércio e indústria"; e, de outro, pela transformação dessa liderança numa arma de combate à nossa "escravização literária" a Portugal e à Europa, de uma maneira geral.[111]

Em face do novo curso que assumiam as ideias, os dissidentes vão gradualmente alterando o seu tom. Afinal, nem o anarquismo individualista do grupo de Elísio de Carvalho, nem o cosmopolitismo de João do Rio parecem destoar do espírito radical que orienta agora o pensamento restaurador. E isso é fácil de compreender se levarmos em conta, no caso de Elísio, que a superação do *Esplendor e decadência da sociedade brasileira* em relação aos interesses do momento é compensada pela incorporação das novas ideias na produção imediatamente posterior, caso específico da revista *América Brasileira* (1922), do ensaio "Bastiões da nacionalidade" (1922) e da coletânea de ensaios *Suave austero* (1925). João do Rio, mais vulnerável perante o fogo do sistema, sofrerá uma conversão quase instantânea: atacado por Jackson de Figueiredo por ser "um defensor de Portugal no Brasil",[112] reagirá depois como bom membro da Academia que se entusiasma com o nacionalismo espingardeiro que desde a Liga de Defesa Nacional vem rastreando um modo de legitimar a intervenção autoritária e o revanchismo oligárquico na recomposição do processo político interno. A partir de 1917, por exemplo, começa a desenvolver uma autêntica profissão de fé nacionalista em que defende, entre outras coisas, a concepção de progresso equivalendo à dominação, além de ampliar o conceito de "pátria verdadeira" (a raça ligada à terra pelo desenvolvimento da cultura da terra), de onde retira a imagem dos

[111] Antônio Torres, "De tanga e tacape", *Brazílea*, nº 12, dez. 1917, pp. 606-8.

[112] Ver Jackson de Figueiredo, "Resposta ao sr. João do Rio", *Brazílea*, nº 11, nov. 1917, pp. 454-7.

"sistemas patrióticos", segundo ele a vocação natural dos povos latino-americanos, ameaçados até então pelo crescente expansionismo dos países europeus.

"Por que não ter a sinceridade do egoísmo?", pergunta numa de suas conferências, para justificar que "dos desastres de uns faz-se a prosperidade de outros [...]: o egoísmo das coletividades é força, é projeção, é heroísmo". E mais: defendendo o progresso que vem da impulsão da terra motivada pela cultura, pelas escolas, pelo exército, pelo civismo, pela ciência, pelo dinheiro e a poesia, desenvolverá as teses do serviço militar obrigatório, da fixação do homem à terra, da expansão do trabalho, que exclui aos poucos a submissão do país aos mercados estrangeiros. Aí, a admiração pelos fortes ("admirar a força é saber resistir-lhe, é querer ser-lhe igual: os perigos não existem quando há a certeza de os enfrentar") mescla-se à "exaltação, à alegria do estado criador", inspirado na força das máquinas, nas armas, na energia enquanto atividade e projeção. Daí a apologia da guerra como um instrumento oportuno para nos projetar no concerto das nações sul-americanas, no momento em que concebemos o Estado Nacional mediante a nacionalização do capital e a posse efetiva da terra.[113]

Num volume de conferências dedicado a Nilo Peçanha, "que fez a entrada do Brasil na Guerra", publicado em 1919, e consagrado em parte ao estudo do papel da juventude naquele momento de transição da vida do país, João do Rio aprofundará os temas anteriores, discutindo as relações entre trabalho livre e sentimento patriótico coletivo, educação e soberania, progresso e autossuficiência, ajustando, assim, o motivo ideológico do nacionalismo aos programas hegemônicos de liberdade e expansão.[114]

Mas outros desdobramentos aproximariam os dissidentes dos novos autores que surgiam por esse tempo. *Luz gloriosa* (1913), livro de estreia de Ronald de Carvalho, repõe a linguagem poética no círculo fechado da visão emblemática da natureza, transfigurada pelo refinamento cada vez maior da palavra. O traço cosmopolita em tor-

[113] João do Rio, *O momento de Minas*, Belo Horizonte, Imprensa Oficial, 1917, pp. 5-24.

[114] Ver João do Rio, "À Bandeira" e "As profissões práticas", em *Adiante*, Rio de Janeiro, Bertrand, 1919.

O dândi, a aura e o rastro

no do qual foi possível compreender o delírio decadentista dos dândis de João do Rio e a representação literária das elites proposta na obra de Elísio de Carvalho, encontra nesse livro o vigor renovado de opulência que suspende a relatividade transitória da vida, instaurando, pela via poética, uma correlação heroica com os novos tempos.

Figurando no mesmo plano em que o intelectual moderno buscava uma saída frente à "catástrofe que se abatia sobre o passado", o poeta de *Luz gloriosa* faz da linguagem um instrumento de limpeza para retocar em detalhes o presente. Não importa tanto dizer que, nessa tarefa, nada acrescente aos procedimentos formais que já vêm acabados pelo fio equilibrado com que a tradição simbolista poliu as arestas da nossa poesia. Esse seria o lado denso do livro e pouco valeria, então, constatar mais uma vez a sua pobreza, mesmo se tratando de uma obra de estreia. O que importa, nele, entretanto, é justamente o fio tênue da superficialidade prolongando o espírito da composição dissidente, que vê como coisa profunda uma camada apenas exterior e transitória da realidade. Nesse sentido, a poesia de *Luz gloriosa* é a poesia heroica que transforma a vida numa vitória, explorando os efeitos de luz e sombra numa ordem que se organiza como se fosse um arranjo apoteótico. A progressão descritiva, inscrevendo-se na linhagem das imagens harmoniosas que, a partir de *Five o'clock*, reduzem a vida a um contexto livresco, equivale agora a um novo traço da gravura. Sob este aspecto, instaura o momento épico, o sopro de vida aos homens de pergaminho que o esteticismo dissidente enclausurou num espaço de bombásticas metáforas. Com isso, resolve-se o problema da petrificação estilística a que ficara reduzida, nos limites da produção literária anterior, a imagem do inconformismo das elites. Ilumina-se agora o itinerário de conflitos que paralisavam o percurso decadentista do *flâneur* de João do Rio, do mesmo modo que o burguês-personagem de Elísio de Carvalho ganha a energia de um novo alento. Desde já, a angústia, o peso da relatividade das coisas e o pessimismo deixam de existir: o sol imortaliza os sentidos; a luz do Novo Mundo, ao mesmo tempo em que traz o vigor dos instintos, vai aos poucos nos convencendo da nossa grandeza; o homem desperta, e nele

"estua a intensa luta das velhas ambições",

porque

"a luz abre o infinito em outros infinitos".[115]

Gradualmente, a imagem da vida condensa a metáfora do equilíbrio, elegendo as superfícies refratárias aos raios e às sombras do fracasso. Tudo parece ajustar o procedimento verbal a um arranjo ufanista permutável ao infinito, sustentando os contornos da palavra através da inflexão sólida e inexorável, que soa como um exorcismo às

"fraquezas da crença e mentiras da Vida".[116]

O poeta é o "herege contrito", cujo sonho maior é perseguir a conquista ("Molha a carena e zarpa"), pois sua

"[...] audácia há-de ser uma glória inconcussa",[117]

para eliminar "a tragédia da existência comum" e reunir ao acaso, e ansiosamente, a vida infinita que paira em suspensão, no ar que o circunda.

Move-o "a alegria de ser diverso e ser o mesmo", num instante em que é preciso recuperar o "corpo velho" a partir da "alma nova, que vibra e sente", procurando

"[...] esquecer a memória
humana que escraviza [e] aterroriza a mente".[118]

O ímpeto que o conduz agora a "vazar, na alma, todas as almas" pode ser desmembrado em autênticas palavras de ordem, cujas direções principais visam sobretudo a legitimar a distância demiúrgica do poeta, consagrando o experimento de sua aventura como um caminho que não pode jamais ser atalhado:

---

[115] Ronald de Carvalho, "Vida heroica", em *Luz gloriosa*, Paris, Crès et Cie., 1913.

[116] Ver "Soneto branco", em *Luz gloriosa*.

[117] Ver "Soneto verde", em *Luz gloriosa*.

[118] Ver "Primavera", em *Luz gloriosa*.

O dândi, a aura e o rastro

"Se te disserem — 'Vais errado
neste caminho [...]',
ama o teu erro e, o passo dado,
segue o caminho
sozinho".[119]

A essa glória, opõe-se outra, que por ser fútil, no mundo passa: a ela corresponde a necessidade de rever as razões do poema, no sentido de evitar

"[...] os códigos eunucos
que a Arte sadia
enchem de Hunos e Mamelucos",[120]

para manter prudente indiferença aos "iconoclastas que derrancam tudo", pois

"A verdadeira
fonte imortal nunca se esgota [...]
Refaz-se tudo
e tudo é poeira".[121]

É preciso assinalar que o surgimento dessa voz independente que um crítico da geração que nascia considerou uma "possante alegoria de nossa natureza", pensando em *Luz gloriosa* como um canto de glória "em extática e deliberante evocação", ao mesmo tempo em que recupera o tom messiânico da ótica transfiguradora dos manifestos anteriores, abre um vasto filão estético que servirá de baixo contínuo às ideias que, desde então, radicalizavam a busca profunda da "alma nacional".

Persiste, ainda, é bom acentuar, o vestígio da arte pura que se manifesta, por exemplo, na retomada do ideal estético de vida que vincularia a obra de Ronald de Carvalho aos modelos da tradição, a ponto de Tristão de Athayde, num perfil literário sobre Ronald, tê-lo

---

[119] Ver "Missal", em *Luz gloriosa*.

[120] *Idem, ibidem.*

[121] *Idem, ibidem.*

considerado mais apto à prosa clássica e aos poemas bem-elaborados, simbolistas e parnasianos, do que propriamente à linguagem inovadora do Modernismo, em face da qual, segundo ele, se sentia pouco à vontade.[122]

O aparecimento de *Poemas e sonetos* (1919), retomando o espaço bloqueado por onde a poesia retorna ao *locus amoenus* do "Jardim de Elseneur", imaginado pela irreverência civilizada de Elísio de Carvalho, parece de algum modo confirmá-lo. Aqui, com efeito, o pessimismo do *carpe diem*, mais do que intenção dirigida, é atitude literária que reverte o processo: a indiferença da natureza pela sorte do homem, a visão escura do destino ausente, a tematização artificial do panteísmo neoclássico que dilui a vontade e faz do traçado do mundo uma espécie de ensaio lógico para amenizar o fracasso da vida, tudo indica a paralisação da poesia e do lirismo ante o vigor da forma que não progride.

No entanto, é pelo próprio Tristão de Athayde que ficamos conhecendo, no instante mesmo em que se manifesta, a repercussão da leitura dos temas ufanistas de *Luz gloriosa*. Tristão nos fala de uma noite, em 1915, em que apresenta a Graça Aranha um exemplar do livro, ouvindo deste elogios entusiasmados. "Disso exatamente é que precisamos", teria dito Graça Aranha, enfatizando na obra o traço novo da luz, da mocidade, da exaltação e do entusiasmo. "Quero conhecer este rapaz. Aqui temos a voz da poesia nova do Brasil depois desta guerra", concluiu. E Tristão prossegue nos mostrando como, seduzido depois pelo dinamismo de Graça Aranha, "Ronald vai deixando a lira anacreôntica dos *Epigramas*, para chegar aos poemas energéticos, em que se canta o mundo das máquinas e da técnica de *Toda a América*",[123] convertendo-se numa espécie de herói privilegiado de Graça Aranha.

Antes, porém, de ver como se organiza, a partir de ambos, o desdobramento modernista das teses dissidentes, convém lembrar que já em 1919 o caminho aberto pelo estetismo heroico de *Luz gloriosa* encontra num jovem poeta obscuro de São Paulo o eco radical que converte a poesia no símbolo forte do poder sob um ritmo marcial.

---

[122] Ver Tristão de Athayde, "Ronald de Carvalho: clássico e modernista", em *Companheiros de viagem*, Rio de Janeiro, José Olympio, 1971, p. 31.

[123] Tristão de Athayde, "Evocação de Ronald de Carvalho", *Autores e Livros*, vol. 2, nº 18, jun. 1942, p. 280.

O dândi, a aura e o rastro

Publicado nesse ano, *Thabor*, o livro de estreia de Plínio Salgado, retoma o plano metafórico das libações neocondoreiras de *Luz gloriosa*, e eleva-se no azul,

"No alto da Suspiração, em luz imerso
[...] O pensamento me transfigurando!"[124]

para ensaiar o "voo triunfal" da libertação, marcada pelo combate das asas de aço, "banhada em sangue a alma descrente", sempre renovada, para conter as ameaças do "oceano fatal".

Há ecos de clarins que gritam, de tambores rufando sob o marchar da tropa:

"Morre a lutar
morre na luta!"[125]

é a palavra de ordem que acende, delirante, a "estranha flora" da soberania da pátria, evocada nas bases naturais de sua expressão telúrica, a rebelião dos próprios elementos encarregando-se de estrangular a progressão do inimigo, o Titão fantasmal que perece, sob o céu do Novo Mundo, ante a bravura dos rudes troncos que erguem os braços, frente à ação fulminante dos arbustos em densa trama e do cipoal truculento em luta permanente.[126]

O misticismo do poeta, que foge, com Jesus, do universo numa espécie de oblação transfiguradora,[127] como que purifica a função demiúrgica que imporá o tom ao ritual da pátria. Esta se converte agora na

"[...] Urna sagrada
de imortal e radiosa tradição!"[128]

---

[124] Ver Plínio Salgado, "Thabor", em *Thabor*, São Paulo, Seção de Obras de *O Estado de São Paulo*, 1919.

[125] Ver "Canção das águias", em *Thabor*.

[126] Ver "Estranha flora", em *Thabor*.

[127] Ver "Thabor", em *Thabor*.

[128] Ver "Brasil", em *Thabor*.

e em nome dela, o poeta se transforma no guerreiro audaz, que maneja a espada, para "enfrentar o delírio do canhão", evocando a febre do amor

> "[...] que o sangue escalda,
> à sombra da bandeira ouro-esmeralda".[129]

O desejo de morrer redescobre o percurso dos heróis, de cujo triunfo o poeta se considera depositário e intérprete, definindo, assim, a trajetória de sua própria vida:

> "Triunfante e altivo herói, de uma grande batalha,
> Terei bênçãos no olhar, bênçãos na fronte, erguida
> [...]".[130]

Note-se, por fim, pelos desdobramentos que imporá ao curso do pensamento dissidente depois de 1922, a marca nobiliária da cultura presente na *Pequena história da literatura brasileira*, publicada por Ronald de Carvalho ainda em 1919. O tom laudatório que acompanha os sinais da nossa presença na Terra desde o *Atlas Medicis* (1351), onde se fala de um "Braçir" (Braxil, Brazile ou O'Brasile) que Ronald sugere metaforicamente como "um mundo virgem e brando, boiando em luz, recamado de flores odoríferas e dourados frutos esquisitos",[131] privilegia, de um lado, a visão da pátria como tema literário consagrado pela tradição clássica (*Os lusíadas*, I, IX) e enfatiza, de outro, a atenção que teríamos despertado nos mais notáveis pensadores da Europa.

O fascínio pela terra deixa de ser uma função isolada, mesmo passando pela referência acadêmica às impressões de Nóbrega e Anchieta e dos viajantes, e suscitando um pequeno entrecho didático sobre a descrição dos nossos fatores mesológicos, em que também entra uma breve análise das relações do homem com o meio: converte-se logo em motivo ideológico de valorização da cultura. O exem-

---

[129] *Idem, ibidem.*

[130] Ver "Prata", em *Thabor.*

[131] Ronald de Carvalho, *Pequena história da literatura brasileira*, 13ª ed., Rio de Janeiro, Briguiet, 1968, p. 18.

O dândi, a aura e o rastro

plo está na rigidez pretensamente científica do discurso ufanista, que recusa as ideias importadas sem interesse para a metáfora de opulência a que a visão transfiguradora do inconformismo ilustrado reduzia a imagem do país. Como na concepção intervencionista de Guglielmo Ferrero, divulgada por Elísio de Carvalho, o historiador agora interfere na História para preparar a vitória de seus argumentos. Nesta linha estão as defesas da terra contra as teses de Buckle (os ventos alísios, o calor excessivo e o meio inóspito impedem o florescimento de uma grande civilização no Brasil), de Vacher de Lapouge (via o Brasil como um imenso Estado negro em retorno à barbárie), de Chamberlain (a mestiçagem como obstáculo insanável) e de Gustave Le Bon (contraste irresolúvel entre a nossa liberalidade e a falta de energia e vontade dos nossos habitantes).

Veremos como, no horizonte oposto, ao procurar elaborar os motivos da nossa presença cultural não apenas a partir da radicalização do emblema do *locus amoenus*, mas também da imagem do Brasil como "uma força nova na Humanidade", Ronald de Carvalho deixará no ar alguns dos temas decisivos com que os dissidentes encamparão o ideário renovador de 22. Bastaria lembrar o contraponto entre a tese de que a alma da raça é a força superior que determina a história de um povo e sua conversão prática na aura nacional do gênio, para compreender como se ajustarão depois o seu conceito de literatura, abrangendo a própria história de cada coletividade, e o seu conceito de raça e nação, significando a manifestação de um pensamento geral pertencente a todas as outras.[132] Ou ainda notar que, entendendo a civilização como uma interminável conquista do homem sobra a natureza, distinguirá sempre os interesses de uma e de outra, na certeza de estar enunciando as leis inadiáveis da realidade brasileira, como a necessidade de vencer a natureza pela disciplina, a necessidade de identificar o nosso próprio "preconceito estético", de recusar o passado e viver a realidade do momento e, particularmente, de saber integrar a imaginação no próprio ritmo da máquina.[133]

[132] *Idem, ibidem*, pp. 42-3.

[133] *Idem, ibidem*, pp. 364-8.

Parte II
NO ROTEIRO DE 22

Recepção a Elísio de Carvalho na Villa Kyrial, em São Paulo, no domingo seguinte à realização da Semana de Arte Moderna de 1922. Elísio é o segundo à esquerda; Freitas Valle, o terceiro. Os dissidentes do grupo carioca aparecem entre alguns modernistas de São Paulo: Graça Aranha, ao centro, no segundo degrau; Renato Almeida, de pé, à direita de Guilherme de Almeida; e Ronald de Carvalho, atrás de Mário de Andrade.

1.

O encanto do novo

Elos aleatórios (a geração em flagrante)

A presença de Ronald de Carvalho e sua fidelidade ao ideário renovador de Graça Aranha terão grande importância nas relações do pensamento ilustrado com as ideias avançadas, prestes a se manifestar nas conferências modernistas da Semana. Um acontecimento expressivo para as relações dos dissidentes com os futuros modernistas tem lugar em 1921, quando um grupo de intelectuais do Rio de Janeiro, entre eles Graça Aranha, Ronald de Carvalho, Agripino Grieco e Renato Almeida, resolve homenagear Elísio de Carvalho, pela firmeza com que combatia a descaracterização do espírito nacional que deveria orientar a pesquisa literária e o debate das ideias de um modo geral.[1]

De fato, Ronald, em seu discurso, destaca o papel de Elísio, excluindo-o injustamente das críticas que faz aos escritores que surgiram com ele, responsáveis diretos, conforme o autor de *Toda a América*,

[1] Ver Ronald e Elísio de Carvalho, *Afirmação de um ágape de intelectuais*, Rio de Janeiro, Monitor Mercantil, 1921. Em entrevista que nos concedeu no Rio de Janeiro, em 20 de outubro de 1978, o acadêmico Osvaldo Orico focalizou o episódio, revelando que Agripino Grieco e Renato Almeida surgiram para a vida literária pelas mãos de Elísio de Carvalho. Agripino teria devido muito ao mecenato generoso que Elísio oferecia aos amigos, de acordo, inclusive, com o depoimento de Luís Edmundo, n'*O Rio de Janeiro do meu tempo*. Segundo Orico, Agripino chegou a escrever um livro, que inexplicavelmente inutilizaria depois, intitulado *Da casa de Goethe*, em que manifestava a sua gratidão a Elísio, a quem servia como bibliotecário particular no grande acervo que este mantinha em sua casa da Praia Vermelha. Quanto a Renato Almeida, nos disse o entrevistado que só conseguiu reunir condições ideais para começar a escrever a *História da música brasileira*, depois de firmar-se como redator do *Monitor Mercantil*, do qual Elísio era diretor.

pelas ideias que destilaram, entre nós, "o veneno sutil do amoralismo *fin-de-siècle*", de onde proviria, a seu ver, o traço nefasto de todos os mimetismos, o perfil da nação como autêntica "estação de recreio, excelente para divertir os ócios de todos aqueles desiludidos precoces" (Jean Lorrain, D'Annunzio, Oscar Wilde) e, particularmente, o paradoxo do desamor às tradições.[2]

Aos olhos de Ronald, Elísio não fez parte da frivolidade elegante dessa geração de desencantados: mantendo-se a meia distância entre o "exagero amável dos românticos" ("[...] punham sobre a natural mesquinhez da nossa recente civilização uma lente poderosa com que aumentavam desmesuradamente o valor das cousas") e o "pessimismo apressado dos doutores do Recife", Elísio teve, segundo Ronald, a originalidade de acreditar no país, inaugurando, de um lado, a valorização do Brasil aristocrático e civilizado em condições de figurar com a Europa ao lado dos povos cultos de tradição latina; e mostrando, de outro, que não somos um mero produto de caldeamentos bastardos nem a ralé dos criminosos.[3]

Para uma tal visão do sentimento da pátria, não cabe considerar os bandeirantes como homens de ambição inescrupulosa e aventureira, mas sim tomá-los como paradigmas da "energia latente de uma raça varonil", vindo daí a razão para recuperar a imagem de Elísio, extremando-a da geração dos "poetas decadentes, casquilhos petulantes", que, como vimos, formaram com este a linha de frente dos manifestos dissidentes. Ronald, no entanto, enfatiza o argumento, tomando-o ao reverso: aplaudindo em Elísio o ter percebido — ao contrário dos fatos — "que o escol desalentado, artificial e amorfo é uma grande ameaça para uma nação nova", identificará na sua obra o filão de uma herança a ser tomada como bandeira pelos jovens que então começavam. No centro desse legado, estaria toda a virtualidade de um nacionalismo desmistificador, inconformista, cordial e violento quando agredido, orgulhoso e aristocrático na sua concepção hegemônica que busca a todo transe integrar o Brasil e a cultura brasileira ao âmbito civilizatório das grandes nações. "Indicastes — dirá Ronald dirigindo-se a Elísio — que, aos brasileiros, cabe apenas enriquecer, com as

---

[2] Ronald e Elísio de Carvalho, *Afirmação de um ágape de intelectuais*, Rio de Janeiro, Monitor Mercantil, 1921, pp. 19-21.

[3] *Idem, ibidem*, pp. 20-2.

vozes virginais da terra, com a múltipla sedução das paisagens tropicais, a herança recebida dos maiores".[4]

Ao completar-se com a tese da nossa bondade natural, a imagem edênico-culturalista que Ronald retira da obra de Elísio de Carvalho passa a integrar a metáfora do povo exótico cujo destino europeu lhe impõe, a partir de agora, que prolongue a superioridade europeia na paisagem agreste da América.[5] E ao mesmo tempo faz com que a resposta de Elísio a Ronald se transforme num autêntico rito de passagem através do qual o movimento dissidente inaugura a terceira fase de sua trajetória, momento importante em que a ausência prematura de João do Rio será compensada pela adesão de alguns futuros modernistas que se encarregarão, como veremos, de propor a conciliação das ideias do reformismo ilustrado com o pensamento de vanguarda. Lembremos que Elísio, referindo-se diretamente à "ideologia da geração que ele [Ronald] representa tão brilhantemente", fala como se lhe estivesse impondo tarefas e programas, servindo de exemplo a alusão ao nacionalismo como "traço forte, mas tosco" que é preciso transformar em ritmo ou linha harmoniosa no plano da criação literária; a referência à necessidade de assumir agora a consciência do "destino inevitável" do país, que, com a República, vê chegado o momento de converter sua imagem de mártir das lutas pela liberdade na consciência plena da "alegria dionisíaca da vida"; a identificação desse momento como "talvez o mais grave de nossa existência autônoma, tanto pela complexidade dos problemas cuja solução está posta, como principalmente porque o Brasil se acha num instante em que é preciso fixar-lhe definitivamente a orientação histórica para regularmos a nossa vida sem perigo de vacilações no caminho"; e, por fim, a ênfase sobre a missão inadiável de "conservar unido, indissolúvel, coeso e forte, o grande império territorial que somos".[6]

Da fusão entre o heroísmo de nossa alma latina e a opulência da terra, sairá, segundo Elísio, o traço fundamental do brasileiro, "um novo tipo que se descobre valorizando a terra e crescendo com ela". Um nova energia, assim, alimenta a visão do futuro, buscando a "equivalência do mundo moral e do mundo físico, no esforço de adaptar a

[4] *Idem, ibidem*, pp. 23-5.

[5] *Idem, ibidem*, pp. 25-6.

[6] *Idem, ibidem*, pp. 31-5.

nação à natureza e de a edificar nas mesmas dimensões desta". Daí o interesse pelo homem moral em contraposição ao homem físico: o brasileiro não pode ser o índio, nem o africano, nem o europeu, mas o indivíduo moral que se formou aqui na sociedade histórica, reflexão que retorna à chave do cosmopolitismo para identificar a nação como "um fruto da civilização mediterrânea que se estabeleceu e se desenvolveu neste lado da América".[7]

Desse primeiro contato com os jovens modernistas ficarão algumas palavras de ordem que produzirão amplos efeitos, valendo ressaltar entre estes a germinação do projeto hegemônico que acalentará por muito tempo a imagem de nossa supremacia territorial e política no continente; a proposta de reafirmar o Brasil-nação a partir de um nacionalismo integrador, antijacobinista e voltado para a redescoberta de seus fundamentos históricos; e, particularmente, a vinculação do nosso renascimento cultural ao determinismo sociogeográfico e etnológico, que anuncia como tarefa urgente a pesquisa do nosso *eu orgânico*".[8]

A ascendência de Elísio de Carvalho sobre os futuros modernistas — Ronald de Carvalho, Graça Aranha e Renato Almeida —, conquanto contestada, é já evidente no próprio instante em que ocorre a Semana, chegando mesmo a repercutir em publicações estrangeiras ainda sob o impacto das noitadas do Teatro Municipal.[9] No entanto, para compreender melhor os pontos de contato que, como ve-

---

[7] *Idem, ibidem*, pp. 36-40.

[8] *Idem, ibidem*, pp. 41-9.

[9] Joaquim Osório Duque Estrada, comentando o livro *Poésie brésilienne*, de Victor Orban (ver *Crítica e polêmica*, Rio de Janeiro, Henrique Velho & Cia., 1924), nos fala que o autor foi vítima da "sinagoga do elogio mútuo" que funcionava como agente intermediário na consagração de escritores medíocres junto aos críticos e historiadores estrangeiros. Segundo Duque Estrada, Elísio e Ronald teriam sido apresentados como homens de ideias avançadas num país em que, "nos últimos cem anos, não se faz outra coisa senão imitar tudo quanto se refere à poesia da França". E Manoel Gahisto, publicando na *Revue de L'Amérique Latine* o artigo "Elysio de Carvalho et le nationalisme brésilien" (vol. 6, n° 23, nov. 1923, pp. 255-8), retoma os temas da fala de Elísio ao jovem Ronald, ao comentar um discurso de saudação lido por Elísio em homenagem a Paul Fort, em 22 de julho de 1922, no Rio, enfatizando o nacionalismo integrador e antijacobinista e a pesquisa da expressão universal do nosso *eu* orgânico", canal de contato por onde nos identificamos com os grandes artistas e pensadores dos povos cultos.

Ronald de Carvalho, Graça Aranha e Renato Almeida,
em foto da década de 1920.

remos, apontam para uma convergência significativa já a partir de 1922, é preciso lembrar que a atividade intelectual do grupo modernista de Graça Aranha já vinha assumindo uma atitude crítica que retomava, em muitos de seus pontos, o tom das propostas dissidentes. José Maria Bello, por exemplo, no mesmo instante em que Elísio de Carvalho chama atenção para o movimento de coesão que tomava corpo em São Paulo,[10] anuncia, dias antes da realização da Semana de Arte Moderna, "a missão histórica de São Paulo como guia da nacionalidade", apontando o movimento literário paulista, sobretudo através de Menotti del Picchia, Monteiro Lobato e Amadeu Amaral, não como a tentativa mecânica de sentir "o momento de transformações que se opera a seus olhos", mas — e nisto o enquadra no tom da linhagem reformista — como "uma volta às aspirações nativistas, depois de tantos anos de imitações e *pastiches* franceses", ressaltando a curiosidade da literatura caipira como autêntica arma contra o fundo canhestro do velho nacionalismo jacobinista. A intenção

[10] Elísio de Carvalho, "São Paulo e o sentimento de unidade nacional", em *Os bastiões da nacionalidade*, Rio de Janeiro, Anuário do Brasil, 1922.

era valorizar os experimentos regionais enquanto fatores por si só suficientes para fazer da literatura que surgia em São Paulo "uma forma triunfante de futuro" que correspondia à afirmação da ordem civil frente às ameaças cada vez maiores dos setores militares, contidos agora pela adesão da burguesia às causas do espírito e à análise das questões institucionais.[11]

Por outro lado, Renato Almeida, que, como redator do *Monitor Mercantil* de Elísio de Carvalho, já vinha trabalhando na sua *História da música brasileira*, converte-se aos poucos numa espécie de porta-voz oficial do grupo de Graça Aranha, divulgando não apenas as ideias do mestre, mas também encarregando-se de difundir o valor intelectual de Ronald de Carvalho, por quem parece ter nutrido, durante muito tempo, um verdadeiro fascínio.[12] Por sinal, é ele quem se encarrega de organizar o encontro filosófico destinado a sustentar a coesão ideológica do grupo, chamando especial atenção para a tese, de Graça Aranha, do predomínio da imaginação sobre a razão, um dos achados mais expressivos, a seu ver, para a compreensão do estágio mental brasileiro. A imaginação, transbordando, dominando a inteligência e o sentimento, viverá, a seu ver, por causa da atração mágica que a natureza exerce sobre ela, em estado de contínua exaltação, provocando a falta de método e disciplina, responsável pela deformação insanável da nossa vocação para a eloquência inconsequente, cujas manifestações mais recentes, segundo ele, estão no cientificismo da Escola de Recife e no Positivismo.

A constatação, em si mesma redundante, se pensarmos em Graça Aranha, não mereceria maior atenção caso não trouxesse em seu bojo o germe autoritário que serviria como parâmetro irredutível para a prática cultural imposta por essa facção modernista, herdeira do reformismo dissidente, que instaura como palavra de ordem a necessidade de disciplinar a nossa subjetividade, acreditando ser possível conciliá-la com a seiva fecundante com que a força imponderável do meio físico iluminava o nosso destino. E mais: sustentando, a partir daí, a nossa vocação telúrica para a autonomia intelectual e moral,

---

[11] José Maria Bello, "O movimento literário de São Paulo e a literatura nacional" e "A crise nas letras", *O Jornal*, Rio de Janeiro, 5 e 12 de fevereiro de 1922, respectivamente.

[12] Ver sobre o episódio o artigo de Agripino Grieco "O filósofo com dor de barriga" (*Vivos e mortos*, Rio de Janeiro, Schmidt, 1931).

Edição comemorativa do *Monitor Mercantil*, boletim de economia fundado por Elísio de Carvalho e pelo Conde de Carapebús em 1912, que teve Elísio como diretor e Renato Almeida como um de seus redatores.

definirá como regra de conduta para os novos o que chama de "filosofia da ação", um temerário esforço por conciliar "essa força prodigiosa e interna" que nos caracteriza com a representação da nossa totalidade, meta ideal e magnífica — nos diz ele — mediante a qual a nossa consciência, através do êxtase, se alarga ao infinito. Não será em vão que, apoiado em Farias Brito, Renato Almeida tomará a filosofia como "uma disciplina individualista do espírito", reingressando, por via indireta, na armadilha especulativa da ambição libertária do ideário dissidente, para a qual a aparente independência moral do homem conflitava também com a rigidez unitária do universo, agora mais distanciado, se pensarmos que a condição para o seu entendimento exige o aniquilamento do sujeito como único modo de participar da plenitude da vida, simbolizada pela verdade absoluta do Todo.[13]

[13] Renato Almeida, "O movimento filosófico", *O Mundo Literário*, nº 6, out. 1922, pp. 343-58.

Muita força terá tido essa alegoria da aniquilação nirvânica do ser em face da supremacia do Todo na redução do raciocínio nacionalista à barbárie e à própria morte em defesa da pátria, e mesmo enquanto verbo de reforço do radicalismo das ideias oligárquicas que, por esse tempo, se mostravam interessadas em recobrar a cena política através do ressurgimento do espírito nacional. É preciso lembrar que a ascensão do individualismo nacionalista, ao mesmo tempo em que busca sua justificação ideológica na evolução política do Ocidente, impõe-se gradativamente como tarefa inadiável das novas gerações, "herdeiras do patrimônio intelectual de um século de heroicidades obscuras", que é preciso agora dinamizar através da participação cada vez maior dos homens de letras na vida institucional da nação, revivendo no século que se abria os dois exemplos de sua contribuição decisiva: a libertação da escravatura e a proclamação da República.[14]

É verdade que, no contexto em que essas ideias avançavam, ressentia-se não apenas da inexistência de um tipo étnico predominante que nos caracterizasse, como também da influência nefasta que a miscigenação teria trazido para a nossa civilização, surgindo mais de uma vez, como proposta reparadora, a certeza da absorção do negro pela raça branca.[15] Nada parecia impedir que Renato Almeida fosse divulgando aos poucos algumas teses literárias do grupo que viam na poesia uma forma de libertação a superar "os desalentados sistemas de nossa vã filosofia", procurando impor, no limite da nossa "ebriez maravilhada", um ritmo criador ao tumulto das coisas. A ele caberia estampar a vida como "uma grande verdade", o ato formal de criar pressupondo, a seu juízo, o seu equivalente dialético da força libertadora pronta a decifrar a "realidade ultrassensível" das coisas. Ao mesmo tempo em que definia para a poesia um modo de "sentir a nossa vida em suas raízes" — valendo a obra de Ronald de Carvalho, para ele, como o grande modelo — Renato Almeida insiste em descartar o

---

[14] Ver editorial "O Brasil novo", e Tasso da Silveira, "O individualismo de Romain Rolland", *O Mundo Literário*, n° 5, set. 1922, pp. 133-5 e 170-1, respectivamente.

[15] Ver Xavier Marques, "Unidade de raça e unidade nacional", *O Mundo Literário*, n° 2, jun. 1922, pp. 133-5, e Renato Almeida, "Afrânio Peixoto, romancista", *Revista do Brasil*, n° 62, fev. 1921, pp. 108-20.

artificialismo da fantasia e da retórica, buscando assim disciplinar o "vago doloroso que nos envolve e que nunca dissiparemos".[16]

Nasce daí o esforço para caracterizar a "reação moderna" dos novos contra o delírio do espírito cientificista, de um lado como a ascensão de uma nova consciência formal, "a tortura pela expressão, fora das repetições constantes e gastas", que traria implícita "a luta por um ritmo novo" que acompanhasse, ao nível da criação literária, o clima de insatisfação próprio do momento; e de outro, como revelação de uma nova atitude literária centrada na "personalidade empolgante" do artista, "o *eu* inconfundível regendo a sua obra e sendo dela a mais exata medida". Sua função, agora, seria a de buscar a expressão nova e pessoal e os barbarismos sempre imprevistos (Mário de Andrade, de quem Ronald se aproximara durante as conferências da Semana, "o único de si mesmo mestre, guia e senhor", é já apontado como exemplo indispensável e fecundo).[17]

Na trajetória dos novos, entretanto, não poderiam faltar alguns objetivos que compunham a plataforma ufanista reacesa com as comemorações do centenário da Independência. Era preciso, segundo Renato Almeida, lembrá-los uma vez mais de que a natureza é a criadora milagrosa da pátria brasileira, encarnando a "deidade superior" da nossa teogonia. Sendo fonte da energia indomável que nutria o entusiasmo para a conquista da terra e o desenvolvimento da vida, impunha-se como causa de uma direção decisiva em nossa história: a oscilação entre os momentos fulgurantes e as quedas rápidas de desânimo, com que temos buscado sempre, indisciplinada e persistentemente, chegar "à forma definitiva da nossa psiquê". Se se propõe que foi essa energia indomável que dominou o espírito de D. Pedro I (levando-o à Independência) e conduziu ao aperfeiçoamento nacional a que se propôs a República, convém notar que o argumento é agora retomado para enfatizar aos novos que a tarefa não está terminada, pois resta ainda encontrar a expressão própria do espírito nacional, cabendo-lhes a missão de "novos desbravadores de nossas florestas".

[16] Renato Almeida, "Perennis poesia", *O Mundo Literário*, nº 2, jun. 1922, pp. 209-13, e "Inquietação na poesia", *Revista do Brasil*, nº 72, dez. 1921, pp. 305-8.

[17] Renato Almeida, "A reação moderna", *Revista do Brasil*, nº 88, abr. 1923, pp. 339-41.

Do exemplo anterior, contudo, destaca-se a consciência de grandeza imposta pelo fascínio da terra, causa eficiente da conservação da unidade nacional, ao lado do papel preponderante desempenhado pela aristocracia rural nos mesmos termos em que a privilegiaria depois o sociologismo de Oliveira Vianna.

O tom geral, como se vê, nos revela que a proposta renovadora do grupo de Graça Aranha, ao aludir às bases de seu projeto como "obra de cultura" ameaçada pelo mal político e pela deformação estrangeira, estabelece vínculos inegáveis com o ideário dissidente, particularmente quando sugere que a decisão de superá-los remonta à utopia de uma civilização própria, sob a alegação histórica de que não tivemos no passado, ao contrário dos incas e astecas, por exemplo, monumento algum de cultura superior. A natureza das soluções indicadas por Renato Almeida autoriza-nos a explorar a convergência em face do retorno de velhas questões que agora se reavivam como argumentos inéditos, buscando mais uma vez orientar a obra política numa direção nacionalista, para evitar a divergência entre o Estado e a Nação, que se acreditava ser a causa de amargos sacrifícios para "a unidade diretora do País". O mesmo se diga da decisão de rever a estrutura constitucional para propor um novo regime (nem a Monarquia nem a República teriam conciliado até então as necessidades nacionais e as forças locais) e de suas implicações correlatas: realçar o valor do homem, eliminando o preconceito de que a natureza o esmaga ("pois necessitamos de uma permanente emulação, que será a obra coletiva da nacionalidade"); assumir a atitude de "artistas comovidos de nosso *habitat*, pois somos ainda um povo que se ignora"; eliminar a separação geopolítica do país por Estados, que desintegra a formação nacional, impedindo o surgimento de "um espírito de escol que nos dirija superior e inteligentemente"; fixar o conceito de que "a Nação é a suprema orientadora do Estado"; e viver sempre o heroico "poema da aspiração".[18] E não se pense que, ao contrário dos manifestos anteriores, predomine agora uma concepção de liberdade intelectual mais ampla que a da concepção cultural gerada sob o elitismo anarcoide de Elísio de Carvalho. O próprio Renato Almeida se encarregaria, numa leitura simbólica do *Fausto*, de Goethe, de ilustrar o

---

[18] Renato Almeida, *A formação moderna do Brasil*, Rio de Janeiro, Álvaro Pinto/Anuário do Brasil, 1923.

pessimismo de Graça Aranha sobre a independência intelectual do homem em face de seu destino. Na verdade, ao buscar na tragédia do *Fausto* algumas ressalvas epistemológicas para a descrença na missão libertadora da literatura, ele converterá em *leitmotiv* o preconceito de que a sabedoria é uma autêntica *selva selvaggia* que tem igualmente o seu lado de perdição. Veremos que o próprio Ronald aproveitará o filão, desenvolvendo mais tarde algumas digressões sobre a "sabedoria do erro". Na linha teórica da argumentação de Renato Almeida, porém, o objetivo mais caro é definir para o poeta a impossibilidade de penetrar com olhos humanos no fundo mágico das coisas, sob a alegação de que a arte, como a especulação racional, será sempre "a procura redundante e absurda do infinito pelo finito".

Em face de redução tão violenta, nem mesmo a referência às "contradições impenetráveis" do espírito humano ameniza o resultado, particularmente se atentarmos para as conclusões de Renato Almeida ao discutir a transformação alegórica operada por Goethe na tragédia do *Fausto*, a partir da "forma geométrica e segura" oferecida pela lógica de Spinoza. A identificação, que aí se manifesta, com a tese de que a liberdade é relativa, conduz a alguns juízos iluminadores para compreender a sua visão do papel da literatura no conjunto do que ele considera a "reação dos novos". Paralelamente à desintegração da palavra no eterno *fieri* que a recupera apenas enquanto imagem deslumbrante em busca das categorias totais (Deus, o Estado, a Natureza, a História), é preciso lembrar a "fraqueza oscilante" do poeta, impossibilitado, como o "autômato espiritual" de Spinoza, de dirigir racionalmente o fluxo de sua vontade e cercado pelo "fatalismo quase alegre e confiante", que não lhe permite nem a revolta nem o fracasso. Ainda que lhe reste o consolo de que seu verbo encarne a moral eleita dos super-homens, retomando o curso do "anjo revel" dos manifestos de Elísio de Carvalho, a única atitude prudente a tomar perante a vida, nos diz ele, será reconhecer que "se a miséria humana pode produzir alguma coisa, é elevar o espírito mesquinho às alturas do sentimento, e empreender o voo onde não se indague das causas das coisas, mas se creia e se contemple o infinito, em bendita ignorância, que é a glória da vida".[19]

---

[19] Renato Almeida, *Fausto: ensaio sobre o problema do ser*, Rio de Janeiro, Anuário do Brasil, 1922, pp. 42-81.

Se Renato Almeida refaz o percurso de Graça Aranha para converter, através de Goethe e Spinoza, o relativismo da condição humana em "inesgotável fonte de gozo estético", cabe a Elísio de Carvalho a primazia de ter indicado o caminho, num ensaio em que procura mostrar como Graça Aranha, tendo retirado de Goethe e Spinoza as bases filosóficas para a integração do homem e da natureza, chegou à identificação da energia da nossa "consciência imaginária": a integração do homem com o meio através da vibração coletiva do espírito da raça, de onde sairão os novos ideais de afirmação moral e estética da nacionalidade.[20]

Curiosamente, a partir desse ensaio, os discípulos modernistas de Graça Aranha passam a balizar sua produção intelectual no tom das constatações críticas de Elísio, que não apenas se mostra preocupado em responder à rebeldia dos "futuristas" de São Paulo, enaltecendo o revanchismo das oligarquias paulistas através de alguns apelos à contribuição de seus "heróis" para o fortalecimento do espírito de unidade nacional, como também decide abrir as páginas de sua revista *América Brasileira* à participação dos jovens intelectuais de que fazia parte o grupo de Graça Aranha. É desse período o contato dos moços com as influências sempre mal digeridas de autores como Nietzsche, Tolstói, Ibsen, D'Annunzio, entre outros, que então começavam a aparecer nas resenhas literárias, nos ensaios, nas conferências e mesmo nos manuais de história literária. Também de agora são os ímpetos estéticos que a palavra disciplinadora de Elísio sugere aos que despontavam para a vida literária, indicando o *método de Graça Aranha* como o melhor caminho para chegar às características do nosso ser individual e coletivo, bem como à nossa própria universalidade, capaz por si só de transformar o escritor no "educador de nossa sensibilidade".[21] A ênfase sobre a necessidade de eliminar "a resistência do ambiente" ao florescimento cultural da nação vai, assim, abrindo espaço para o reformismo transfigurador, que a partir de agora caminhará paralelamente ao fluxo das novas ideias.

O espírito ufanista dos manifestos anteriores recebe aqui, na leitura que faz Elísio das ideias de Graça Aranha, o impulso idealista

---

[20] Elísio de Carvalho, "Graça Aranha, mestre da vida", em *Os bastiões da nacionalidade*, Rio de Janeiro, Anuário do Brasil, 1922.

[21] *Idem, ibidem*, pp. 157-8.

do *amoralismo estético* "que proclama a alegria da identidade do espírito humano com o Universo, a felicidade suprema da existência", para reacender a mítica do entusiasmo com que os dissidentes interpretavam a crença no progresso e, por via indireta, a reintegração do homem na natureza redescoberta, improvisando-lhe uma dignidade racial que lhe fora até então negada e impondo-lhe um heroísmo distante da "ideologia selvagem" que era preciso anular de qualquer modo.[22]

Explica-se assim que, na mesma semana em que os modernistas ocupavam o Teatro Municipal de São Paulo para as conferências sobre arte moderna, Elísio de Carvalho se desloque para cá, proferindo em Santos, num banquete do Hotel do Parque, um discurso em homenagem à "invicta cidadela do civismo brasileiro", com a preocupação de exaltar a liderança de Graça Aranha num movimento paralelo, que o próprio Elísio e alguns companheiros vinham, segundo ele, "desenvolvendo, pela palavra e pela ação, em favor da defesa econômica, militar e étnica da nacionalidade". Graça Aranha foi saudado aí com um aparato retórico que o inscrevia, entre as lideranças do movimento de 22, como o intelectual inconformado, "gerador de entusiasmo e multiplicador de energia, mestre de todos nós, cuja individualidade revela toda a trágica ansiedade da terra brasileira e em cuja ação magnífica sentimos germinar a coragem esplendorosa dos transformadores de valores".[23]

Na fala de Elísio, esse papel trazia uma nova perspectiva: a de projetar-se na raiz do ufanismo paulista, responsável — segundo Elísio — pelo vigor ideológico mais expressivo na conquista das ideias, do solo e da organização do Estado.[24] Ou seja, para Elísio de Carvalho, o "integralismo cósmico" de Graça Aranha convertia-se aí numa espécie de sustentáculo ideológico a iluminar o Modernismo paulista com a tese da unidade nacional — a nossa condição de país moderno e territorialmente coeso. Cabia assim a Graça Aranha, enquanto intérprete moderno do "fenômeno da unidade moral" da nação, alçar-

---

[22] *Idem, ibidem*, pp. 185-99. Ver também, do mesmo autor, "Origem do sentimento nacional brasileiro", contido na mesma obra.

[23] Elísio de Carvalho, "São Paulo e o sentimento de unidade nacional", em *Os bastiões da nacionalidade*, Rio de Janeiro, Anuário do Brasil, 1922, p. 44.

[24] *Idem, ibidem*, pp. 45-6.

-se sobre o exemplo de Amador Bueno, o aclamado que se recusou a ser rei ou chefe para não separar São Paulo do resto do Brasil, e projetar-se na sombra de José Bonifácio como o segundo articulador do "caráter definitivo da civilização brasileira".[25]

Graça Aranha, que de fato apoiaria com seu prestígio a revolta dos moços de São Paulo, não decepcionaria a voz que o louvava: ingressa no corpo de colaboradores da *América Brasileira*, dando à revista de Elísio de Carvalho a condição de que precisava para levar os dissidentes para a trincheira do Modernismo. Em seu primeiro artigo, defenderá mais uma vez a ideia de que a civilização, representando uma violência do homem contra a natureza, despertou em nós o fatalismo de uma nova solidariedade voltada cada vez mais para a visão idealista da renascença do Brasil como nova força libertadora. Dessa renascença, emergiria, a seu ver, o nosso homem universal e único, marcado por uma nova energia criadora, capaz de vencer as adversidades do meio e de desmistificar as causas insustentáveis de nossa suposta inferioridade.[26]

Sua mensagem vai juntar-se à dos seguidores que lá estavam, caso de Renato Almeida e Ronald de Carvalho, que alimentavam a linha de combate com a qual a *América Brasileira* atacava a "literatura de esgoto" dos remanescentes do Naturalismo, ora para orientar os jovens escritores, ora para expor-lhes o papel da literatura no âmbito da nova pátria brasileira. Renato Almeida já então mostrava-se mais dissidente do que propriamente moderno, pois ao mesmo tempo em que, na esteira de Graça Aranha, chama atenção para os perigos que ameaçavam a liberdade dos jovens intelectuais, acaba na verdade argumentando contra a libertação da subjetividade criadora, ao lembrar os males que "a heresia de Rousseau" causou ao mundo moderno por haver consagrado o que considera "a anarquia perigosa do egotismo". A teoria da bondade natural teria inclusive feito de Rousseau, segundo ele, o principal responsável pelas condições de desequilíbrio das sociedades modernas, dado que "o orgulho despótico" que as dirige (o principal exemplo estaria no socialismo dos sovietes) tem se revelado cada vez mais "imperialista na política, desordenado nas artes, into-

[25] *Idem, ibidem*, pp. 45-67.

[26] Graça Aranha, "Raízes de idealismo", *América Brasileira*, n° 9-12, ago./set./out. 1922.

lerante na filosofia, exclusivista na ciência e libertário nos costumes". Localizado o fundo anárquico das ideias, é visível na argumentação de Renato Almeida a intenção de reduzir o alcance revolucionário do Modernismo paulista, quando o interpreta a partir do cruzamento de uma atitude moderada com o desespero dos revolucionários utópicos, que resistem às próprias insuficiências, quase sempre irremediáveis e irreversivelmente aquém de seus sonhos visionários.[27]

Ronald de Carvalho, que um depoimento de Oswald de Andrade excluiria do espírito da Semana,[28] procura vincular o papel da literatura à "alma da raça", segundo ele a força íntima e superior que anima as artes e o pensamento, funcionando como uma espécie de manifestação particular que transforma o ato de criar na revelação plena da imaginação coletiva. Nesse sentido, destaca na literatura "a própria história de cada coletividade", razão pela qual, como representante da nova geração, pretende mostrar-se consciente do papel antecipador da criação literária, de seus vínculos com as particularidades de cada fase histórica, o que lhe permitiria anunciar as grandes mutações do pensamento na trajetória de cada povo.[29]

A partir de 1922, com a presença dos modernistas ligados a Graça Aranha, a revista *América Brasileira* procura conciliar as posições conservadoras do nacionalismo oligárquico com os temas mais amplos que vinham no bojo das novas ideias. Bastaria lembrar, nesse sentido, a evolução paralela entre os editoriais, que ora encampam as teses militaristas de Washington Luís em face da segurança nacional, alardeando a nossa autossuficiência bélica no continente, ora defen-

[27] Renato Almeida, "O tumor do orgulho", *América Brasileira*, n° 4, mar. 1922.

[28] Entrando, segundo Oswald, na primeira fila de escritores que pisaram o palco do Teatro Municipal, ao lado dele, Oswald, de Mário de Andrade, Menotti del Picchia, Sérgio Milliet, Agenor Barbosa e o poeta suíço Henry de Mugnier, Ronald de Carvalho teria recebido com muita indignação as vaias do público. Cansado de revidá-las, procurou Oswald depois, na coxia, para pedir explicações: acreditava que este teria organizado a caçoada contra ele e protestou, temendo que isso abalasse o seu prestígio de escritor recentemente premiado na Academia pela publicação da *Pequena história da literatura brasileira*. Ver Oswald de Andrade, "O modernismo", *Anhembi*, vol. 17, n° 49, 1954, pp. 26-32.

[29] Ronald de Carvalho, "Um século de pensamento", *América Brasileira*, n° 9-12, ago./set./out. 1922.

O encanto do novo

Publicada no Rio de Janeiro entre 1922 e 1924, a revista *América Brasileira: Resenha da Atividade Nacional*, dirigida por Elísio de Carvalho com o intuito de valorizar as raízes ibéricas e a literatura hispano-americana, teve, como um de seus colaboradores, Mário de Andrade, que nela publicou as crônicas de *Malazarte*. Aqui, a capa do n° 14, de fevereiro de 1923, com desenho de Di Cavalcanti.

dem a integração da nossa literatura com as literaturas dos povos latino-americanos, para aproximar-se das reivindicações modernistas.[30] Na verdade, data daí o esforço da *América Brasileira* para associar-se à própria Semana de Arte Moderna: noticiando a realização, em São Paulo, das conferências, não apenas destacará a importância de Graça Aranha no movimento (informa que a Semana "foi promovida pelo escritor Graça Aranha, com o concurso de numerosos artistas moços do País"), como também exporá os objetivos perseguidos pelos modernistas, que se resumiam, segundo o editorial, em oferecer uma contribuição "para o movimento de renovação estética, de sorte a tornar

---

[30] Ver os seguintes editoriais presentes na revista *América Brasileira*: "O Brasil mais forte do que rico" (n° 4, mar. 1922), "A *América Brasileira* julgada pelo sr. Zeballos" (n° 5, abr. 1922) e os artigos de Jorge Latour, "Integridade nacional" (n° 6, mai. 1922), Jayme D'Altavilla, "Brava gente" (n° 8, jul. 1922) e João Ribeiro, "Latinos-americanos" (n° 5, abr. 1922).

a nossa arte mais livre e mais brasileira", bem como em defender os princípios "de uma grande liberdade para o artista dentro de uma concepção universalista". E mais: depois de citar a conferência de Graça Aranha e as falas de Ronald de Carvalho (sobre pintura e escultura moderna no Brasil), de Mário de Andrade (sobre a evolução das artes plásticas) e de Menotti del Picchia (sobre as tendências modernas da poesia), a nota inclui o próprio Elísio de Carvalho na pauta dos recitais da Semana, já que alguns versos de Elísio teriam sido lidos ao público ao lado dos textos de Ronald, Guilherme de Almeida, Luís Aranha, Mário de Andrade, Ribeiro Couto, Manuel Bandeira, Agenor Barbosa e Sérgio Milliet.[31]

O círculo se fecha quando Ronald de Carvalho, homenageado no Leme a 13 de maio de 1923 por um grupo de intelectuais, é colocado por Graça Aranha na linha de frente do pensamento de vanguarda, surgindo como "verdadeiro representante da poesia de libertação", um "construtor espiritual do Brasil" que oporá à literatura estéril do academismo a nova força transfiguradora da arte moderna; ou, nas palavras do próprio Graça Aranha: "a sua liberdade subjetiva não se detém diante da deformação, signo da libertação imagética que dará aos objetos e aos sentimentos a inversão reveladora da essência transcendente dos seres".[32] As relações estavam armadas: atraído e descoberto por Elísio de Carvalho, o veio dissidente de Graça Aranha, adaptado ao Modernismo, retorna à fonte de origem, elegendo discípulos que se encarregarão, daí por diante, de projetá-lo no curso polêmico do inconformismo de 22. Não por acaso o primeiro passo dado por Ronald e Renato Almeida ainda nesse ano foi incluir o ideário de Graça Aranha na revista *Klaxon*, que lhes parecia seguir no curso da mesma água, por haver anunciado em sua carta-manifesto não apenas a defesa da integridade da pátria até à morte, como também a consciência de que a obra de arte, mesmo reconhecendo a particularidade do meio, poderia atuar como autêntica "lente transformadora e mesmo deformadora da natureza".[33]

[31] Ver editorial "Semana de Arte Moderna", *América Brasileira*, n° 4, mar. 1922.

[32] Graça Aranha, "Ronald de Carvalho", *O Mundo Literário*, n° 15, jul. 1923, pp. 299-301.

[33] Ronald de Carvalho, "Graça Aranha, criador de entusiasmo", e Renato

Os resultados começariam a ser colhidos a partir de 1924, quando os reflexos do ideário dissidente, como veremos, já terão produzido no Modernismo uma tendência claramente definida.

PASSAGEM DE GRAÇA ARANHA

O aparecimento, em 1920, d'*A estética da vida*, de Graça Aranha, representa uma sistematização e uma conquista no âmbito do pensamento reformista. Num primeiro momento, porque vem dar coerência ao libelo da prepotência individualista que transformava o inconformismo do "homem-síntese" de Elísio de Carvalho num produto mal digerido das convicções anarquistas. Como vimos, falava-se em Nietzsche, Stirner, Kropotkine, Tolstói e nos naturistas franceses, quase sempre de modo arbitrário e desordenado, apenas para justificar por aqui alguns objetivos e formulações nem sempre previstos pelas fontes de origem.

O resultado, que já aponta para o traço autoritário da opção intelectual pelo radicalismo, como que deixou meio soltas as soluções propostas. Já tivemos oportunidade de ver como a tentativa de interferir no campo revolucionário da literatura sucumbiu no limite das estocadas quixotescas do escritor enquanto intérprete das desigualdades, mas incapaz de compreendê-las por não estar ainda preparado para tomá-las numa dimensão que superasse o tratamento meramente retórico a que até então as reduzia. E pudemos constatar a que ponto a concepção precária dos modelos transformou em engenhos esdrúxulos para o nosso meio tanto a ferocidade germânica dos "anjos revéis" de Elísio, quanto a irreverência anglo-francesa dos dândis de João do Rio, destituídos, como vimos, de um perfil nacional que vinculasse a sua rebeldia às marcas do espírito localista.

É exatamente por propor a construção do pensamento estético em suas relações com o nosso meio que a presença d'*A estética da vida* ganha interesse na trajetória das minorias ilustradas. Com o seu aparecimento, resolvem-se dois impasses decisivos ao seu argumento: a impossibilidade de conciliar a limitação do ato criador com a exacer-

---

Almeida, "A estética de Malazarte", *Klaxon*, nº 8-9, jan. 1923, pp. 2-3 e pp. 3-4, respectivamente.

A estética da vida (1921), conjunto de ensaios em que Graça Aranha, meditando sobre o "homem universal", propõe um esboço dos traços definidores do povo brasileiro e do sentimento nacional.

bação do radicalismo individualista, que era preciso sustentar para poder continuar coexistindo com o fluxo libertário das novas ideias; e a conquista de uma linguagem nacional e concreta onde projetar a figuração utópica das soluções perfeitas e universais que vinham nutrindo a mensagem revolucionária de seus manifestos.

A partir de Graça Aranha, não há mais que pensar na literatura e no escritor como instrumentos virtualmente indispensáveis na conquista de uma sociedade sem Estado. Nem imaginar as razões teóricas que justifiquem para as obras a função de educar e elevar o gosto estético das massas. Não há mais também que dissimular a rebeldia antiacadêmica, temendo que a adesão ao radicalismo decadentista, futurista ou anarquista vá longe demais a ponto de ser recusada pela tradição. Nas complexas páginas d'*A estética da vida*, os representantes da dissidência ilustrada dão de cara com o velocino de ouro, e a principal razão para isso é que a panaceia de Graça Aranha lhes fornece o artifício ideológico necessário para conviver com os impulsos mascarados da má consciência.

Não foi em vão que Elísio de Carvalho tentou definir o espaço social da burguesia carioca por meio de procedimentos literários destinados a transformá-la num modelo ideal de expressão humana. Nem foi baldado o empenho com que João do Rio procurou converter a vida carioca num ciclo estético perfeito e acabado. Com Graça Aranha, a imagem ideal do mundo deixa de ser privilégio da linguagem transfiguradora da arte enquanto fenômeno isolado: o estar no mundo, para ele, é um prolongamento do estado iluminado que nutre a consciência enquanto realidade maior a que compete fundar a existência. Sendo princípio causal da existência, a sua função é revelar os seres no limite cognoscível da pura idealidade, o que faz com que o universo só exista na duração consciente da realidade subjetiva.[34] Na verdade, ao deslocar para o sujeito a apreensão arbitrária do mundo, a teoria do conhecimento de Graça Aranha o exime de questionar intelectualmente a natureza de suas relações com o universo, inatingível em sua distância ontológica, inacessível à investigação sistemática da ciência. Embora só a este corresponda a coesão de "uma unidade infinita do Ser", o único poder de que dispõe o homem para compreendê-lo é ser detentor de uma "consciência metafísica" cuja função maior é conceber a passividade e reconhecer que a integridade do Todo se impõe à consciência e ao espírito como condição inquestionável.[35]

De fato, opondo-se à "consciência individual", própria dos seres inferiores, a "consciência metafísica" eleva o homem à condição de sujeito, porque supera a limitação do estado anterior, em que o indivíduo se mantém ainda indiferente "a tudo que não seja objeto de sua sensação real".[36] Ou seja: inata no homem, emerge de uma fonte imponderável (o mistério do espírito humano) e destina-se a recuperar a heroicidade perdida com as injunções impostas pela "tragédia da existência", o desligamento das formas superiores de origem que separa o homem das coisas infinitas. Nesse sentido é que se impõe como instância iluminadora do fracasso da vida, contida metaforicamente na imagem da queda enquanto motivo desencadeador do "terror cósmico", em torno do qual se concentra toda a reconstrução metafísica

---

[34] Graça Aranha, "O universo e a consciência", em *A estética da vida*, Obras completas, Rio de Janeiro, MEC-INL, 1969, p. 285.

[35] *Idem, ibidem*, pp. 585-6.

[36] *Idem, ibidem*, p. 586.

De família abastada e culta do Maranhão, Graça Aranha (aqui retratado por Augusto Malta) estudou Direito no Recife, onde foi aluno de Tobias Barreto, autor que marcaria para sempre seu ideário. Tendo ingressado no Itamaraty em 1900, retornou ao Brasil em 1921, desempenhando papel significativo na defesa do modernismo.

do caminho de volta à homogeneidade universal, que "permanece como estado profundo e íntimo da vida inconsciente" e sem o qual permanecem igualmente obscuros a inteligência e o ser.[37]

Transposto para o sonho hegemônico das minorias ilustradas, o argumento de Graça Aranha acrescentará ao mito dissidente da pátria redescoberta o motivo ideológico do "fetichismo inexpugnável", responsável, de um lado, pela consagração estética da visão totalitária do homem e da natureza e, de outro, pela utilização da linguagem como instrumento enigmático que produzirá a distância entre o sujeito e o objeto. A consequência é imediata: ao mesmo tempo em que procura disciplinar o nosso "estado de inconsciência inicial" através da concepção de um "misticismo integral", desfaz na origem o alcance crítico de qualquer reflexão sobre o nosso atraso, já que para ele o

---

[37] *Idem, ibidem*, p. 588.

O encanto do novo

conhecimento sistemático é sempre fragmentário e, enquanto tal, carece de poder fundante para legitimar a presença do ser na realidade.[38]

Diante dessa consciência fragmentada que se ressente de uma comunhão mais fecunda com a natureza e os homens, caberá à arte o papel de propor o "supremo sentimento do Todo infinito", pondo à disposição da coletividade "as sensações vagas e místicas", que, além de recuperar a "sedutora magia do Universo, inseparável do homem", perpetua nele a "aspiração ardente à unidade transcendental do Universo".[39]

Do fracasso à glória, a transformação heroica do homem pressupõe um pacto com a literatura. O escritor e a obra, incluindo-se no ciclo efêmero da metamorfose enquanto espetáculo, despojam-se da autenticidade de sua condição reveladora, para submeter-se à fatalidade do ritmo mecânico que rege o mundo. Tal "resignação à fatalidade cósmica", adaptada ao nosso meio, reacenderá o falso dinamismo da "incorporação da terra" e do retorno ufanista ao solidarismo messiânico, inexoravelmente estrangulados quando postos em confronto com a supressão da força deliberante do discurso literário. No entanto, ao admitir que, sendo filho da terra, ao poeta compete dar-lhe "alma, inteligência e força", Graça Aranha o transforma "num simples elemento estético da indefinível vida universal".[40] Com isso retoma a ideia central do reformismo dissidente: recuperar a rebeldia isolada do ato literário, projetando os seus efeitos no fluxo mais amplo da transformação estética do homem e da sociedade em trânsito para a perfeição e a unidade.[41] Nessa perspectiva, a aparente autonomia da função poética aí implícita desvincula-se, segundo ele, de qualquer intenção social imediata, não porque se reconheça a sua especificidade enquanto forma significante plena e acabada, mas porque, para Graça Aranha, "a associação da ideia de beleza à ideia de arte é perturbadora para a verdadeira explicação do sentimento estético", daí resultando num "perpétuo equívoco entre os homens".[42]

---

[38] *Idem, ibidem*, pp. 589-92.

[39] *Idem, ibidem*.

[40] *Idem, ibidem*, p. 598.

[41] *Idem, ibidem*, p. 599.

[42] *Idem, ibidem*, p. 600.

Para o autor d'*A estética da vida*, o pressuposto da transfiguração estética da natureza redimensiona a ótica dissidente, na medida em que, agora, a solidariedade do poeta com os outros homens passa a decorrer do fatalismo de sua fusão artística no espetáculo da vida, e não mais, como antes, de sua condição isolada de demiurgo iluminado. Com isto, a transformação da realidade eleva-se à instância de criação própria a cada inteligência, fazendo com que o momento da elaboração repercuta nos homens como uma espécie de "magia que viesse ao espírito pelo adormecimento das sensações de resistência individual". Esse sentimento estético, intenso e profundo, "nos arrebatará de nossa mísera contingência, nos dará a sensação do infinito", livrando-nos de "toda aquela tristeza em que morre o espírito humano".[43]

Limitando-as a tais circunstâncias, Graça Aranha definirá algumas tarefas para as novas gerações a partir do pressuposto de que nenhuma contribuição intelectual progride em nosso meio, se não levar em conta que a nossa marca espiritual coletiva é a imaginação, aqui entendida não como a mera faculdade de idealizar ou ainda como a criação da vida pela expressão estética, mas como a "ilusão que vem da representação do universo, o estado de magia em que a realidade se esvai e se transforma em imagem".[44]

A indicação não pode ser tomada como simples manifestação da ingenuidade idealista. Num primeiro momento, porque reduz de modo arbitrário toda a história social do país às injunções dessa resignação intelectual; e depois, porque retira de sua suposta neutralidade o fundo irracionalista que vai motivar a reescavação dos sentimentos revanchistas, agora fascinados pelo verbo que os encanta com a imagem da heroica libertação do homem brasileiro moderno, antes subjugado e agora destemido e pronto para enfrentar os desafios da terra, que de repente se transforma em delirante objeto de conquista.[45]

Mas há ainda em Graça Aranha um segundo determinismo na trajetória da libertação nacional: um fatalismo que leva, no temperamento da raça, para a exaltação, que produzirá não somente o mito

[43] *Idem, ibidem*, p. 607-9.

[44] Graça Aranha, "A metafísica brasileira", em *A estética da vida*, Obras completas, Rio de Janeiro, MEC-INL, 1969, p. 619.

[45] *Idem, ibidem*, p. 622.

do providencialismo, responsável pela antevisão do grande destino do nosso povo, vislumbrado na grandeza do território e na exuberância da natureza, mas também a tese do misticismo físico, que realimentará a exaltação da vocação patriótica dos nativos e a crença de que ao país está reservada uma missão decisiva para o futuro da humanidade.

Às novas gerações, está, assim, reservado o mandamento moral de contribuir para que se supere a nossa "descorrelação insuperável entre o meio físico e o homem", buscando aplacar o traço comprometedor da contaminação selvagem que funciona como verdadeiro obstáculo à floração de nosso espírito superior, universal e independente.[46] E mais: contra a visão trágica do índio, de seu misticismo e do terror que emana da terra, o papel dos intelectuais será a reconstrução de uma "ideologia do equilíbrio da luz linda", disciplinadora dos elementos bárbaros que nos formaram, europeia, cristalizada, inspirada nos quadros amenos de outras paisagens cujos parâmetros de sobriedade e equilíbrio devem ser tomados como referência. Surge igualmente com ela o dever de desmistificar a deturpação de nossa inteligência (visível por exemplo na crença da transformação da cultura, pelas gerações passadas, "num ato de mau gosto e cobardia"), substituindo a "literatura incolor e sem obras" da tradição acadêmica por uma nova mentalidade criadora em que o idealismo de nossa alma coletiva reencontre os seus "símbolos e a força transfiguradora de seus desígnios".[47]

No centro desse conjunto, quatro atitudes básicas definem-se como premissas que permitirão a conquista de uma nova ordem social em substituição ao "amálgama de sangue e lama, de sonhos e esperanças" resultante da primeira grande experiência do homem contemporâneo que foi, segundo Graça Aranha, a Primeira Grande Guerra. Em primeiro lugar, a compreensão essencial da cultura como libertação da animalidade coletiva, autêntico desafio à nova epopeia que se abre para o espírito humano; em segundo lugar, a proposição de uma busca sistemática da sociabilidade, que integrará o novo homem brasileiro no espetáculo da concórdia universal; em terceiro lugar, a ênfase sobre a função integradora de que é capaz a índole coletiva da arte, enquanto

[46] Graça Aranha, "Os trabalhos do homem brasileiro", em *A estética da vida*, p. 623.

[47] *Idem, ibidem*, pp. 625-32.

instrumento revelador da unidade da raça, da nação e da cultura; e, por fim, a preservação da capacidade de articulação das elites, com vistas a manter "a organização política da sociedade sobre as bases do direito e a subordinação do governo aos princípios da justiça".[48]

A intenção operante é reforçar o preceito de que com o homem moderno se manifesta a sensação de posse do universo: convertendo o mundo em sua propriedade, o limite de sua independência confunde-se com o renascimento do espírito da nacionalidade: "o homem e a Nação — nos dirá Graça Aranha —, a afirmação do individualismo transcendente e o renascimento do espírito da nacionalidade, são as duas forças que recompõem o mundo nesta curva da História".[49] No entanto, a própria defesa da guerra, como já o haviam feito antes Elísio de Carvalho e João do Rio, precedendo a radicalização ufanista das revistas *Brazílea* e *O Mundo Literário*, lhe servirá de motivo para realçar a velha tese de Elísio da "consciência despertada do espírito nacional". E mais: tomando-a, num segundo momento, como a marca da união entre Brasil e Portugal "na defesa contra o germanismo", vislumbra aí o momento oportuno para valorizar o fundo épico que nos ficou da ânsia lusitana de crescimento e conquista, sobretudo porque a Primeira Guerra provocou, conforme assinala, o surgimento de "uma decisiva corrente idealista que influirá para chamar a simpatia do mundo para o ideal luso-brasileiro", em face do qual nos cabe o papel de "herdeiros da espiritualidade latina no mundo americano",[50] de que Ronald seria o principal arauto. Fascinado pela eclosão dos movimentos de "coesão nacional", chega mesmo a louvar os exemplos da "Polônia renascida, da grande Romênia, da federação iugoslava e da Boêmia revelada pelos tchecoslovacos" como produtos expressivos do conflito mundial, a cuja "função criadora" deve a cultura moderna a restauração da democracia e a reconquista do cristianismo.[51]

Tal sentimento integra-se à visão radical do revanchismo dissidente, exprimindo-se agora como autêntica "lei da evolução social,

---

[48] Graça Aranha, "A melhor civilização", em *A estética da vida*, pp. 635-9.

[49] Graça Aranha, "A nação", em *A estética da vida*, p. 640.

[50] *Idem, ibidem*, pp. 641-3.

[51] Graça Aranha, "Nacionalismo e comunismo", em *A estética da vida*, pp. 645-8.

que exige, ao lado da destruição, a reconstrução" como polos dialéticos fundamentais da evolução político-cultural do Brasil moderno.

Na verdade, ao declarar o paralelismo entre a libertação do indivíduo e a redescoberta do sentimento de coesão nacional, exacerbando o autoritarismo e o complexo de superioridade do primeiro com base na evocação da mítica totalitária que propugna a soberania inatacável da nação como um todo orgânico, harmônico e indissolúvel, Graça Aranha reativa a trajetória politicamente ambígua de Elísio de Carvalho que, como vimos, utilizou com oportunismo as posições de vanguarda da esquerda anarquista, para regenerá-las depois em nome do individualismo ortodoxo e totalitário de Stirner, em cujas formulações encontrou farto material para justificar ideologicamente a função histórica dos grupos hegemônicos.

Em Graça Aranha, a conversão repentina à democracia e ao cristianismo, em detrimento da lógica mecanicista que escorava a infinitude inapreensível do universo, não se vale apenas do belicismo para garantir a evolução social sem "os perigos do misticismo comunista, que procura transformar as bases econômicas da sociedade", segundo ele, de ordem secundária e sem reflexos profundos na esfera política.[52] Mas vai além, ao justificar a formação de um Estado aristocrático, onde o respaldo da organização político-militar permitiria reviver o clima de renascença espiritual alcançado na época da Independência. Tomado como parâmetro para o projeto restaurador da revolução dos novos, o momento da Independência ganha interesse porque coincidiu com a ação decisiva de uma elite de homens brancos que assumiu as rédeas do país, transformando-se em verdadeiros criadores da nacionalidade. "Jamais o homem brasileiro foi tão senhor e tão grande como na aurora de sua Pátria" — declara Graça Aranha para lamentar que, com o advento da República, a nossa história tenha deixado de ser "a elaboração de uma elite para ser traçada pelo movimento das massas".[53]

Convém notar que, se a substituição das elites pelas massas na passagem do Império para a República representará para ele um "segundo nacionalismo" (já não mais o das estirpes, vigoroso e intransigente, mas o nacionalismo da "fusão racial", dependente dos compromissos assumidos com vistas a povoar o solo), esse nacionalismo é

[52] *Idem, ibidem*, p. 649.

[53] Graça Aranha, "Pessimismo brasileiro", em *A estética da vida*, pp. 651-2.

responsável pelo afastamento dos homens brancos dos postos do comando, rompendo-se assim o equilíbrio entre eles e a nação, agora à mercê da sub-raça transformada em sentinela avançada da pátria. A intenção não é apenas conceituar a democracia como expressão política da sub-raça, mas fazer constar que à eliminação das elites correspondeu, em face do tumulto das raças disparatadas, a necessidade da imposição de "um governo forte de um ditador", que em última análise deve ser prestigiado, por representar a concentração do poder e realizar a estabilidade nacional".[54]

O confronto entre esse "pensamento mestiço", pragmático, voltado para os trabalhos físicos de posse da terra e para a acumulação da riqueza, e a "civilização espiritual da Europa", ao definir-se como meta prioritária ("o nosso encanto estaria em ser uma nação americana com espiritualidade latina"), corre o risco de não se livrar da nossa "trajetória animal de vida" e desintegrar-se, assim, da tradição latina, à medida que se americaniza. Daí a ênfase sobre a pregação sistemática que compete aos jovens intelectuais no sentido de dirigir as ideias para o âmbito cultural dessa fusão inevitável dos dois espíritos, valendo-se sobretudo das condições históricas particularmente favoráveis de que o país dispõe: independência de espírito, ausência de preconceitos e idealismo clássico, no plano moral; igualdade e subordinação do poder administrativo à Justiça, no plano social; condições de progresso ilimitado, predomínio do homem contra as resistências do meio físico e incorporação da natureza à arte para a construção "da Cidade do sonho, da luz, da cor e da fantasia, sublime morada do Êxtase", no plano material.[55]

Sob o impacto dessas ideias, apoiará o movimento dos jovens modernistas de São Paulo, participando da Semana de 1922 com uma conferência sobre "A emoção estética na arte moderna" e desafiando, a 19 de junho de 1924, a sisudez da Academia com uma palestra sobre "O espírito moderno", que o levaria a afastar-se definitivamente dela a 18 de outubro do mesmo ano, dado que as reformas que havia proposto eram incompatíveis com o espírito da instituição.

Mais tarde, Renato Almeida, que, como vimos, sustentou ao lado de Elísio de Carvalho, Ronald e outros, a paternidade de Graça Ara-

[54] *Idem, ibidem*, pp. 653-4.

[55] Graça Aranha, "Pragmatismo brasileiro" e "Otimismo brasileiro", em *A estética da vida*, pp. 655-6.

O encanto do novo

nha em relação à Semana, fez alusão ao grande equívoco das críticas dos modernistas, que, segundo ele, não souberam compreender o espírito inovador do mestre, insistindo em medir a sua obra literária "na bitola das tendências de vanguarda da época, no que — assinala — nunca houve coincidência". Graça Aranha, a seu ver, queria apenas "que o Brasil se renovasse e para isso acreditava necessário acolher todas as correntes inovadoras e lhes tirar as essências adequadas ao nosso fenômeno", sugerindo, sob este aspecto, que seria hoje o "mais vibrante concretista".[56]

A referência, conquanto destinada a recuperar o isolamento que o curso do tempo impôs à modernidade ambígua de Graça Aranha, não evita, entretanto, que a sua presença permaneça meio solta quando posta ainda hoje na perspectiva distante das polêmicas libertárias que tiveram lugar no decênio de 1920. E as razões não parecem tão complexas: o que faltou foi desvendar o lado oculto da verdade, ainda que isso exigisse o desassombro para converter o depoimento em penitência. Faltou mergulhar na noite dos tempos e reacender de um golpe as luzes alvoraçadas do Teatro Municipal de São Paulo, para retomar a conferência de Graça Aranha e ouvir de novo as suas palavras. Só então seria possível compreender, a exemplo do que disse Oswald de Ronald de Carvalho, que o conferencista daquela noite não trazia nenhuma ameaça. Por trás do "objetivismo dinâmico" que transformava a arte no instrumento de nossa integração ao cosmo estranho e distante da realidade que se arrastava lá fora, manifestavam-se as vozes dissimuladas do revisionismo elitista d'*A Meridional*, do integralismo naturista, antipopular e segregacionista dos manifestos da *Delenda Carthago*, do aristocratismo messiânico de Elísio de Carvalho, da heroicidade destruidora do "homem-síntese" de Stirner ou do esteticismo wildiano, aqui vulgarizados pelos heróis grã-finos de João do Rio, modelados pelo revanchismo ufanista da "*América Brasileira*, da revista *Brazílea* e da Liga de Defesa Nacional".

A interpretação e o contraponto resultam inegáveis, quando o surpreendemos a pregar a velha arma da transfiguração estética da natureza sem outra preocupação que não seja designar o universo por metáforas e analogias, para sugerir vagamente o mistério que nos envolve. Ou ainda retornar ao veio central do ideário reformista, vislum-

---

[56] Renato Almeida, *Graça Aranha: trechos escolhidos*, Rio de Janeiro, Agir, 1970, pp. 16-7.

Ao regressar da Europa, o diplomata, literato e membro-fundador da Academia Brasileira de Letras, Graça Aranha (1868-1931, aqui retratado por Tarsila do Amaral), rompe com a estética simbolista a que estava vinculado para aproximar-se do grupo modernista de 22.

brando a natureza como uma fuga perene no tempo imaginário, sugerindo que o poeta se desligue dos outros homens para deter-se na representação dessa transformação incessante. Partidário convicto do ciclo artístico da existência, retirará daí a ideia de que a arte é inseparável do homem, não apenas para justificar que toda manifestação estética é sempre precedida de um movimento de ideias gerais, mas sobretudo para transformar cada homem num artista rudimentar submetido de algum modo ao fatalismo psicológico da subjetividade do gênio. Subjetivismo e objetividade assumem de repente o estatuto de uma estranha disciplina que, se de um lado é libertadora e solidária, buscando a recuperação da nossa alma coletiva "perdida no assombro do mundo" e paralisada pela barbárie, de outro lado é obscurantista e discriminatória, na medida em que fixará, em espaços opostos, o desempenho da nova poesia, estranha e alada em seu dinamismo fantasista "de cores, de sons e de formas vivas e ardentes", e a imagem terrífica do meio, rudimentar e embrutecida em seus contornos estéreis que só têm feito abrigar o primitivismo dos míseros selvagens, de quem o Brasil não recebeu, de acordo com Graça Aranha, nenhuma herança estética positiva.

Para uma teoria estética que não tem lições a tirar do passado, o rompimento com as ideias retrógradas não parece ser questão pertinente. Daí a razão para que o renascimento intelectual e artístico, proposto em seus manifestos, se perca nos fundamentos de um falso universalismo, mantendo-se cada vez mais distante das contradições internas, até mesmo para repudiar o extenso material literário contido nos limites dos temas e problemas regionais.[57] Tanto que, na conferência que motivou o rompimento com a Academia, apesar de mudar de tom, será ainda a deslocação do *subjetivismo do eu para as coisas* que fundamentará o movimento da arte moderna em busca do que Graça Aranha considera "a grande vitória do espírito moderno": substituir a subjetividade contemplativa dos românticos e dos impressionistas. Contrapondo-se ao sentimento de destruição individualista que considera implícito nesta atitude passiva perante o mundo, o objetivismo dinâmico apresenta-se, segundo ele, como a única resposta para o signo da nossa atualidade, que está no "formidável empenho de reconstrução". Diante de uma estranha imagem do país aos pedaços, uma espécie de caos premeditado e terrificante, mais uma vez a consciência disciplinadora do reformismo ilustrado decide intervir, com a intenção, agora, de recompor pacientemente todos os fragmentos, ativando "a unidade intelectual e sentimental" do povo e pensando, exatamente como antes, na criação de "uma ordem prática simples, útil e enérgica".

O poeta, também como antes, é o único que sabe que "há uma unidade essencial e infrangível entre todos os seres", cabendo-lhe então dirigir seu canto para a expressão totalitária da vida, pois tem consciência de que a obra de arte, "apesar de ser um organismo distinto dos outros, é o órgão do pensamento, da emoção, da vida Total". Em face dela, não importa mais a identidade dos homens, sempre desgarrados na girândola sensacionista do mundo. O que fica deles são apenas impressões, imagens que "se destacam do ambiente, por sua vez formando ambiente por seus volumes e pesos", na imponderabilidade intangível apenas revelada pela luz e pela cor. Como o

---

[57] Graça Aranha, "A emoção estética na arte moderna", em *O espírito moderno*, Obras completas, Rio de Janeiro, MEC-INL, 1969, pp. 739-44.

avião, o automóvel, o vapor, não tem mais sentido tomá-los individualmente, num instante em que a arte se liberta da imitação da natureza e procura a "criação integral" da vida. A independência que a arte conquistou em relação à natureza apresenta-se como uma das maiores conquistas do objetivismo dinâmico, apesar de o espírito brasileiro ainda não ter sido conquistado, mergulhado que está no "período subjetivo", segundo Graça Aranha marcado pela deformação romântica, já que "entre a realidade e o espírito, ainda se interpõe o academismo literário".

Destituída de função, não há como negar que em face dessa independência a Academia permanece no vácuo, na medida em que procura cristalizar as informações estrangeiras, impedindo que tenham acesso "à verdadeira nacionalidade", como instrumento de coisas novas para um povo ainda inculto, sem tradições literárias ou artísticas — e "sem um vasto manancial de produção intelectual que a justifique". A radicalização desse confronto permitirá, assim, à competência das novas elites superar o caráter mimético que impede o florescimento de nossa objetividade intelectual e estética, possibilitando que escapemos da cópia europeia sem, contudo, permanecermos bárbaros.[58]

Gradativamente, o teor da mensagem parece agravar o sentimento antipassadista, impondo-se em tom de rebelião e quase libelo. Sob este aspecto, a recusa do espírito acadêmico por "desnacionalizar e envelhecer o escritor, torná-lo um neutro elegante, um produto convencional da literatura", ao mesmo tempo em que coexiste com a descoberta da importância do folclore "contra o ecletismo e a adoção de mitologias",[59] completa-se com a constatação crítica da existência de dois tipos de "homens novos" em franca oposição no Brasil contemporâneo, decisiva para compreendermos a filiação de Graça Aranha ao dirigismo elitista dos dissidentes. Um, produto da transformação militarista republicana, marcado pelo positivismo e pela solidariedade religiosa, é o novo homem livre cuja liberdade se limita aos instintos e à perversão material: politiqueiro, oportunista, é bem-falante e amante da gramática, da imitação e da retórica, encarnando o símbolo

---

[58] Ver "O espírito moderno", em *O espírito moderno*, Obras completas, Rio de Janeiro, MEC-INL, 1969, pp. 744-54.

[59] Ver "O espírito acadêmico", em *O espírito moderno*, Obras completas, Rio de Janeiro, MEC-INL, 1969, pp. 757-60.

autêntico da nação estagnada. E outro, comprometido com as novas tarefas que o país exige. A ele caberá "modernizar, nacionalizar e universalizar o Brasil" como "atleta enérgico e forte de espírito" preparado para eliminar, pela "ação dinâmica", o Romantismo estagnado que emperra a inteligência brasileira, bem como "o acesso febril de literatura" que nos domina.

"O estádio onde luta, evolve, corre o jovem intelectual brasileiro — nos dirá Graça Aranha — é o seu País e o Universo". E mais: apontando agora para a sua ação "predominantemente social", indicará em sua função o traço de uma nova classe, a classe dos espíritos cultos, clássica, mas de um classicismo profundo e em tudo oposto ao "classicismo verbal, de palavras mortas e frases antiquadas, exclusivamente literário e artificial [...] dos velhos escritores". Dele virá a análise profunda das contradições fundamentais do país, a luta pela harmonização das classes sociais através do direito público, para mostrar que a classe militar não é a única classe organizada entre nós; a cooperação de bens, a socialização da terra, a extirpação da praga literária que nos impõe ainda um primitivismo inconcebível. Disciplinado, dominador da técnica e da sensibilidade de seu tempo, tem segurança e energia para sustentar e afinal demonstrar que o esteticismo representa em seu tempo o grande "reduto do espírito humano, e dele não há força filosófica, religiosa ou científica que o desaloje".[60]

Tal empenho em sistematizar, em tom de manifesto, a reconstrução cultural do país repercutirá na índole reformista das ideias dissidentes, já legitimadas junto às bases do poder. Notemos que já a partir da publicação d'*O espírito moderno*, em 1925, Elísio de Carvalho buscará reacomodar o espírito oligárquico como força supostamente democrática em oposição à concepção totalitária do Estado alemão, cujas contradições, agora, resolve discutir e denunciar.[61] E atentemos também para as quatro direções fundamentais a que conduziu a retomada do espírito nacionalista pós-22: a necessidade de desmistificar o "aparato civilizador" europeu, visto como traço desfigurante do pensamento brasileiro preso à terra, violentado a todo momento, mas que "ainda vive no tumultuário mundo romântico, sem civilização e

[60] Ver "Mocidade e estética", em *O espírito moderno*, pp. 761-6.

[61] Ver Elísio de Carvalho, "Transformações do pangermanismo", em *Suave austero*, Rio de Janeiro, América Brasileira/Anuário do Brasil, 1925.

sem cultura própria";[62] a decisão inadiável de repensar nas origens e nas condições da colonização as causas das nossas fragilidades étnicas, morais, políticas e estéticas;[63] a urgência em investigar, desde já, as condições concretas para a primeira revolução democrática no país;[64] e a fundamentação jurídica e sociológica dessas propostas a partir do veio legitimista e tradicionalizante da consciência oligárquica.[65]

Expressivo para a compreensão do período é o surgimento, um ano antes, da plataforma dos intelectuais que compunham a chamada "geração dos que nasceram com a República", em que se esboça claramente a intenção de cultivar o isolamento cultural do Brasil, para então propor a ideia de um segundo descobrimento a partir da ótica romântico-republicana.[66] No centro da proposta, o idealismo aparente esconde um perigoso recuo quando se constata que por trás da visão nacionalista ("é da capacidade ou incapacidade de um povo que vai sair a sua importância ou o seu desprestígio"), vem implícita a submissão passiva ao utópico "desenvolvimento da sociedade internacional", cujo traço em relevo é o igualitarismo moral que supostamente rege as relações entre os povos. Veremos que a ética que comanda os passos dessa proclamação de soberania mostrará o seu lado opressor, ao admitir que, nas relações entre os povos soberanos, "aquele que não corresponder à expectativa dos demais, não assumir os compromissos assumidos e for um elemento de desordem, [...] há de acarretar sozinho com as consequências de seu mau proceder".[67] É assim que, confirmando a lógica do pensamento dissidente, a plataforma da "geração da República", além de fazer tábula rasa dos mecanismos de dominação e dependência e de admitir o princípio de que o subdesenvolvimento justifica a inferioridade, inspira-se na ordem internacional

[62] Candido Motta Filho, *Introdução ao pensamento nacional*, São Paulo, Editorial Helios, 1926.

[63] Paulo Prado, *Retrato do Brasil*, São Paulo, Duprat-Mayença, 1928.

[64] Manuel Bonfim, *O Brasil nação: realidade da soberania brasileira*, vol. 2, Rio de Janeiro, Francisco Alves, 1931.

[65] Alberto Torres, *O caráter nacional brasileiro*, São Paulo, Nacional, 1933.

[66] Ver Vicente Licínio Cardoso (org.), *À margem da história da República*, Rio de Janeiro, Anuário do Brasil, 1924.

[67] Carneiro Leão, "Os deveres da nova geração brasileira", em *À margem da história da República*, p. 17.

O encanto do novo

para legitimar, no plano local, a intervenção das elites em favor das causas que conduzam ao aprimoramento da nação: autodeterminação, como condição indispensável ao progresso e ao conhecimento; educação; formação da nacionalidade; recondução do país no "tempo e na hora atual do mundo", o que significa esquecer o seu passado obscuro; e a reorganização da "nossa mentalidade" em busca de um critério nacional que não comprometa a harmônica universal.[68]

Retorna-se, sob o impacto do novo programa, à exaltação libertária dos movimentos revolucionários identificados com a República, destacando-se, por exemplo, o papel da nobreza olindense que, inspirada na decisão dos doges de Veneza, se declarou República pelo grito do capitão-mor Bernardo Vieira de Mello (1710), para conquistar "uma sociedade mais opulenta, mais culta, mais artística, mais liberal e mais brilhante". Juntam-se ao episódio, a celebração ufanista da rebelião popular de Vila Rica e Ribeirão do Carmo, comandada por Pascoal da Silva Guimarães, mas logo debelada com o esquartejamento dos insurretos (1720), e a referência à sedição dos inconfidentes mineiros e dos revolucionários pernambucanos de 1817, procurando destacar, no primeiro caso, a atitude intelectual inspirada no ideário da Revolução Francesa e na Independência dos Estados Unidos, e, no segundo, a participação dos religiosos do seminário de Olinda ao encalço de "uma revolução de sacerdotes e soldados, desfechados pelo nativismo".[69]

Ao mesmo tempo em que se valoriza, no centro desses movimentos, a intenção de formar um governo de representação das classes sociais, com independência da magistratura, emancipação progressiva do elemento servil, tolerância religiosa, liberdade de opinião e plena capacidade política aos estrangeiros, predomina no depoimento dos jovens intelectuais dissidentes o sentimento de aversão à importação das soluções estrangeiras. No entanto, ao refazerem a trajetória revolucionária da revolta pernambucana de 1824, localizarão nas páginas do jornal *Typhis Pernambucano* a raiz democrática de um movimento cuja meta maior era "propor as bases para a formação de um pacto social dirigido por uma sociedade de homens de letras", guiados pelo

[68] *Idem, ibidem.*

[69] Celso Vieira, "Evolução do pensamento republicano no Brasil", em *À margem da história da República*, pp. 38-44.

gênio liberal de Frei Caneca e comprometidos com os princípios da Declaração Universal dos Direitos do Homem.

Veremos que, ao procurar discutir o predomínio desse desnível entre as instituições e o quadro da realidade local, onde muitas vezes as falhas apontadas são a ignorância das massas, a "degeneração política do escol", as múltiplas formas de "traição ao idealismo dos antepassados", a linha comum das soluções encontradas sugere sempre que competirá à nova geração criar condições para que o desnível desapareça, suprindo assim, "pela própria energia construtiva, as ineficiências de uma população ainda incapaz de exercer os seus direitos políticos e cumprir, como responsável pelos próprios destinos, os deveres cívicos que lhe incumbem". E, se é verdade que em muitos momentos se questiona a ordem que sustenta "a situação conservadora" resultante do pacto entre a monarquia e a escravidão, "entre o trabalho nacional e as instituições, entre a riqueza pública e o trono", é também inegável o apelo ao "papel educador" que estaria reservado à República, invocando-se as minorias dirigentes para que lancem mão da ditadura mental a que têm direito através de seus "homens bem-intencionados".[70]

Esse traço elitista, que lança mão da distorção conceitual do bovarismo para fundamentar o seu conceito de ideal ("faculdade que têm os indivíduos e os povos de se imaginarem maiores, mais belos e poderosos do que de fato o são"), procura descartar-se tanto do "grupo de Sílvio Romero", para quem o brasileiro surgia como "um produto sextiário da evolução superorgânica, isto é, um tipo já diferenciado e relativamente fixo", como do "grupo de Joaquim Nabuco e Rui Barbosa", para o qual o brasileiro "representa, acima de tudo, um prolongamento da civilização ibérica".[71] Nasce aí o novo pretexto ideológico para abrandar o agravamento da consciência jacobinista no interior do ideário dissidente, visível na intenção de superar a "orientação estreita" do patriotismo que afinal decide "alargar o âmbito do amor à pátria, de maneira a confundi-lo com o amor da humanidade". Assim humanizada, a consciência dirigente das minorias reformistas reintegra-se ao empenho solidarista que marcou as etapas anteriores de sua trajetória, propondo o ressurgimento do "verdadeiro

---

[70] Gilberto Amado, "As instituições políticas e o meio social no Brasil", em *À margem da história da República*, pp. 55-78.

[71] José Antônio Nogueira, "O ideal brasileiro desenvolvido na República", em *À margem da história da República*, p. 94.

espírito nacional", democrático e humanitário em seu "elo misterioso" e universal com a ordem coletiva, de que seriam exemplo as bases liberais da campanha civilista, a adaptação das correntes migratórias à "homogeneidade moral" da nossa alma e, particularmente, a pregação "remodeladora de fundo socialista" de Alberto Torres.[72]

Oliveira Vianna se encarregará de mostrar a necessidade de definir a expressão política desse novo espírito a partir do "mandato verdadeiramente nacional" que legitimou a ação da Constituinte Imperial, cujos representantes, fossem liberais ou conservadores, mantinham o vínculo com os elementos locais mais prestigiosos do ponto de vista político, numa atitude radicalmente oposta à dos arrivistas e *nouveaux riches* políticos que agora "se arremessam sobre as situações políticas abandonadas pela velha guarda, com a mesma despreocupação de linha e de atitudes de uma patrulha de assalto pondo em saque uma cidade deserta".[73] Da crítica ao pragmatismo inconsequente da Constituição Federativa, "uma mistura um tanto internacional e por isso mesmo heterogênea do democratismo francês, do liberalismo inglês e do federalismo americano", chega-se à constatação de que as condições econômicas da sociedade não permitiam ainda encaminhar a reforma institucional do país sem levar em conta que "a realização de uma classe ideal nunca é obra coletiva da massa, mas sim de uma classe que com ele se identifica, que por ele peleja, que, quando vitoriosa, lhe dá realidade e lhe assegura execução"; e reforça-se a defesa da integridade do sistema econômico como forma de garantir a sobrevivência da aristocracia nacional, cuja estrutura de dominação vinha de ser abalada com a abolição do trabalho escravo.[74]

A alternativa agora é disciplinar, na base institucional do regime, as relações entre as fontes de opinião pública e o mecanismo de sustentação moral responsáveis pela rotatividade dos grupos detentores do poder, o que levou Pontes de Miranda a propor a reformulação científica do regime e do sistema social vigente, baseando-se, por exemplo, na fusão entre sindicalismo e cooperativismo, na programação racional do trabalho operário, na eliminação sumária das ativi-

[72] *Idem, ibidem*, pp. 89-109.

[73] Oliveira Vianna, "O idealismo da Constituição", em *À margem da história da República*, pp. 138-9.

[74] *Idem, ibidem*, pp. 141-4.

dades antissociais e parasitárias, na adoção de uma política de racionalização da produção, visando a aumentar a vitalidade e a eficiência do povo, e na planificação científica da sociedade a partir dos critérios *biológico, econômico, gnoseológico, religioso, estético, moral, jurídico e político*. O traço coletivista dessa política científica não se pretende utópico nem catastrófico, já que separa o socialismo dos povos exploradores, universalista e não patriótico, do socialismo dos povos explorados, marcado pela submissão do trabalhador ao capital, com a intenção de firmar a premissa de que "enquanto existir opressão econômica e política entre nações, o socialismo dos oprimidos tem de ser nacionalista". E o modo de firmar-se como tal pressupõe a revisão institucional da estrutura política e social do país, dividindo-o em zonas de trabalho, e não mais em feudos. Pressupõe ainda que não se considere mais o operário como um trabalhador manual: haveria o "operário-gênero", de que o ourives, o empregado de fábrica, o técnico de usina, o intelectual e o banqueiro seriam "operários-espécie". E exige, além da solução científica do pauperismo, do desemprego e do analfabetismo, o controle pelo Estado das habilidades e vocações, da seleção profissional, do levantamento estatístico do mercado de trabalho e do controle biomédico e psicológico dos servidores, em substituição aos métodos de seleção utilizados pela aristocracia. O serviço militar obrigatório, o ensino generalizado imposto por lei e a eliminação dos jogos de azar legitimariam a intervenção profilática do Estado na recuperação moral, cultural e intelectual do povo.[75]

Veremos que através de Ronald de Carvalho, presente na plataforma da geração da República com o ensaio "Bases da nacionalidade brasileira", se estabelecerá o vínculo entre o nacionalismo corporativista e autoritário proposto pela reforma institucional dos intelectuais dissidentes e o objetivismo cósmico de Graça Aranha, que teria funcionado, segundo Ronald, como uma espécie de primeiro alarme a despertar na consciência nacional a necessidade de superar a barbárie e ingressar no círculo civilizado dos povos cultos. Na verdade, rastreando nos diferentes ciclos do "Brasil histórico" os momentos de resistência à ação avassaladora da colonização predatória, Ronald localiza a fase de independência no século XIX e nas duas primeiras

---

[75] Pontes de Miranda, "Preliminares para a revisão constitucional", em *À margem da história da República*, pp. 180-6.

décadas do século XX, estabelecendo um roteiro de afirmação progressiva da nacionalidade em que caberá aos intelectuais da nova geração retomar a combatividade nativista que repeliu os inimigos da pátria durante o ciclo de Defesa (século XVI e meados do século XVII), revigorar o espírito libertador do ciclo da Conquista (segunda metade do século XVII à primeira metade do século XVIII), assumir a identificação com a terra que se manifesta com o ciclo da Consolidação (segunda metade do século XVIII e os primeiros anos de século XIX) e sobretudo dar continuidade à libertação irreversível da pátria, conquistada com o ciclo da Independência (século XIX e duas primeiras décadas do século XX). Participando, assim, da pregação sistemática em favor de um Estado Nacional forte e soberano, ele encontra no pensamento de Graça Aranha a síntese estratégica capaz de aglutinar o entusiasmo dos jovens e superar o grande obstáculo que, a seu ver, emperrou, no passado, a missão libertária dos diferentes ciclos de afirmação nacional, ou seja: a falta de consciência de que a maravilha da natureza e a exuberância da terra sempre fragilizaram o dinamismo latente no espírito brasileiro, provocando nele, ao longo dos tempos, "a angústia do exilado em um mundo paradoxal".[76]

O dinamismo cósmico surge assim como a palavra que desfaz o equívoco, reabrindo o caminho para a recuperação da nossa energia. A partir de Ronald de Carvalho, a expressão dessa energia impõe a tarefa inadiável de projetar a soberania do país na história do continente, visando a integrá-lo na "civilização latino-americana, gerada em nossa carne e fruto do nosso sangue". Nesse reencontro de nossas origens, será preciso recusar com dureza "o produto das enxertias europeias" de que nossa cultura e nossa literatura são parte. Em lugar da fecundação artificial europeia, impõe-se agora assumir a singularidade primitivista e antierudita: "não tenhamos receio de que nos tachem de bárbaros. Amemos a nossa barbaria, da qual os europeus não podem mais prescindir"—, eis agora a palavra de ordem que volta a repercutir em tom de manifesto. Sob o crivo de Graça Aranha, ganha corpo agora a imagem dos filhos das serranias e das florestas sonhando com a criação de uma civilização própria e dispostos a arrancar desde já "as máscaras postiças que encobrem as nossas verdadeiras

---

[76] Ronald de Carvalho, "Bases da nacionalidade brasileira", em *À margem da história da República*, p. 223.

fisionomias". Para Ronald de Carvalho, as tarefas do homem brasileiro são mais ásperas que as dos outros povos americanos, beneficiados, como os platinos, por condições naturais favoráveis e, como os peruanos, por uma herança cultural mais opulenta. Tal circunstância só faz agravar o entusiasmo dos jovens intelectuais para "combater todos esses desvios" que marcaram "a tragédia do nosso espírito" em busca da adaptação à natureza da terra descoberta, da libertação política do povo e da construção de uma civilização própria. É nessa trajetória que se mobilizam as ideias dos novos com a intenção de completar, com a obra do pensamento, a tarefa mais ampla da nossa independência política.[77]

O depoimento de Tristão de Athayde testemunha, no calor do instante, o "bovarismo orgânico" com que o pensamento dissidente procura conciliar a oposição entre o pendor idealista e as injunções da realidade imediata, ao aludir à "idealidade tão pronta, tão viva e ao mesmo tempo tão vazia de pertinácia e de fôlego", que se distancia cada vez mais da percepção daquilo que a natureza nos força a ser, para insistir naquilo que a inteligência pede que sejamos.[78] Assinalando o descabimento de uma resposta eminentemente intelectual num momento em que o intelectualismo europeu pede à América "justamente uma reação contra seu intelectualismo", Tristão de Athayde nos permite, num primeiro passo, contrapor o caráter intelectual e político da geração que fez a Independência à ação ideologicamente desintegrada e pragmática dos republicanos, para colher, num segundo passo, a constatação de que, a essa altura de sua trajetória, a estratégia das minorias dissidentes alcança o seu objetivo maior: recuperar o absenteísmo e a passividade a que a República relegou os intelectuais, tomando como referência a tradição combativa e engenhosa que levou os homens de letras do Império ao "gosto de fazer brasileiro, de criar uma arte das selvas, de idealizar a pátria nova, de dar-lhe brasões literários de independência".[79]

No entanto, não aparecem na leitura de Tristão os propósitos dessa atitude: ao lamentar a "herança de antagonismos" que pesa so-

[77] *Idem, ibidem*, pp. 221-3.

[78] Tristão de Athayde, "Política e letras", em *À margem da história da República*, p. 239.

[79] *Idem, ibidem*, pp. 262-3 e 276-8.

O encanto do novo

bre os ombros dos novos, impelindo-os a cultivar oposições — "na política a oposição cesarismo e caudilhismo; nas letras a oposição regionalismo e cosmopolitismo" —, e ao propor como solução a assimilação recíproca entre as forças que ainda não conseguiram anular-se,[80] faltou revelar que o espaço político já estava ocupado. Reacomodado no novo pacto social celebrado com a burguesia urbana, o pensamento conservador recuperava o prestígio e insinuava-se agora na linha avançada dos ideais libertários. A assimilação recíproca, que para Tristão parecia um sonho, sustentava a própria raiz da aliança. Através dela, e a partir de agora, o retrocesso empurrará a renovação e o compromisso com o passado dissimulará a mobilidade da vanguarda.

Note-se que nem bem se assentavam os ideais reformistas dos jovens dissidentes, e o Verde-Amarelismo já saudava o fascismo de Mussolini, que nos visitava em 1924 através do cruzeiro latino da nave *Itália*, ancorada no Rio para uma exposição flutuante de produtos comerciais. Em editorial, a revista *Novíssima* exalta a filosofia do poder, lembrando a nova espiritualidade a ser explorada através da aliança entre a poesia e a força, de que D'Annunzio seria o melhor exemplo. A admiração pelo ritmo nacional italiano e pela grandiosidade de seu espírito vê no fascismo a matriz da síntese procurada pelos novos intelectuais brasileiros: concentrar no "surto da vida contemporânea, todo o tesouro do seu presente, toda a sabedoria do seu passado, toda a imortalidade da sua glória".[81] O "instantaneísmo vital" que emerge desse filão espiritual induz a ver "na Itália de agora um belíssimo exemplo de cultura política, sobredourada nos prélios da liberdade", e em Mussolini "a figura da lei; varonil na concepção da ordem, da lei-expressão humana, da lei-revelação do direito".[82] O dinamismo de Graça Aranha se mescla ao heroísmo e à poesia dinâmica de D'Annunzio, para realimentar "o patriotismo em rajadas, o sentimento da raça latina elevada às alturas de um quase acontecimento dramático". Retomá-lo no exemplo da Itália, que vive agora "a linguagem do símbolo", significa ressuscitar no poeta-soldado a revelação desse símbolo, consagrando na espada de D'Annunzio "o gênio distribuidor de relâmpagos [...] integrado na força, na defesa dos ideais

[80] *Idem, ibidem*, pp. 288-9.

[81] Ver *Novíssima*, vol. 1, nº 4, mar./abr. 1924.

[82] *Idem, ibidem*.

sacrossantos, que se resumem na estabilidade coletiva, no espírito da beleza, na majestade da lei".[83]

A propaganda fascista, que por esse tempo fazia circular nos jornais e revistas do país a ideia de que o regime do *Duce* se resumia na principal arma de que dispunha o Ocidente contra "a utopia da Revolução Russa", reservando à Itália a missão de ensinar ao mundo como chegar ao socialismo, separando-o da "desnaturada obsessão do povo eslavo",[84] não deixou de causar viva impressão nos jovens modernistas dissidentes. O próprio Ronald de Carvalho, lembrado por Manoel Gahisto exatamente por ter tomado posição contrária aos "nacionalistas vermelhos que pretendiam isolar o Brasil da cultura universal",[85] revitalizará o editorial da revista *Novíssima*, ao exaltar, nesse mesmo ano, numa edição especial da *Ilustração Brasileira* em homenagem à vinda ao Brasil do príncipe herdeiro da Itália, Umberto de Savoia, "a indisciplina bárbara", a força, a fé e o milagre do novo heroísmo italiano que se impunha ao Ocidente.[86]

Veremos que é nesse quadro de ideias que a dissidência se incorpora ao ideário modernista para ajustá-lo aos seus próprios fins. Em 1924, Graça Aranha é consagrado nas páginas da revista *Novíssima* como um dos porta-vozes destacados de seu programa, revigorando, assim, uma frente nacionalista de que já faziam parte Cassiano Ricardo, Menotti del Picchia, Plínio Salgado, Francisco Pati e outros. A partir de então, os horizontes de 22, de onde irrompeu a ruptura contra o artificialismo acadêmico que paralisava as relações entre o homem, a natureza e a cultura, vão sendo aos poucos desvirtuados. O presente, no tempo e na consciência, que parecia ser o momento irreversível onde se daria a transformação radical do novo homem bra-

---

[83] *Idem, ibidem.*

[84] Giuseppe Paolilo, "A Itália hodierna", *Brasil Contemporâneo*, vol. 14, n° 89, abr. 1924.

[85] Manoel Gahisto, "La question du français", *Revue de L'Amérique Latine*, vol. 7, n° 30, jun. 1924, pp. 543-7.

[86] Ronald de Carvalho, "Itália", *Ilustração Brasileira*, n° 48, ago. 1924. Na edição, há fotografias de Ronald, D'Annunzio, Mussolini, Badoglio, Garibaldi e Anita, além de textos de outros intelectuais, caso de Vítor Viana, com uma análise sobre o desempenho da Itália na Primeira Guerra Mundial, e de Agripino Grieco, com um estudo sobre a moderna poesia italiana.

sileiro, começa a ser visto como uma ilusão, paralela à do espírito, efêmeros ambos "como as águas do rio, que passam". A ideia de que "tudo é móvel e se esvai" encontra agora na ótica espelhada de Graça Aranha um instrumento eficaz para reduzir a *um mimetismo inconsequente e fetichista* as teses do movimento antropofágico. Sob a alegação de que o primitivismo é artificioso e passadista, *Novíssima* repropõe o objetivismo dinâmico e construtor como forma de captar o enlace estético entre a natureza e o novo homem brasileiro, através do qual chegaremos à identidade do nosso verdadeiro espírito. Perante este, o passado é ficção, uma sugestão do terror: "como função social, é a soma de deuses, monstros, de fetiches que se disfarçam em regras, métodos, gramáticas para nos governar e limitar"; daí por que a Academia ter sido um erro, já que não pode zelar por uma cultura e por uma tradição literária que não existem.[87]

Se perante o passado ausente a Academia representa o vácuo, por outro lado, ser brasileiro não é ser selvagem, ao contrário — "é ver tudo, sentir tudo como brasileiro". Motivar esta atitude pressupõe ativar "o movimento pan-espiritual" que o editorial de *Novíssima* faz transitar da música de Villa-Lobos para a poesia de Ronald, Guilherme de Almeida e Mário de Andrade, passando pela crítica de Renato Almeida, Jackson de Figueiredo, Agripino Grieco, Menotti del Picchia e Tristão de Athayde. Ditando o compasso da estratégia do grupo, o dinamismo de Graça Aranha impõe agora a tarefa de "recolher a língua do povo e transformar a sua poesia universal", mergulhando em cheio no "mundo reversível e nas ideias objetivadas" denunciados por Oswald de Andrade no *Manifesto Antropófago*, ao propor um imediato "*stop* do pensamento que é dinâmico".[88] Decorrem dele, numa linguagem reatualizada, as duas versões modernistas do naturismo solidarista posto em circulação pelos dissidentes através dos manifestos de Elísio de Carvalho: o esteticismo humanizador, que sobrepõe à realidade a busca de novos motivos, para que a imagem resultante seja "mais viva, mais completa, mais iluminada que a

---

[87] Ver "Uma sessão memorável na Academia", *Novíssima*, n° 6, jul./ago. 1924, pp. 1-4.

[88] Ver "Uma sessão memorável na Academia", *Novíssima*, n° 6, jul./ago. 1924, pp. 1-4. Ver também Oswald de Andrade, "*Manifesto Antropófago*", *Revista do Livro*, n° 16, dez. 1959, p. 194.

realidade mesma", e o unanimismo, em torno do qual se manifesta a sede do inédito, o consenso tácito onde se forja a resolução para os novos rumos a serem perseguidos "à luz de uma consciência coletiva resultante das consciências individuais que se compreendem tacitamente" e se organizam em busca de um mesmo ideal — integrar a "consciência de um mesmo destino, de uma necessidade genérica percebida por nós todos ao mesmo tempo".[89]

Tal atitude renovadora não prescinde dos temas eternos, com os quais contemporiza pensando no dinamismo do momento que passa como forma de recuperá-los. "Não é preciso matar a Grécia, nem '*il chiaro di luna*', para dar ganho de causa à '*poesia della vellocità*'", eis o argumento que diluirá em novas harmonias a eternidade dos velhos temas enquanto símbolo que desvenda, no rastro de Graça Aranha, a imutabilidade dos sentimentos com que a natureza traça a nossa singularidade, convertendo-a num espaço promissor a ser aberto pelas novas obras, sob o impacto da "temperatura moral" e social dos novos tempos.[90]

O resultado é que a reação contra a fórmula e os meios de expressá-la e a reação contra o assunto, definidas a partir de então como atitudes fundamentais, só têm valor na medida em que se integram ao determinismo imposto pela evolução do espírito humano, razão pela qual a atitude antipassadista passa a se explicar muito mais como convenção do que propriamente como consciência crítica do passado em si mesmo. Do mesmo modo que a transformação dos cosmos determina a evolução literária, a consciência unanimista faz sentir e reconhecer a necessidade de tal mudança e, portanto, de procurá-la.[91] Nesse sentido, transformação e reconstrução ganham conotação de verdades sinônimas, em que a recuperação do passado pode corresponder a uma etapa decisiva. Literariamente, a proposta de aproveitar as conquistas obtidas na evolução estética das escolas anteriores elimina sumariamente o "desequilíbrio" na inovação da experiência criadora, ou seja: a audácia do voo lírico já não pode agora "des-

---

[89] Ver Cassiano Ricardo e Francisco Pati, "A nova concepção da Beleza no credo literário de *Novíssima*", *Novíssima*, n° 4, mar./abr. 1924, pp. 3-8.

[90] *Idem, ibidem*, p. 4.

[91] *Idem, ibidem*.

naturar o sentido das cousas", sob pena de perder de vista os horizontes contemporâneos.[92] Por outro lado, a busca dos meios para produzir originalidade e obra nova, apesar de estar escorada na "afirmação [...] do mais alto individualismo", repudia "a ideia de liberdade incondicional quando às fórmulas de expressão", sob a alegação de que, ao contrário do que pensam os "renovadores radicais", há uma lei que não se rompe — "a lei do limite do sentimento e do espírito".[93]

Toda a ousadia renovadora de *Novíssima* concentra-se, assim, na proposta de um dinamismo lógico da beleza voltado para o instantaneísmo, para a poesia do movimento e da rapidez em que se amolda a nova face do homem e da cultura brasileira. Para expressá-la, será válida apenas a desordem que não desborde dos limites da técnica, já que a libertação em hipótese alguma deve desvincular-se da disciplina e resultar da incompetência. Daí a tendência para distinguir desde já a insubmissão e a desordem *intencionais*, da insubmissão e da desordem *pejorativa*s, incluindo-se neste último caso os artistas da nova geração, a quem "incumbe, precipuamente, por serem homens de sentimento, a formação da *unidade afetiva*, de que carecemos, para o advento da *pátria-nova* e como consequência, de uma arte *nova*, caracteristicamente brasileira".[94] Essa interiorização do objetivismo dinâmico, ou a "dinâmica do coração" que coordena a "unificação dos destinos comuns na trama dos interesses coletivos", anuncia a intervenção subliminar ao autoritarismo progressivo que procura compensar o confronto com os radicais da Semana mediante a recusa aparente da disciplina dos "homens de raciocínio". Na verdade, ao concentrar nas "forças do sentimento, mais que na das ideias", a busca da vitalidade coletiva, o campo de ação das consciências individuais é limitado, ideologicamente, pelo compromisso com o símbolo convencional da pátria, e esteticamente, pela contenção da linguagem e dos critérios formais adotados, como o demonstram, por exemplo, a decisão de fugir às "extravagâncias do modernismo insofrido [tais como a simultaneidade lírica, o lirismo multilíneo, a harmonia oval, a assonância] que roubam à arte o *caráter sagrado da beleza*"; o culto insubserviente dos mestres; a probidade expressional; a preocupação com a escolha dos

[92] *Idem, ibidem*, p. 5.

[93] *Idem, ibidem*, pp. 6-7.

[94] *Idem, ibidem*, p. 7.

Capa desenhada por Antonio Paim (1895-1988) para o primeiro número da revista *Novíssima*, publicada em São Paulo nos anos de 1923 e 1924. Fundada por Cassiano Ricardo, teve como colaboradores assíduos Plínio Salgado, Menotti del Picchia, Candido Motta Filho, além do próprio Cassiano.

motivos e com o equilíbrio da concepção (saúde do ser pensante) e a concepção estética da pátria.[95]

Menotti del Picchia revitaliza a proposta ao trazer de volta a energia arbitrária do "homem-síntese" de Elísio de Carvalho, multiplicado agora no "coração mecânico dos motores [que] marca o ritmo da velocidade econômica". Se a época é de síntese, o signo do poder está no progresso conquistado pelas grandes potências, a que deve atrelar-se a arte, enquanto reservatório autêntico de novas energias. "Para compensar a perda de energia do instante elétrico — nos diz ele —, devemos criar reservatórios dela. O corpo precisa dessa gasolina, como máquina que é, e a arte de hoje deve ser como essas

[95] *Idem, ibidem*, pp. 7-8.

bombas públicas que há em cada esquina".[96] Na explosão feérica de cada petardo, liberta-se o "delírio divino" dos idealistas dissidentes, perdidos agora no curso da nova ameaça e carentes de "ideias orgânicas, de diretrizes articuladas, ósseas, geométricas, reais". Sob o pretexto de assumir o fracasso, reaparece, no entanto, o braço alçado da tirania a reencarnar uma vez mais o espectro do "anjo revel", que retorna para evitar o caos vislumbrado aos pedaços no depoimento de Menotti. "Precisamos de um sintetizador, de um Tirano mental, para acabar com a anarquia de espíritos criada por uma paradoxal luta de ideias e igrejinhas literárias". O alvo é claro: incluir sob o fogo das mesmas baterias que metralhavam os "tradicionalistas emperrados", os "avanguardistas destruidores" da Semana, pretensos responsáveis pela "confusão dos espíritos" e pelo agravamento do caos.

A "nebulosa inicial" de Graça Aranha oferece novamente o motivo ideológico da reversão, legitimando a presença dos jovens algozes como imposição histórica que justifica a abertura de um novo momento nacional em que se contava encontrar "a diretriz definitiva".[97] É a fresta por onde se insinua Plínio Salgado para uma primeira saraiva no ideário de 22. A literatura, como manifestação de espírito do tempo, precisa, segundo ele, de um limite necessário que a justifique e determine: o sopro vitalizante do espírito de humanidade, de que é forma precária e transitiva. Isso faz de sua rebeldia um ato isolado, previsível, significativo apenas enquanto revelação de novas formas de expressão estética necessariamente atreladas à concatenação lógica do espírito humano. Ou seja, inconformismo e ruptura o mais que logram é desencadear crises esparsas perfeitamente compreensíveis enquanto cortes momentâneos da inquietação do homem moderno em busca da perfeição espiritual. De modo algum, no entanto, devem ser valorizados para além do que significam: em arte, como nos domínios da moral e da ordem social e política — nos diz ele — "os exageros da Revolução e os desmandos da Anarquia necessitam, na sua desabalada carreira, dos gritos de alarma do Conservantismo".[98]

[96] Menotti del Picchia, "Como eu penso", *Novíssima*, nº 2, jan. 1924, pp. 13-4.

[97] *Idem, ibidem.*

[98] Plínio Salgado, "Impressões de leitura", *Novíssima*, nº 6, jul./ago. 1924, pp. 33-8.

Neste caso está a "mecanização sistemática da forma", que, segundo Plínio Salgado, teve sua razão de ser durante a crise de 22, mas que já então não se justifica. O futurismo da Semana, conforme assinala, exatamente por contrapor-se ao "processo introspectivo do pensamento" na época, é já uma aspiração estética superada, porque "tende a fazer voltar à fonte primitiva o rio da Expressão". Com isto, entra em choque com a nova mentalidade do homem contemporâneo, que em momento algum renunciou à prerrogativa de dizer o mundo de uma "maneira complexa e superior", e por isso não tolera mais o discurso que se fragmenta em "simples esboços, intenções vagas e incompletas". Nesse sentido, o que importa a seu ver é denunciar, no futurismo, "um grito de dor da Alma diante da insuficiência da Expressão", que permanece sempre como um fim inatingível. E mais: indo da impressão diretamente à expressão, encarna a revolta impossível contra as leis naturais e a própria organização fisiológica do homem.[99]

O vazio que se abre repercute, segundo Plínio, na essência mesma do veio criador da literatura. O excesso de teoria ocupará o espaço privilegiado das obras inovadoras, localizando-se aí "o vício original da arte moderna". O pior indício é a falsa liberdade que tal atitude determina, sobretudo quando se leva em conta, como sugere o autor, o lado tirânico dos manifestos de vanguarda, que insistem em relativizar o mundo de um ponto absolutamente inadequado para uma visão globalizadora dos seres e das coisas. Como se isso não bastasse, Plínio transfere para o Modernismo da Semana algumas das críticas com que justificava o pretenso afastamento do movimento dissidente em face das correntes literárias convencionais. Assim é que alude ao "processo artificial de evolução forçada" a que reduz os manifestos da Semana, para denunciar neles o mesmo vício das escolas anteriores: o império da forma camuflado apenas com a substituição da palavra *impassibilidade* pela palavra *síntese* e pela transformação da "atitude conselheiral na lépida graça da ingenuidade".[100]

Uma rápida leitura bastará para dar a medida do preconceito implícito em suas análises. Falando, por exemplo, dos *Poemetos de ternura e melancolia*, de Ribeiro Couto, nos dirá deste que "não vai

[99] *Idem, ibidem.*

[100] Plínio Salgado, "Impressões de leitura", *Novíssima*, n° 7, set./out. 1924, p. 31.

ao exagero charadístico de Mário de Andrade, que ultrapassa os limites da compreensão popular, nem às bizarras onomatopeias de Manuel Bandeira. Ao contrário, concilia a sua sensibilidade com as possibilidades interpretativas da burguesia literária", perante a qual vai ao extremo de privilegiar o maior alcance do código simbolista. Tanto assim, que vê, primeiro em Ribeiro Couto, e depois no Simbolismo, o caminho mais curto para "reatar o fio abandonado": o Impressionismo e o poder de síntese como formas autênticas para nos reconduzir à força vibrátil do meio e da raça. Ainda uma vez, Graça Aranha é revisitado, reverberando em Plínio através do "objetivismo que não se refere à imagem-forma, antes à imagem-sensibilidade movente", de onde emergirá o impulso dinâmico que transformará "o morno marasmo nativo na mansa modorra da luz meridiana".[101]

Renato Almeida, no mesmo passo, concentra na música de Villa-Lobos o pretexto retórico que justificará a "vitória magnífica do espírito brasileiro", já então capacitado para transformar a subjetividade criadora num traço universal de cultura e abrir, assim, uma etapa decisiva na humanização do nosso perfil intelectual, definitivamente liberto dos "entraves das contingências locais, onde estiolam os que se alargam nessa plenitude, deixando-se absorver nos limites do meio em que germinaram".[102] Aqui, a imagem da cultura como "uma fórmula de equilíbrio" em busca da marca universal do nosso espírito é valorizada por Almeida como "uma das diretrizes com que os homens buscam reagir contra o individualismo romântico, não só na arte, como na sociedade, na política, na economia, enfim em todas as suas manifestações vitais", ou seja: ao separar o individualismo dos modernistas dissidentes do individualismo romântico, Renato Almeida dará ao primeiro a força que diz não ter tido o segundo, uma vez que este, colocando o homem no centro do universo, impediu-o de dominar as coisas circundantes em sua grandeza, descambando para uma onda de misticismo e de melancolia que repercute até agora, apesar da "grande reação que se desenvolve vitoriosa".[103] Veremos, então,

[101] Plínio Salgado, "Impressões de leitura", *Novíssima*, n° 8, nov./dez. 1924, pp. 36-40.

[102] Renato Almeida, "A volta à música pura", *Revista do Brasil*, n° 99, mar. 1924, pp. 224-6.

[103] Renato Almeida, "O objetivismo em arte", *Estética*, n° 1, set. 1924, pp. 23-8.

que a partir daí Almeida se esmera em demonstrar que, na política, a utopia da liberdade foi contida pela intervenção providencial do Estado para assegurar a todos os direitos da comunhão; na economia, a liberdade do capitalismo burguês cedeu terreno à "tendência para a socialização direta ou indireta", que garante "aos operários o direito a participar nos lucros sociais"; e, na arte, o subjetivismo delirante, "em que as coisas eram apenas referências para a sugestão decorrente do *eu*", se transforma no objetivismo equilibrado em que "o criador não mais abandona a realidade, antes se compraz em senti-la livremente, como se lhe afigura, sem deformá-la na sua categoria pessoal".[104]

A diferença entre um romântico e um moderno, segundo ele, é que neste não há mais o preconceito de sentimentos, mas sim uma liberdade de representação. Que moderno é este, porém? E como se define para ele essa liberdade de representação? Ao pensar na representação da realidade aparente, cuja preocupação de tornar a vida mais intensa propõe que o leitor seja levado "a um estado superior de consciência, em que a emoção se integra e deslumbra", Renato Almeida está na verdade confirmando a modernidade autocensora de Plínio Salgado, para a qual o maior empenho é justamente afastar da literatura, como da arte em geral, a plenitude da indagação subjetiva. O próprio Renato, aliás, nos fala da necessidade de excluir da arte a intromissão exagerada do indivíduo, para que "toda obra seja o reflexo de um modo exclusivo de perceber as coisas".[105] Em face dessa utopia da *ilusão egocêntrica*, a representação prescinde da criatividade (um mundo de imagens e representações, multiplicando indefinidamente a nossa percepção do universo, eis a função essencial da arte — ilusória sim, mas certamente consoladora) e remergulha uma vez mais na síntese monista e panteísta de Graça Aranha, no qual se apoiam os manifestos dos modernistas dissidentes de 1922. Através dela, o escritor é levado a sentir-se em todas as coisas, a abolir o próprio *eu* para exprimir a vida, a ação dos objetos movidos pelas suas próprias forças, já que intenta chegar à visão do fato artístico na sua essência, sem a deformação subjetiva. O moderno que se opõe ao romântico é, portanto, aquele que "deixa de ver o universo como um desdobramento de sua pessoa, readquire a posse plena de seu espírito,

---

[104] *Idem, ibidem*, p. 24.

[105] *Idem, ibidem*, pp. 26-7.

para criar e sentir todas as coisas como elas são, e não mais submissas à sua individualidade".[106]

Recorde-se que, em 1925, Elísio de Carvalho, em *Suave austero*, aludirá às alvíssaras do Estado Nacional para afirmar o dever da civilização no combate à violência e ao ódio "a todas as formas suaves e requintadas do espírito em defesa da grandeza humana feita de liberdade, de sabedoria e de beleza".[107] Esse Elísio, convertido agora à *lei da constância lírica*, pretende ser a voz moderna que se redescobre no "caráter integralista do lirismo português", que segundo ele era a única instância capaz de, no mundo moderno, contaminar de poesia e grandeza o novo espírito que agora movia o destino brasileiro.

Note-se que este é o momento em que Candido Motta Filho, propondo uma síntese do pensamento nacional, confirmará, solene, as previsões de Graça Aranha, ao anunciar o domínio brasileiro sobre a natureza da terra redescoberta. "Matamos deuses grotescos da terra, eliminamos o barbarismo tapuia e colocamos a dominar a mentalidade da nação o cristianismo ocidental. Falamos uma língua que se destacou do tronco novilatino. Temos uma arte trazida da Europa pelo zelo político de D. João VI", eis os contornos do nosso heroísmo diante da luta cruel para domar a terra bravia, dominar o "cosmopolismo avassalante", lutar contra o homem estrangeiro, vencer a civilização estranha e assumir a nossa personalidade.

A mesma descrença em relação à modernidade romântica voltará a combater a falta de unidade de orientação, a recusa sistemática dos dogmas, a dispersão e, sobretudo, o "desprezo cético a toda concepção orgânica". O egoísmo capitalista, o ateísmo e o socialismo surgem aí como ameaças que vegetam no horizonte oposto feito sobras abundantes da individualidade instintiva que vão, aos poucos, anulando o espírito idealista da historicidade, para explodir na selvageria das "ideias relativistas e anárquicas". Bergson e a inteligência marcada

---

[106] *Idem, ibidem*, p. 27.

[107] Não deixa, aliás, de ser sintomático esse reaparecimento de Elísio de Carvalho em 1925, exatamente um ano após a publicação de *Lauréis insignes*, um livro que, ao retomar a *nobreza de origem e o perfil épico* da aristocracia brasileira, serve de complemento necessário ao *Esplendor e decadência da sociedade brasileira*, de 1922. Ver a esse respeito, de Manoel Gahisto, "Elísio de Carvalho, ses derniers ouvrages" (*Revue de L'Amérique Latine*, vol. 11, nº 49, jan. 1926, pp. 71-5).

pela natural incompreensão da vida, Simmel e a concepção de que o homem é um ser indireto, a "inteligência importuna" de Nietzsche e Schopenhauer, Vaihinger e a ideia de que "o pensamento é um erro regulado" e particularmente Spengler, negando o finalismo histórico e "estabelecendo estudos culturais ao sabor dos caprichos do destino" — todos merecem a desconfiança prudente de Motta Filho, que se mantém a curta distância da "concepção romântica da vida, [em que] o homem é um desorientado, um aturdido num ambiente fantástico e inexplicável".[108]

Segundo ele, a necessidade cada vez maior de compreender "o artificialismo de nossa civilização" transformou a geração republicana num marco avançado na linha de ideias que assumiram a responsabilidade de conduzir o país a governar-se com sua própria energia e experiência.[109] Decisivas no rumo dessa conquista foram, a seu ver, as vozes de Eduardo Prado, o "guerrilheiro civilizado" que primeiro se insurgiu contra a desnacionalização do pensamento brasileiro no fluxo das ideias gerais que circulavam na Europa; e sobretudo de Graça Aranha, *de quem partiu o grito de alarme* que surpreendeu a separação entre a mentalidade brasileira e a sua realidade, propondo evitá-la por meio da procura de um estilo "que seja esse casamento entre a nossa imaginação, que é ocidental, com a realidade nativa".[110] Para Candido Motta Filho, o panteísmo sentimental de Graça Aranha, ao recusar tanto a natureza quanto o universo como manifestações antropocêntricas, converte-os em manifestações estéticas puras, abrindo assim para a literatura um momento de expressiva organicidade em que a palavra passa a "refletir uma unidade de sensações e o pensamento deve ser integral". Isso faz de *Canaã*, segundo ele, "um livro angustioso e aflito, pesadelo emocional do nosso pessimismo! Nele há como um grito de desespero da consciência brasileira traída em sua finalidade", denunciando a redução do país ao eterno conflito de imigrados e, por via indireta, à "miserável submissão às raças conquistadoras e audazes".[111]

---

[108] Candido Motta Filho, *Introdução ao estudo do pensamento nacional (romantismo)*, São Paulo, Editorial Helios, 1926, pp. 3-4 e 9-10.

[109] *Idem, ibidem*, pp. 196-8.

[110] *Idem, ibidem*, p. 259.

[111] *Idem, ibidem*, pp. 261-3.

Na perspectiva de Motta Filho, a presença de Graça Aranha vem recuperar um momento de atraso no desenvolvimento cultural brasileiro, que, mesmo depois da Independência, insistia em mesclar o Romantismo natural e moço com as imposições da velha civilização europeia. Nesse sentido, aponta para a conquista da nossa expressão estética própria, ainda que isto represente o compromisso com uma arte primitivista e grosseira. Recusar o "aparato civilizador" em que, segundo ele, está mergulhada a nossa inteligência, é uma atitude que se enriquece a partir do autor d'*A estética da vida*: em seus escritos, nos diz ele que vibra mais do que nunca a certeza de que o pensamento brasileiro está enraizado numa terra "cheia de feridas", marcada pela violência e pela submissão. Se, de um lado, "o espírito de desagregação cosmopolita que nos ameaça desvirtua-se ao contato com a terra americana", firma-se, de outro — ele assinala —, a convicção de que "toda cultura que não tiver um vínculo tradicional e raízes profundas, será ilusória e inquietante". Por esse caminho, Motta Filho nos mostra que "o pensamento brasileiro, através da literatura, demonstra a construção de uma nacionalidade" e por ele veremos as minorias dissidentes fazerem do Modernismo uma profissão de fé da personalidade nacional, a "ânsia de viver sobre o meio", a libertação "das influências geográficas, das influências estranhas" e a "indisposição contra a falsa cultura e contra o apriorismo teórico".[112] A Ronald de Carvalho, que por esse tempo já se firmava como uma das lideranças mais expressivas do movimento, caberá, como veremos, a proposta de uma síntese literária desse conflito entre a dispersão cultural e a retomada da tradição como base das aspirações libertárias.

O ARRANJO E O JOGO: O VOO REVEL

Quem nos fala da ação dos modernos, situando "o nobre esforço de libertação" a que a liderança de Ronald de Carvalho teria conduzido a "revolta dos anjos" e aludindo, no episódio, a um "verdadeiro plano de combate" do movimento, é Peregrino Júnior. Trata-se da primeira referência a Ronald não mais como epígono, mas como parceiro de Graça Aranha na articulação do movimento modernista. Ao

---

[112] *Idem, ibidem*, pp. 306-10.

seu poder de aglutinação, teriam acorrido Villa-Lobos, Mário de Andrade, Guilherme de Almeida, Sérgio Buarque de Holanda, Oswald de Andrade, Menotti del Picchia, Renato Almeida, Manuel Bandeira e Ribeiro Couto. Mais ainda: tomando a frente do movimento, Ronald teria imposto, ao lado de Graça Aranha, não apenas a palavra de combate, como também a declaração de guerra que traduzia o desejo de "dar à mentalidade brasileira uma orientação mais livre e mais moderna", excluindo desde logo "os gramaticalhos rebarbativos", os "remanescentes do parnasianismo e do arcadismo" (responsáveis pela redução da nossa literatura a um *puzzle* de Prudhomme, Heredia, Petrarca, Sá de Miranda etc.), "o virtuosismo superficial", "o regionalismo por empréstimo", bem como a "velhice precoce dos adolescentes desalentados e a teimosia solerte dos anciãos retrógrados".[113]

Estamos em 1924, e a dar crédito a esse ufanismo insidioso, a suposta ascendência intelectual de Ronald sobre o grupo resultaria do veio nacionalista que o aproximara das revistas *Brazílea*, *Ilustração Brasileira* e *O Mundo Literário*, entre 1917 e 1922. Admitia-se agora que a produção literária de Ronald exprimia, em poesia, uma correspondência à altura (e até então não lograda) do "gênio literário" que Euclides da Cunha representava para a prosa, coisa que não impediu que houvesse restrições às suas ideias, particularmente à concepção do nacionalismo objetivista, ao injustificado preconceito da esterilidade do negro brasileiro no âmbito das artes plásticas e à tese de que a inferioridade de nossas raízes étnicas determinava a nossa inferioridade artística.[114]

Um contato com os seus escritos de 1922 servirá não apenas para mostrar como Ronald de Carvalho pensava a literatura e a crítica literária no momento em que acontecia a Semana de Arte Moderna, mas também para entender as alterações que a partir de 1922-1924 permitirão uma outra visão do poeta e do historiador da fase de 1913-1919, auxiliando, por fim, a compreender o crítico e ensaísta que se

[113] Peregrino Júnior, "A ação renovadora dos modernos (notas à margem da Revolta dos Anjos)", *O Mundo Literário*, nº 24, abr. 1924, pp. 368-70.

[114] Ver, sobre os *Epigramas irônicos e sentimentais*, "Os livros e as ideias" (*A Revista*, nº 2, ago. 1925, pp. 49-50) e "Ronald de Carvalho: *estudos brasileiros*", de Prudente de Morais Neto e Sérgio Buarque de Holanda (*Estética*, nº 1, jan./fev./mar. 1925, pp. 215-9).

firma em 1924-1933, bem como o poeta que muda de rumo em 1926 e nesse mesmo ano silencia.

Comecemos por indicar que, em sua crítica, as relações entre a arte e a realidade, ao contrapor a invenção à mímese, abrem caminho para um dirigismo crítico que relativiza a plenitude da obra enquanto instrumento revelador específico. A questão surge já em 1919, quando Ronald de Carvalho estabelece entre a arte moderna e a arte do passado um traço diferenciador antimimético: contra o realismo convencional que desde o Renascimento vinha amarrando o escritor ao culto do acessório, do indeterminado e ao "trivialismo das reproduções fáceis", impôs-se o conceito moderno de que "toda criação estética está sujeita a uma grande lei de lirismo cerebral", que legitima a intervenção direta do escritor no material sobre o qual vai trabalhar.[115] Como vimos, em 1919, Ronald se serve disso para realçar a sua condição de crítico militante do movimento nacionalista que viria a público com o depoimento da "geração dos que nasceram com a República", em 1924. A intenção então era poder conciliar essa imagem do artista moderno enquanto "dono do seu próprio ritmo" e de uma imaginação criadora que refletia naturalmente todas as conquistas da experiência humana, com as tarefas do escritor moderno do Brasil, especialmente a de criar uma literatura própria e livre de toda sorte de preconceitos; a de dar expressão humana ao "grande mundo virgem, cheio de promessas excitantes", que desafiava o seu espírito; a de estudar os problemas do Brasil e da América, de um lado para evitar a aplicação artificial das soluções europeias, e, de outro, para desencadear uma arte "direta, pura, enraizada profundamente na estrutura nacional, uma arte que fixe todo o nosso tumulto de povo em gestação".[116]

De 1919 a 1922, entretanto, veremos que vai tomando corpo uma espécie de emboscada metodológica em torno da imagem da mímese, que se vale da técnica literária da verossimilhança para fazer amortecer a notação verista da própria realidade enquanto fonte autônoma de significados e de relações. Com o aparecimento de *O espelho de Ariel* (1922), Ronald evolui para um pessimismo sistemático

---

[115] Ronald de Carvalho, *Pequena história da literatura brasileira*, Brasília, Itatiaia/INL, 1984, pp. 367-70.

[116] *Idem, ibidem*, p. 370.

que não se limita a constatar a impossibilidade apenas literária de alguém reconstruir a realidade em si mesma. Vai além e dá por definitiva a conclusão de que a realidade e o mundo escapam ao nosso conhecimento, transcendem a nossa visão, impedindo a nossa consciência "de entrar na posse de sua própria substância". Ao escritor, "animal contraditório e aflito" que procura em vão um lugar "entre as misérias da hostilidade circunstante", resta apenas escolher uma regra de ação, "uma lei de unidade ética suficientemente precisa" para tocar tão somente "os aspectos mais aparentes e definidos da verdade histórica", ainda que isto implique deixar de lado o que Ronald chama de "estrutura de certos fenômenos primordiais de nossa existência".[117]

A obra, como a vida, ao mesmo tempo em que pode ser explicada pela contradição de "procurar motivos sempre variados" na esperança, impossível, de encontrar soluções, encerra uma espécie de tensão entre a volúpia e o dissabor, que encontra o seu ponto de equilíbrio na visão irônica com que pode o escritor, como faz Machado de Assis, "sustentar a honesta sabedoria de acreditar na aparência das coisas, zombando, embora, delas".[118] A constatação ganha importância na medida em que o Ronald crítico também sustenta, como o fez nos manifestos, que a arte é uma aspiração constante à liberdade, marcada sobretudo pela criação de um ritmo pessoal através do qual o escritor transmite a sua harmonia interior, servindo como um instrumento por onde passa a corrente de vida. A literatura enquanto aspiração de liberdade é marcada por um forte impulso transformador cuja lógica não cabe num teorema: ao mesmo tempo em que surge como um "dançarino acorrentado", o escritor é um transfigurador que "recebe a energia da vida e, em troca, lhe dá forma".[119] Não lhe cabe refletir nem dominar a natureza: compreendendo a realidade como uma sucessão de instantes, cada um destes tem para ele a dimensão de movimentos infinitos, por isso ele "voa e revoa sobre o espetáculo universal, sem se fixar, sem se deixar prender um só minuto".

---

[117] Ronald de Carvalho, "Literatura e arqueologia", em *O espelho de Ariel e poemas escolhidos*, Rio de Janeiro, Nova Aguilar, 1976, pp. 104-5.

[118] Ronald de Carvalho, "Lição de Machado de Assis", em *O espelho de Ariel e poemas escolhidos*, pp. 73-6.

[119] Ronald de Carvalho, "Villa-Lobos", em *O espelho de Ariel e poemas escolhidos*, p. 80.

O resultado é que, diante dele, o mundo não se fragmenta, não se divide artificialmente em partes boas ou más — ao contrário, é subjugado inteiramente no limite do símbolo, e isto, assinala Ronald, dispensa qualquer ato de consciência.[120]

Marcado por esse traço iluminado que faz dele "um fenômeno singular, uma luz", só podemos entender o escritor enquanto preocupado em fundir o seu ritmo pessoal ao fluxo mais amplo do ritmo universal, missão em que o veremos "girando eternamente dentro de um círculo estreito sem poder compreender nem avaliar a natureza profunda da realidade", uma vez que, sendo parte integrante "da aparência universal" (ou seja, sendo efeito e fenômeno), estará impedido "de determinar a própria causalidade".[121] Mais do que qualquer outro, ele sabe que nós complicamos, com palavras, o sentido da existência, razão pela qual reconhece que estamos "condenados sem remissão ao erro e ao pecado". O seu conformismo tem, portanto, como no herói de Graça Aranha ou nos poetas demiurgos de Elísio de Carvalho, a disciplina da autocensura que atrai para si a consciência anti-heroica do fracasso como forma de "aceitar o estado natural que nos foi imposto, sem agravá-lo com pesquisas inócuas, e, afinal, amargas".

Curiosamente, o seu traço de modernidade está na firmeza com que recusa "os enxertos artificiais na velha árvore da sabedoria", contentando-se, como *homo faber* ou *homo sapiens*, em não ter outras pretensões que não as da própria autenticidade de sua "contingência limitada e parcialíssima", que se resume em radicalizar no erro a própria verdade, estabelecendo, assim, um limite anárquico que oscila da ataraxia ao hedonismo, do niilismo à irreverência.[122] Entre desejar sistematicamente o impossível e recusar a dúvida metódica, a sua presença no momento revolucionário de 1922 foi sobretudo contemporizadora, na medida em que se manteve a meia distância entre "aceitar o cânone acadêmico" dos escritores *avisados e prudentes* e "romper com o formulário passivamente adotado [...] [para] olhar frente a frente a realidade tumultuosa na vida circunstante", como faziam

[120] *Idem, ibidem*, pp. 81-2.

[121] Ronald de Carvalho, "A sabedoria do erro", em *O espelho de Ariel e poemas escolhidos*, p. 47.

[122] *Idem, ibidem*, pp. 48-9.

os escritores-técnicos que, apesar de inferiores aos primeiros, mantinham aceso um "ideal de arte viva e livre", preferindo a extravagância e o exotismo "à prática de um mimetismo cheio de brilhos inúteis e perigosos".[123]

Trata-se de uma atitude contemporizadora que volta as costas para a vanguarda, por não considerar nem o Cubismo nem o Futurismo como realizações plenas do moderno ideal de arte viva e livre: o primeiro porque não se libertou ainda do espírito clássico visível na imobilidade de seus planos conjugados, o que aponta para uma saída tradicional nas soluções; o segundo porque o seu dinamismo, conquanto superior à imobilidade cubista, é ainda inexequível, já que não haveria como admitir o simultaneísmo nas artes plásticas. Porém, há mais: do mesmo modo como não somos capazes de perceber os "volumes dinâmicos", estamos ainda impossibilitados de penetrar o Dadaísmo de Tristan Tzara, o que justifica a atitude conciliadora que procura compreender as obras do passado sem nos confinar "dentro das fórmulas rígidas" ou mesmo confundir o preceito com a verdade.[124]

Ao denunciar os perigos da *modernolatria* de 1922, Ronald está preocupado em propor a literatura como uma síntese entre o contingente e o universal. Para tanto, não hesita em colocar em planos paralelos os conceitos de "ordem universal" e de "transfiguração", pois, segundo ele, "devemos fazer de todas as coisas uma obra de beleza, retirando delas a energia alegre e saudável de que necessitamos". Como que retomando velhos preceitos de seu mestre Elísio de Carvalho, proporá que a literatura permita adaptar o nosso caráter "à formidável contingência que nos domina", surgindo essa como a única maneira para fazer unir "a nossa mesquinhez e a nossa miséria ao esplendor e à grandeza universal". Renova assim, à maneira de Graça Aranha, o conformismo com a fatalidade do destino e com a nossa condição de inferioridade. E por isso nos lembra que o escritor, a exemplo de todos os homens, "traz consigo a sua fórmula", que repercutirá cada vez mais fundo, quanto mais reconhecermos que ele representa "um momento da harmonia universal", ou seja: aquele em quem se revela, de modo singular, a capacidade para "construir símbolos lu-

---

[123] Ronald de Carvalho, "A tortura da arte contemporânea", em *O espelho de Ariel e poemas escolhidos*, p. 65.

[124] *Idem, ibidem*, pp. 66-7.

O encanto do novo

minosos e serenos que operam no coração o milagre da fé e imprimem à inteligência um ritmo divino".[125]

Assim justifica que em seu projeto renovador predomine o tratamento artístico marcado pela preocupação de uma síntese modulada pelo sentimento da rapsódia "de inflexões bárbaras e sutis, em que o clangor dos instrumentos selvagens, das tubas, dos maracás e dos borés se misturasse ao canto melodioso da harpa, do órgão e do violino".[126] É nela que se encerra a "metáfora integralista" que Ronald encontrou no ideário dissidente, e que o jovem Tristão de Athayde definiu, já em 1922, num artigo em que alude à crítica estética do autor de *O espelho de Ariel*, como a síntese admirável que vinha limpar o excesso de classificações e análises imposto tanto pela crítica social de Sílvio Romero quanto pela crítica objetiva de José Veríssimo.[127] Nela, a busca de um "estilo civilizado" atua como forma de amenizar a barbárie e o exotismo, valorizando a ilustração que consagra o "instinto da terra" e disciplina o "transbordamento das qualidades afetivas sobre as racionais", com as quais teríamos de lutar para nos adaptar completamente ao meio local. E, como bem notou Tristão de Athayde, define um procedimento crítico específico em Ronald, que poderíamos exemplificar com uma leitura de Rodenbach, marcada pelo recurso costumeiro que quase sempre trai a análise: a transfiguração do tema criticado, obtida invariavelmente através da função plástica do ambiente. Ou seja: Ronald plastifica a natureza e a incorpora, metamorfoseada, à obra que discute. Transforma, assim, o material poético através de um discurso crítico que, por ser também poético e conotativo, não elucida nem define: transfigura. Falando, por exemplo, de Rodenbach, utiliza-se de traços biográficos que se reportam ao ambiente de sua infância, para operar de chofre a transfiguração da natureza e sua artificialização através dos painéis de Hobbema. As referências preliminares ao passado do poeta em Flandres, "rodeado de choupos e canais, entre as velhas casas de pinhão e a gente humilde de Gand", não têm na verdade outra função, senão

[125] *Idem, ibidem*, p. 67.

[126] Ronald de Carvalho, "Vozes da terra", em *O espelho de Ariel e poemas escolhidos*, pp. 136-8.

[127] Tristão de Athayde, "Ronald de Carvalho: *Pequena história da literatura brasileira*", *O Jornal*, 22/1/1922.

a de resenhar a poeticidade desse espaço e desse tempo no quadro dos modelos estéticos acabados. Neste caso, "o dorso das planícies [que] ondula molemente sobre dunas e colinas macias" ou o horizonte que, ao fundo, "tem o colorido esbatido e fugitivo de certos painéis de Hobbema", funcionam como apêndices poéticos que se colam ao texto de origem de modo arbitrário e muitas vezes descaracterizador. Seu papel é oferecer ao leitor um viés acadêmico que confirme a excelência do quadro lido.

Nesse sentido, a intervenção da crítica descritiva é também, em Ronald, um motivo transfigurador da verdade da obra, na medida em que a submete ao leitor através do espelho deformador da tradição, que se impõe como modelo irreversível. Mais do que nos textos de Rodenbach, é na gravura de Adriano Brouwer que estão os motivos poéticos que organizam o argumento crítico, uma forma dispensável de metalinguagem erudita e estilizada que pretende indiciar o espaço lírico de Rodenbach, aludindo ao vento largo que, "em lufadas vertiginosas, [...] abala os parapeitos de ferro e aço dos diques e das comportas rijas, adormece no recôncavo dos vergéis, enfuna a vela trêmula dos saveiros ao longo dos canais, e faz moer os grãos morenos do trigo, batendo na asa curva dos moinhos".[128]

No mesmo tom aparece a tentativa de enquadrar o temperamento de Rodenbach no "espelho da sensibilidade mística e sombria do Flandres", na atmosfera das crônicas de João, o Belo, dos versos de Mockel ou da "filosofia clara e imaginosa de Edmond Picard". A preocupação com o "pormenor no processo de composição" arrisca mesmo um contraponto com a descrição dos campônios na pintura de Rubens, com as naturezas-mortas de Bosschaert e com "as adorações" de Van Eick, como forma de recuperar em Rodenbach a "mesma técnica escrupulosa, quer na representação da polpa úmida de um fruto, do resplendor de um santo ou da farpela de um burguês endomingado". Entre um polo e outro, a referência é a permanência do "vago" e do "mistério" como condição exponencial da poesia. Só depois de chegado a este ponto é que Ronald, desenvolvendo metaforicamente os temas que encontra nos poemas de Rodenbach (a nostalgia dos canais, o mistério das lâmpadas acesas na penumbra, o mal da tarde

---

[128] Ronald de Carvalho, "De Rodenbach a Verhaeren", em *O espelho de Ariel e poemas escolhidos*, Rio de Janeiro, Nova Aguilar, 1976, pp. 57-8.

O encanto do novo

e do crepúsculo), resolve valorizar aquilo que, para o leitor, já resultara claro de início. Concluirá, então, atribuindo a Rodenbach o que caberia perfeitamente nas conclusões acessórias que acabou tirando de todos os outros, que nesse autor a poesia "nos transporta a um mundo de sugestões e de calma resignação", de imagens sutis e de ritmos amenos — marcada pelo equilíbrio que procura combinar a maleabilidade do verso livre a uma certa distância de sabor clássico.[129]

Note-se, porém, que se o distanciamento do mundo e a diluição intencional da crítica são de certo modo compensados por atitudes que retomam, no plano geral das ideias, o entusiasmo nacionalista da fase de 1913 a 1919,[130] a presença do olho transfigurador acabará impondo, sobretudo a partir de 1922, um bifrontismo intelectual cada vez mais marcado pelo confronto entre a artificialização estilística do mundo e o individualismo hedonista e irreverente que, a pretexto de consagrar o homem como o "reflexo de um integralismo de forças", conduz na verdade à consagração de seu isolamento, à sua impotência ante a imensidade do mundo. Como o D. Juan, de Byron, acredita que a única maneira de "combater a dúvida que amesquinha o homem" é concentrar no orgulho do sentimento a atitude capaz de "adivinhar a harmonia do universo". Para esse avatar do "homem-síntese" da década de 1910, não há obstáculo capaz de ameaçar a sua trajetória: tudo em que acredita é na "superioridade de sua missão acima do bem e do mal", ou seja, no *ego* indefectível que se destaca do comum dos mortais porque pertence à categoria do super-homem, do homem-

---

[129] *Idem, ibidem*, p. 59-60.

[130] Estão neste caso a preocupação com o desaparecimento da heroicidade na poesia brasileira ("Poesia", em *O espelho de Ariel e poemas escolhidos*, Rio de Janeiro, Nova Aguilar, 1976, pp. 110-1; "A aurora de Castro Alves", em *O espelho de Ariel e poemas escolhidos*, pp. 91-3); a análise do romance romântico de Alencar como uma forma de expressar "o combate da raça num mundo desconhecido e adverso" ("José de Alencar", em *O espelho de Ariel e poemas escolhidos*, pp. 117-8); a denúncia do desconhecimento da história pátria, bem como a crítica ao nível de informação que circula ("História do Brasil", em *O espelho de Ariel e poemas escolhidos*, pp. 124-5); a defesa da afirmação da soberania brasileira na integração cultural e política com os demais povos da América Latina ("Com o ministro argentino", *O Jornal*, 11/3/1922) e um panorama do romance brasileiro contemporâneo apoiado na distinção dos grupos sociais e na oposição entre a cidade e o campo ("Algumas reflexões sobre o romance moderno", *O Mundo Literário*, nº 1, mai. 1922, pp. 36-8).

-deus". Pouco importa igualmente que os outros homens se organizem contra ele. Em face destes, a zombaria, o ódio e as invectivas são tomados como sinais de fraqueza e despeito; "a conspiração das hipocrisias, os silêncios gelados da inveja" nada contam ante aquele que se escora num trágico privilégio — "pertence-lhe a terra, é quanto basta! O resto não lhe interessa".[131]

Ronald atribui-lhe o gesto de Baudelaire, atirar-se *au fond de l'Inconnu pour trouver du nouveau*", certamente pensando que nessa "ânsia de civilizado cético e relativista", para a qual dirige a linguagem dos *Epigramas irônicos e sentimentais,* se encontre a melhor atitude do poeta enquanto novo "espectador do mundo". Na verdade, para o Ronald dos *Epigramas,* cabe ao poeta admirar e exprimir o amor "pela perfeição da harmonia universal", que lhe compete escavar na visão transformadora a que submete a redescoberta do espaço promissor do país. Nessa tarefa, a expressão da sensibilidade quase mecânica do ser que não se comove é um atributo que procura estar à altura do momento que transcende o homem, relativizado nos seus valores e puxado num repente pelo vértice do novo sopro universal.

A imobilidade perante a ordem do cosmos, de onde flui a verdade do ser, impõe agora a indiferença ao bem e ao mal, e procura sugerir sempre que a efemeridade da vida, além de servir como um apelo imediato à fruição estética de seu espetáculo, determina — como na visão refinada dos estetas de João do Rio e de Elísio de Carvalho — a captação fragmentária das sensações em fuga, numa espécie de busca iluminada do minuto eterno ou da "hora divina", num tempo em que é impossível deter a velocidade das coisas.

Na recomposição do instante, a nova luz da poesia no espaço do Novo Mundo vem permeada pela ingenuidade e pela distância,

"entre palmeiras e montanhas,
debaixo de um céu claro, puro, luminoso",

infenso ao estrangeiro e às suas oferendas e exigindo-lhe agora o sacrifício simbólico de pôr

---

[131] Ronald de Carvalho, "Duas máscaras", em *O espelho de Ariel e poemas escolhidos,* Rio de Janeiro, Nova Aguilar, 1976, pp. 68-9.

"na estrela de um poeta amável e melancólico
a coroa de louro que trazes na mão".[132]

O primitivismo que se quer inédito constrói-se sob a metáfora da infância risonha, num tempo em que as mãos ávidas saem soberbas "em busca das lagostas cor de limbo", no ar perfumado pelo cheiro das tangerinas e dos cambucás, ao som das buzinas dos tropeiros e dos minuetos de Mozart. A curva harmônica que retorna ao céu artificial do *locus amoenus* é um reflexo metonímico que antropomorfiza a plenitude da graça telúrica, cristalizada nas manhãs que nascem do sorriso das mulheres e no aperto solidário das mãos amorosas, lembradas como brancas borboletas no voo fresco da luz matinal, recortando papoulas e tinhorões. A fragilidade do mundo que aí se desvenda, combina com os "olhos castanhos das crianças", com a "doçura e o travor das resinas selvagens", marcando um procedimento intertextual com a pureza acadêmica no universo dos árcades, de onde vem o

"[...] áureo rumor de flautas, de trilos, de zumbidos
e de águas buliçosas",[133]

que se mescla ao tom agudo e dissonante de sua fala.

É a natureza que recorta agora o gesto e a expressão, animando não apenas o quadro das ações humanas, mas a própria contextura da beleza inédita com que se procura sugerir o novo perfil da terra e do homem brasileiro. A "pele de maçã madura" e a "graça do sol no pomar tropical", que marcam os traços da mulher amada em "Clara D'Ellébeuse", repercutem no "riso de pássaro ou de fonte", na "voz de trilos d'água fresca" e no beijo que "brilha nas águas e estremece nas folhagens", onde a poesia, transformada em seiva, fecunda o fruto por meio de versos

"[...] que são como um jardim depois da chuva:
deixam em nós a sensação de água caindo,

---

[132] Ronald de Carvalho, "Inscrição", em *Epigramas irônicos e sentimentais*, 2ª ed., Rio de Janeiro, Anuário do Brasil, s/d, p. 11.

[133] Ver "Écloga tropical", em *Epigramas irônicos e sentimentais*, p. 32.

caindo em bolhas trêmulas da ponta das folhas,
escorrendo da pele macia das pétalas,
pingando dos galhos lavados, gota a gota,
pingando no ar [...]"[134]

Do mesmo modo, a sala de jantar do "poeta dos trópicos" se converte num pomar exuberante que nutrirá o estoicismo alegre dos homens da terra, conformados com a verdade irremediável de que

"só uma vez amadurece,
efêmero imprudente,
o cacho de uvas que o acaso te oferece";[135]

esses homens puros que não têm olhos para a traição do inimigo, nem ouvidos para a lição solene dos eruditos: indiferentes ao louvor e à maledicência, mostram-se insensíveis na virtude anônima de esconder o prazer e dissimular a queixa, convictos sempre da inutilidade do pensamento sistemático, frágil como "a flor que se desfolha à toa" ou como "o fruto que rola pelo chão", onde "apodrecerá inutilmente".

Gradativamente, o dizer o mundo dos *Epigramas* vai recuperando o naturismo epicurista do manifesto da *Delenda Carthago*, não apenas no lineamento estilístico que pretende impor uma visão ornamental do homem integrado ao corte simétrico da natureza, mas também na inflexão imperativa do discurso, que recoloca a voz do poeta na linha de prudência amena dos pastores da Arcádia, louvados na regularidade dos dias, no ciclo das colheitas e das estações, na paz dos campos e nos prazeres da boa mesa. O espírito ilustrado que foge uma vez mais ao peso arbitrário da civilização contrapõe ao ritmo presente dos maquinismos e da exploração, a certeza premeditada de que

"a realidade é apenas
um milagre da nossa fantasia",[136]

[134] Ver "Cheiro de terra", em *Epigramas irônicos e sentimentais*, pp. 161-2.

[135] Ver "Sabedoria", em *Epigramas irônicos e sentimentais*, p. 122.

[136] Ver "Filosofia", em *Epigramas irônicos e sentimentais*, p. 105.

que é preciso deter a cada momento para fazer — como o Elísio de *Five o'clock* ou o João do Rio do prefácio das *Intenções* de Wilde — com que a vida se converta numa obra de beleza.

Rediviva e transformada pelo ritmo universal da natureza, a liberdade da nova poesia traz consigo a força mágica do herói demiurgo que não só desbrava o universo das palavras, mas também experimenta a sensação de inaugurar os caminhos, permitindo à palavra concentrar-se num flagrante inédito. Esse ritmo criador que desvenda e instaura é que nutre a liberdade do poeta no fazer original que se recusa à mimese para explorar eternamente "a fonte da poesia com o sangue de sua carne e as vozes de seu espírito". Se a natureza deixa de ser o motivo estático na forma como foi explorada pelos românticos, é para que o objetivismo dinâmico de seus temas reverbere na voz do cantor que a exorcizou dos velhos duendes que a paralisaram no passado, propondo agora a fusão de todos os estilos em busca do novo impulso da raça, sob um ritmo capaz de testemunhar a sua depuração estética na vesperal dos "bronzes e das harpas, das pedras, das colunas severas ou risonhas, das estátuas e das montanhas, das ondas, da dor e da alegria".[137]

Em 1924, o interesse quase sensacionista pela visão flagrante que sintetizasse numa grande metáfora a pureza rústica da terra e a estirpe valorosa do heroísmo brasileiro, nos revela uma nova preocupação com a realidade local, afastando-se gradualmente daquele "horror comum à realidade" que Fernando Pessoa descobriu em Ronald, numa carta solta que nos fala de encontros entre sombras e alamedas.[138] Começa por esse tempo a ser represado o fluxo verbal que explodiria dois anos depois nas páginas solenes de *Toda a América*, sobretudo se tivermos em conta as reflexões que nesse ano aprofundam a análise da crise pós-simbolista, em que Ronald vê um desvirtuamento da reação regionalista, tomando os epígonos por "imitadores secundários" e denunciando neles o desconhecimento do ambiente sertanejo e a falta de vivência com a gente do interior. Para ele, a constatação de que tal atitude tem levado a corromper "as verdadeiras energias da nossa imaginação", procurando "reduzir o Brasil ao desolado e bárbaro sertão"

---

[137] Ver "Teoria", em *Epigramas irônicos e sentimentais*, pp. 131-2.

[138] Ver "Carta inédita de Fernando Pessoa a Ronald de Carvalho", *Tribuna de Imprensa*, 11-13/2/1955.

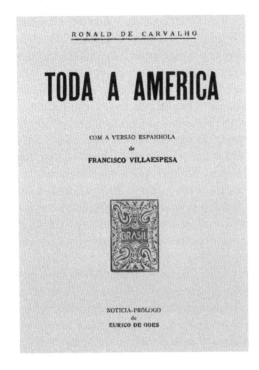

Toda a América, lançado em 1926, é um livro de poemas ufanistas que constituiu um marco na trajetória do movimento dissidente, sendo seu autor considerado uma das grandes lideranças do modernismo brasileiro. A edição aqui reproduzida inclui a tradução espanhola dos poemas, de autoria de Villaespesa, publicada pela primeira vez em Madri, em 1930.

e rebaixando "o tipo brasileiro ao puro caboclo instintivo e inculto", merece uma resposta urgente contra essa "representação artificial de vaqueiros improvisados, contra esses remanescentes românticos de um novo indianismo afetado".[139] A afirmação de que, entre nós, "a estética moderna é essencialmente universalista" já não tem o tom da imitação do gosto nobre ou a tendência para valorizar só o que havia sido valorizado antes pelos mestres europeus — coisa que levou Agripino Grieco a apontar nos *Epigramas* motivos naturistas que estavam "longe de ser nacionais" (ninfas comendo amoras, bacantes boiando em nossas lagoas, torres medievais, choupos e flamingos).[140]

A recusa do academismo, do classicismo de imitação, do regionalismo serôdio soma-se agora à ideia de que o problema maior da nossa

[139] Ronald de Carvalho, "A literatura brasileira", em *Estudos brasileiros*, 1ª série, Rio de Janeiro, Anuário do Brasil, 1924, p. 102.

[140] Agripino Grieco, "Um ironista sentimental", *O Mundo Literário*, nº 7, nov. 1922, pp. 66-90.

literatura está na "exiguidade intelectual do meio", por onde Ronald retoma a velha queixa dissidente da nossa falta de espírito coletivo, "justamente porque carecemos de um ambiente de verdadeira cultura onde os nossos problemas sejam analisados com desassombro e lucidez", lembrando assim as posições de Alberto Torres.[141] O desejo de sentir a arte nacional, passando pelas manifestações estéticas rudimentares do indígena, absorvido pela natureza adversa e, por isso, carente de um espírito "de maior firmeza"; a tentativa de compreender a indiferença para com "a formosura do nosso meio cósmico, por causa dos interesses comerciais voltados para a mineração e a agricultura", incompatíveis com a disciplina da cultura europeia imposta desde logo pelo colonizador; a análise da adaptação e da evolução dessa mesma disciplina em confronto "com os valores morais e intelectuais das várias raças que vieram povoar o solo pátrio", eis as questões que antecipam o projeto literário que a partir de agora perseguirá uma espécie de síntese do espírito coletivo nacional, marcado, segundo Ronald, pela singularidade do nosso lirismo nostálgico, pela alegria superficial de quem "está exilado num mundo paradoxal", e, particularmente, pelo fascínio da imensidão que o ameaça e o obriga a cada dia a sobrepujar a adversidade do meio para manter-se vivo e fecundo.[142]

Acrescentemos que a manifestação desse empenho localista vem coroar um momento de crescente prestígio do poeta junto aos escritores que participaram do Modernismo e que culminara com a célebre homenagem que Graça Aranha e outros intelectuais decidiram prestar-lhe um ano antes, na noite de 13 de maio de 1923, às vésperas de sua primeira viagem ao México e aos Estados Unidos. Graça Aranha anunciara então que a obra inovadora de Ronald vinha contrapor-se a um período de decadência e estéril formalismo, a uma poesia que, além de afastar-se da natureza, transplantava artificialmente ritmos alheios, divulgando, como obra de possessos, uma dimensão estranha e deformada da nossa realidade.

Ronald transforma-se assim na mais nova esperança dos modernistas dissidentes e passa a ser, para os seus pares, o líder a quem ca-

---

[141] Ronald de Carvalho, "A literatura brasileira", em *Estudos brasileiros*, 1ª série, Rio de Janeiro, Anuário do Brasil, 1924, pp. 103 ss.

[142] Ver "A arte brasileira" e "A psiquê brasileira", em *Estudos brasileiros*, pp. 108-206.

O poeta, crítico e diplomata Ronald de Carvalho (1893-1935) — autor de *Pequena história da literatura brasileira* (1919), *Epigramas irônicos e sentimentais* (1922) e *Toda a América* (1926), entre outros livros — ocupava o cargo de secretário da Presidência da República no governo Vargas quando faleceu, no Rio de Janeiro, em acidente automobilístico.

berá "libertar a poesia brasileira": é o libertador do espírito nacional, do "transcendentalismo em que a Unidade infinita do Universo se revela" enquanto razão suprema do pensamento e da arte.[143] Esse "construtor espiritual do novo Brasil" é também saudado por Lincoln de Sousa, que vê nele o construtor de uma linguagem "de símbolos e de sínteses", um autêntico "verbalista sem a insóbria pompa dos verbalistas" e representante legítimo da "vitoriosa geração que surge, de emancipados e requintados".[144]

Na rota do México e dos Estados Unidos e depois, como diretor da Seção de Negócios Políticos e Diplomáticos do Itamaraty, do Peru, de Cuba e outros países da América Latina, na rota desses novos espaços amadurece o sonho do novo *flâneur*, que mais uma vez intenta

---

[143] Graça Aranha, "Ronald de Carvalho", *O Mundo Literário*, nº 15, jul. 1923, pp. 299-301.

[144] Ver Lincoln de Sousa, "Oração proferida em homenagem a Ronald de Carvalho", *O Mundo Literário*, nº 15, jul. 1923, pp. 303-5.

disciplinar a voz hegemônica do Brasil no continente, o poeta que canta em *Toda a América*

"os homens verticais que sobem nos horizontes,
em todos os horizontes varados pelo sol!",

em busca "da emoção da força em face dos elementos que vão ser dominados", o porta-voz militante que sintetiza em versos

"o espírito que se faz força,
o amor que se faz força,
o dinheiro que se faz força,
a força que se faz aspiração e fecunda todos
os desejos e cria todos os movimentos [...]".[145]

Da assimilação da "luz selvagem do dia americano" vem a reprodução sensacionista dos tumultos do sangue miscigenado que vibra nos pampas e nas caatingas, perseguindo

"as voltas que o laço dá na coxilha verde",

e reproduzindo a alegria "de inventar, de descobrir, de correr", a

"alegria de criar o caminho com a planta do pé!"

que irrompe feito um painel que ensombra a paisagem do europeu, advertido a todo instante da convencionalidade estéril de seus quintalejos e burgos e da natureza "que cabe toda na bola de vidro do teu jardim".[146]

Se a utilização da natureza permitiu, nos *Epigramas*, a projeção de uma atmosfera sincopada, tocada num compasso de adágio em que os temas líricos eram estruturados de maneira a sugerir o despertar da consciência estoica e venturosa do novo homem brasileiro, em *Toda a América* o ritmo explode e, com ele, se completa a síntese do

---

[145] Ronald de Carvalho, "Toda a América", em *Toda a América*, Rio de Janeiro, Pimenta de Mello & Cia., 1926, p. 120.

[146] Ver "Advertência", em *Toda a América*, pp. 13-5.

ufanismo visionário que desde o aparecimento d'*A Meridional* e do *Manifesto Naturista*, na virada do século, vinha alimentando a rebeldia ilustrada dos reformistas. Sob este aspecto, pode-se dizer que pela primeira vez se concretiza, no plano literário, o projeto estético do naturismo libertário de Elísio de Carvalho, que, como vimos, manteve correlações quase simultâneas com a busca da visão documental e do relato flagrante nos narradores de João do Rio e com a fragmentação dos temas da natureza propostos pelo sensacionismo de Graça Aranha.

Em *Toda a América*, os temas do poder e da liberdade equilibram a vibração sensacionista do país novo. É certo que permanecem a limpeza de planos e a disciplina harmônica das imagens, evitando as quebras que poderiam prejudicar a elegância da expressão, como nos *Epigramas* e mesmo nos *Poemas e sonetos*. No entanto, o ritmo agora é marcado pelo "canto enorme do Brasil", que explode no tropel dos cavalos de Iguaçu, em cuja marcha se articula a linha melódica do poema, numa espécie de contraponto com o arfante disparo da fala, paralisada no centro de uma nova máquina do mundo, deixando-se possuir pela rebelião dos elementos cheios de uma nova seiva, estuantes em sua fertilidade irreversível que só agora se identifica, sugerindo no tom compacto de orquestração selvagem um autêntico ciclo de redescoberta.

No plano de composição, três vozes do poeta como que resumem o itinerário dissidente em busca dessa redescoberta. A captação do mundo pelas sensações sonoras, além de obedecer a um ritmo estranhamente disciplinado que parece de certo modo conter o impacto da força telúrica que se quer na aurora de sua barbárie, sofre uma redução estilística que engendra de modo arbitrário as relações entre os temas da terra e os temas do homem. Na verdade, nem mesmo a atitude poética de integrar na fala o peso do real exclui a artificialidade do traço lírico que abranda o drama do homem, sutilmente convertido em motivo ornamental do painel ufanista que sustenta agora a imagem de um novo ciclo maravilhoso da mítica nacional.

Nesse sentido, a primeira voz, que parece remergulhar na ingenuidade reveladora dos velhos cronistas, procura combinar o ritmo da terra com a visão dinâmica do progresso que acelera o mundo, utilizando para esse fim dois procedimentos formais que alternam a força homogênea da terra com a disciplina estilística do ritmo prosopopeico, de tal modo que entre a imagem e o som se estabeleça uma grada-

O encanto do novo

ção ascendente a confundir-se com a trajetória épica da nação. Num primeiro momento, é o impulso da natureza que se fecunda a si mesma, jorrando "na manhã de bolhas e pingos verdes", a seiva do Amazonas, que

> "[...] lambe o barro
> das barrancas, morde raízes, puxa ilhas e empurra o
> oceano mole como um touro picado de farpas,
> varas, galhos e folhagens".[147]

Imersa na força dos elementos que se autofecundam, a marca da terra virgem vai aos poucos assumindo a forma de um espetáculo feérico, de um novo mundo em formação, o mundo da

> "terra que estala no ventre quente
> do nordeste, a terra que ferve na planta
> ao pé de bronze do cangaceiro, a terra
> que se esboroa e rola em surdas bolas
> pelas crostas secas, esturricadas no Crato
> chato",[148]

embalada pelo vagido multissecular da natureza agora reencontrada na plenitude de sua exuberância, como na imagem de um continente que despertasse em glória em meio ao surto de mágicos acordes, o maravilhoso surto dos

> "trilos, pios,
> pipios, trinos, assobios, zumbidos, bicos
> que picam, bordões que ressoam retesos,
> tímpanos que vibram límpidos, papos
> que estufam, asas que zinem zinem
> rezinem, cris-cris, cicios, cismas, cismas
> longas, langues — caatingas debaixo do
> céu!".

[147] Ver "Brasil", em *Toda a América*, p. 20.

[148] *Idem, ibidem*, p. 21.

Num segundo momento, essa marcha irreversível das forças naturais acrescenta, à espontaneidade dos elementos, a visão humanizada do trabalho e das forças de produção, aproximando o riso dos arroios ao ranger das moendas, a força do machado à fertilidade dos seringais, como que sugerindo que a mesma força que autoimpele a exuberância cíclica da terra, move também as usinas que

> "rangem, martelam, arfam,
> estridulam, ululam e roncam".[149]

Ou seja: a harmonização sonora, fruto do estilo em que se reflete a tendência para artificializar as imagens acabadas, disciplinando, como convém, o esboço ufanista do *locus amoenus*, funciona também como a voz do imponderável que fala pelo homem, dissimulando as zonas de silêncio em que se debatem a consciência e o braço do trabalho, transfigurados no espaço mecânico do progresso, grandiosa metáfora de efeitos que procura tocar o mundo sem se deter nas causas, enredando no corpo vibrátil da palavra as contradições profundas entre os objetos e o sujeito que os determina.

Com efeito, nas marcas da primeira voz a sensação que nos fica é a de um mundo mecânico e alegórico, fantasticamente impulsionado por correntes invisíveis, vazio de consciência e de vontade, um mundo-painel estranhamente equilibrado, a verdade ausente "dos tubos que explodem e dos guindastes que giram", deliberadamente distantes da conversa

> "dos fazendeiros nos cafezais,
> dos mineiros nas galerias de ouro,
> dos operários nos fornos de aço,
> dos garimpeiros, peneirando as bateias,
> dos coronéis nas varandas das roças [...]".[150]

Para essa voz, o único interesse é marcar a imagem do nosso "dia primitivo e ingênuo", que uma segunda voz, autoritária e inflamada,

---

[149] *Idem, ibidem.*

[150] *Idem, ibidem*, p. 25.

se encarregará de policiar, desdenhando do europeu e de sua cultura, minimizados diante da

> "maré de massas informes, onde as
> raças e as línguas se dissolvem",

e da

> "alegria virgem de rios-mares, enxurradas,
> planícies cósmicas, picos e grimpas,
> terras livres, ares livres, florestas sem
> lei!"[151]

É sob o impacto dessa segunda voz que nasce o sonho pan-americano do *flâneur* em trânsito pelo continente, como que recompondo o itinerário da redescoberta através da opulência das cestas de vime do mercado de Trinidad, onde os deuses de bronze que bailam no azul das águas anunciam o vento silvestre que agita os farolins das Antilhas, numa revivescência de sensações em que

> "tudo é primitivo como um descobrimento".

Ao lado dos nativos que leem nos céus os sinais dos manitôs misteriosos, vibra o chão da Broadway que "carrega todas as imaginações do mundo", contrastando com a singeleza de Tonalá, onde "Nossa Senhora de Guadalupe ri em todos os nichos". O poeta sobrevoa os silêncios da cordilheira dos Andes, saúda o heroísmo dos homens de Antofagasta, "os caboclinhos musculosos da Bolívia" e os operários das minas de cobre do Chile, meditando na amplitude e na solidão das terras virgens, de onde retira uma perturbadora poesia geométrica,

> "pirâmides,
> cones,
> cubos,
> cilindros,
> esferas",

---

[151] Ver "Advertência", em *Toda a América*, pp. 14-5.

a poesia "do número claro, dos planos e dos volumes", para vencer a melancolia e sobretudo fundir "a realidade na alegria da inteligência".[152] Com ela testemunhará o trator e o aço, os trigais e os armazéns, o telégrafo e a locomotiva cortando os pampas que enriquecem o imigrante. Das águas de Xochimilco ao "ar geométrico, exato e abstrato" de Cholula, a palavra ensaia um voo arquitetural, roçando as ervas livres do planalto até o momento de converter a noite de Puebla num contorno preciso de folhas e estrelas que se adelgaçam na superfície dos azulejos ou no ritmo dos eucaliptos de Guadalajara.

O brado futurista recobre o timbre da terceira voz, proclamando a América "livre do terror", alimentada pela visão radical das desigualdades que se abrandam, dos preconceitos que se ignoram, dos ódios que se aplacam sob o falso argumento democrático da épica messiânica que agora explode. Anulados pelo metralhar das "usinas, dos dínamos, das válvulas e dos êmbolos", os valores se conciliam para engendrar imagens irmãs na tessitura dos motivos que organizam o poema. Como uma espécie de paraninfo solene que abençoa a pátria, o poeta reverencia no mesmo tom o carro de boi e o guindaste, o senhor de engenho e o escravo, o punhal dos generais e as fogueiras de linchamento, os imperadores banidos e os presidentes degolados, a cultura e a barbárie, a América violenta e a América sofista dos ambíguos parlamentos, recompondo ao lado do "movimento que gera e aniquila", a

> "[...] selvagem inocência nas bocas
> que se saúdam, nos olhos que se
> procuram, nas mãos que se afagam".[153]

Perante a força desse novo mundo, não cabe mais o canto alusivo do poeta tradicional, incapaz de multiplicar-se no curso sensacionista das novas imagens e sair ao encalço das contradições e da grandeza, refletidas nos "pesadelos irremediáveis" do sangue mestiço "que refaz a sua ordem pela destruição". Os poetas da nova idade

---

[152] Ver "Cristal marinho", em *Toda a América*, pp. 77-8.

[153] Ver "Toda a América", em *Toda a América*, p. 119.

"[...] devem ter as mãos sujas de
terra, de seiva e limo,
as mãos da criação",[154]

além de capacidade para adivinhar os prodígios, presteza para perseguir a marcha do progresso e a alegria para interpretá-lo.

Múcio Leão, num artigo em que procura traçar as características da poesia de Ronald, nos fala num certo sentido de pesquisa que se aproxima um pouco das tarefas do poeta futurista de *Toda a América*. Trata-se da busca "do nosso sentimento de povo, da nossa sensibilidade peculiar, da nossa emoção, do nosso poder de criação intelectual", que, de acordo com ele, representa um estado de espírito que procura combinar o ritmo do esplendor brasileiro com a alegria heroica de enunciá-lo.[155] Essa alegria é que marca, em *Toda a América,* o poeta ágil e inocente. Nela estão a sabedoria e a liberdade com as quais tornará a poesia da América "o vagido da própria substância", um sucedâneo do dinamismo da máquina, construído com a imaginação do inventor "que domina a massa pelo número", para caminhar alegre no "milagre da criação", longe do compasso em que dançam os obstinados servos dos gregos e latinos.

Liberdade, alegria, força e poder — eis-nos de volta ao perfil hegemônico do anjo revel, incorporado agora ao código dos maquinismos que abafa as diferenças e impõe, aos poucos, ante a constrangedora utopia dos ruídos, a síntese de uma ruptura definitiva com o passado. O poeta futurista de *Toda a América* já havia sustentado no ano anterior que o seu futurismo representava o combate ostensivo ao vago abstrato que os simbolistas e impressionistas haviam posto em circulação. A preocupação com a "matéria cotidiana" determinara nele a necessidade de voltar "ao senso bruto das coisas, que se perdera nas meias-tintas dos continuadores de Monet".[156] Interessa-lhe, porém, o caráter político do futurismo, sobretudo na medida em que

[154] *Idem, ibidem*, p. 132.

[155] Ver Múcio Leão, "O sentimento de morte em Ronald de Carvalho", *Autores e Livros*, vol. 2, nº 18, jun. 1942, p. 281.

[156] Ronald de Carvalho, "As bases da arte moderna". Conferência pronunciada no curso Ângela Vargas, em junho de 1926, e depois publicada na revista *Lanterna Verde* (nº 3, fev. 1936, pp. 14-21).

este representa uma reação violenta contra a superstição arcaica que debilitava a maioria dos intelectuais italianos, e Ronald faz questão de enfatizar o exemplo de uma Itália submetida à esquadra britânica, derrotada na África e entregue aos conservadores, para marcar bem que só havia duas alternativas: "reformar os processos caducos, ou desaparecer tutelada pela Áustria, pela França ou pela Inglaterra".

O seu futurismo é mais o de Papini que o de Marinetti, ou seja: o amor ao movimento e ao tumulto, conquanto seja o traço inegável da adesão ao ritmo dos novos tempos, não se desvincula do amor inato pela pátria e por sua grandeza, bem como pela decisão de lutar em busca de "um novo primado para o meu país", de acordo com as palavras que o próprio Ronald retira de um depoimento transcrito de Papini. "O Estado futurista, propriamente dito, foi destruído pela administração Marinetti", nos diz Ronald, assinalando que o marinettismo eliminou algumas categorias fundamentais para a realização do espírito moderno, tais como a latinidade, a supercultura, a aristocracia, a paixão da liberdade, o patriotismo, a combatividade futurista, substituindo-as por outras menos decisivas, como o ianquismo, o desprezo pelo passado, o tecnicismo, o simplismo, o profetismo, a forma esdrúxula, a publicolatria, a solidariedade estreita, o xenofobismo e o militarismo.[157]

Tristão de Athayde ilustra bem essa aversão ao marinettismo, quando denuncia no ano seguinte o internacionalismo estético do movimento, propondo que este, ao mesmo tempo em que se definia politicamente como um movimento de renovação nacional, era esteticamente "um movimento de abdicação nacional".[158] Algumas das articulações de sua análise, como as que detectam o fundo categórico e imperativo do discurso futurista, sua combatividade ideológica e o sentido de sua disciplina, já estão nas reflexões com que Ronald definia o papel de sua geração: produzir uma arte que correspondesse ao advento de uma "nova raça, de sangue mais temperado, que vencerá o meio cósmico que nossos maiores conquistaram, mas não puderam dominar"; permanecer atento "às modificações estruturais que o meio já imprimiu ao conglomerado étnico e aproveitar o contato de quase

[157] *Idem, ibidem*, p. 16.

[158] Tristão de Athayde, "Marinetti", em *Estudos*, 1ª série, Rio de Janeiro, Terra de Sol, 1927, p. 122.

O encanto do novo

quatro séculos com a terra brasileira"; falar ao novo homem do Brasil numa linguagem clara que "lhe traduza os sentimentos impetuosos, as ambições enérgicas, a alegria de viver e dominar as coisas"; estudar diretamente o país, procurando refletir o tumulto nacional; levar em conta que a máquina, "baseada na economia da força, é uma coordenação de planos que se conjugam para certas resistências e determinados movimentos", como uma autêntica síntese de energia, a partir da qual a imaginação do artista moderno, funcionando também como verdadeira máquina, refletirá todas as aquisições da experiência humana; e mais: sustentar as condições de igualdade entre a liberdade e o trabalho social e intelectual, ou seja: partindo da constatação de que o homem moderno não é escravo ("o operário é igual ao arquiteto e ambos são iguais ao proprietário que os paga"), o artista moderno deve assumir a condição de senhor de seu próprio ritmo, sem perder de vista o ritmo largo e violento da vida contemporânea, que "ele tem de reproduzir, sob pena de desaparecer".[159]

É no corpo desse projeto, que oscila entre a tradição e a máquina, o projeto da literatura "liberta do jugo da antiguidade, mas sem rumo" — aberração literária que, na expressão de Fábio Luz, combina selvageria e formalismo —,[160] que deveremos localizar o papel do "poeta construtor" de *Toda a América*. Como o pequeno oligarca ilustrado que se amolda ao jogo liberal da República sem esquecer as fontes discricionárias que sustentam o regime, o limite de sua liberdade é a sonhada hegemonia das elites, que o próprio Ronald, pouco tempo depois, legitimaria de público, ao sustentar na embaixada americana, em presença do embaixador Edwin Morgan, que sempre fomos e continuaremos sendo "uma grande família em busca de seus brasões".[161]

Sob este aspecto, 1926 prenunciava ser um ano pródigo de brasões literários, anunciando no horizonte que o espírito moderno era

[159] Ver Ronald de Carvalho, "As bases da arte moderna", *Lanterna Verde*, nº 3, fev. 1936, pp. 17-20.

[160] Ver Fábio Luz, "O futuro da literatura", *Brasiliana: Revista de Boas Letras*, nº 4, out. 1925, pp. 173-80.

[161] Ronald de Carvalho, "Poesia na América". Conferência proferida na embaixada americana em 1930 e posteriormente publicada em *Pensamento da América*, suplemento pan-americano de *A Manhã*, pp. 136-7.

um pensamento, uma *arte sintética de máxima complexidade dinâmica* que se convertia aos poucos, no rastro de *Toda a América*, num amplo código de construção nacional voltado para a antecipação do futuro de um Brasil inteiramente recuperado em suas forças naturais e humanas. É o momento em que se transformava a suposta melancolia das matrizes étnicas em ostensiva inquietação de esperança, fazendo exaltar o poder de decisão dos bandeirantes, dos senhores de engenho, dos fazendeiros e dos mineradores, *a quem se devia a unidade moral da nação*. É o instante em que se procura descartar a presença do penumbrismo, de que Ronald, de acordo com um depoimento de Ribeiro Couto na revista *Novíssima*, teria sido não apenas o idealizador, mas também um dos chefes e articuladores, a quem inclusive caberia a designação do movimento, com o artigo "A poesia da penumbra", publicado em 1921 n'*O Imparcial*.[162] Vive-se agora um momento de arrefecimento ideológico do nacionalismo que Sérgio Milliet estende para todos os grupos modernistas como condição imprescindível. Ao mesmo tempo em que se procura incluir a linguagem de *Toda a América* entre os discursos da "família dos épicos", exagerando-se as referências à absorção da vida total, ao gosto heroico da conquista, ao misticismo do perigo e à metafísica da luta, Paulo Prado manifesta a intenção "de estudar no livro de Ronald de Carvalho uma etapa do périplo americano e continental iniciado há mais de meio século pelo gênio de Whitman". Dirá mesmo que a partir desse instante iniciamos a reconquista da nossa própria liberdade: na obra de Ronald nasce o brasileiro, pois é a partir dela que "desenlaçamos as cadeias que nos prendiam às raças primitivas e sacudimos aos poucos as influências subconscientes que nos aparentavam ao Selvagem, à Criança e ao Macaco".[163]

[162] Osvaldo Orico, de acordo com Ribeiro Couto, reafirmaria a designação de Ronald, publicando no mesmo jornal o artigo "A penumbra na poesia". A partir de então, José Augusto de Lima e Pedro Motta Lima, dois redatores d'*O Imparcial*, passariam a falar em penumbrismo. Ver Ribeiro Couto, "O penumbrismo é uma pilhéria", *Novíssima*, n° 4, mar./abr. 1924, pp. 26-30.

[163] Paulo Prado, "Toda a América", *Terra Roxa e Outras Terras*, n° 4, mar. 1926, p. 1. Ver também sobre o momento os artigos de Sérgio Milliet na seção "Poesia" da mesma revista, particularmente os números 4, de março de 1926, e 6, de julho do mesmo ano, e o artigo de Agripino Grieco, "*Toda a América* de Ronald de Carvalho", na *Gazeta de Notícias* (14/2/1926).

O encanto do novo

Já agora pouco importa assinalar, como fez Afonso Arinos de Mello Franco, que o "canto do invasor vitorioso que admira a beleza, não percebe a dor escondida": essa força que, no dizer do crítico, "nos aturde mas não consola, porque separa o sujeito do objeto, dando-nos a impressão de que o poeta está situado fora do tempo",[164] essa força, agora, já manifesta de modo inequívoco a presença do reformismo antirrenovador com que as elites dirigentes marchariam para a Revolução de Outubro na disposição de sustentar um diálogo paralelo com as forças de oposição que ameaçavam, na outra ponta da dissidência, as estruturas retrógradas que legitimavam o poder de mando das minorias dirigentes na Primeira República. De um modo agora inegável, vemos repercutir na literatura o confronto que Raymundo Faoro detectou na crise de hegemonia que marcou, no período, a retração das elites no poder, ou seja: a polarização do conflito entre o "nacionalismo da ordem" e o "nacionalismo da desordem" como alternativa em que se debatia a remodelação institucional do país. Se, de um lado, o curso das novas ideias tendia a vigorar as manifestações do liberalismo individualista, que já a partir do primeiro decênio convivia com a incorporação do proletariado à sociedade, o surto da imigração, a difusão do anarquismo, a sublevação dos tenentes, a eclosão do Modernismo e a fundação do Partido Comunista, de outro, "o nacionalismo da ordem, inquieto com a balbúrdia dos quartéis, das ruas e dos demagogos, quer disciplinar as novas correntes sob a chefia reformada".[165]

Um ensaio de Tristão de Athayde acerca das tendências literárias do período mostra bem o instante em que as águas se separam, indicando elementos que ajudam a compreender melhor o brado liberal e reformista de *Toda a América* em sua natural conversão ao nacionalismo da ordem, parafascista e disciplinador, na expressão de Faoro, que o extrema lucidamente das intenções socialistas para as quais evoluiu o nacionalismo da desordem. Na obra de Ronald, estaria a síntese da primeira tendência que vinculava o ideário dissidente ao pensamento de Graça Aranha. A ideia de que "vivemos ingurgi-

[164] Afonso Arinos de Mello Franco, "Ao redor de *Toda a América*", *Revista do Brasil*, n° 1, set. 1926, pp. 29-30.

[165] Raymundo Faoro, "Mudança e revolução", em *Os donos do poder*, 2ª ed., vol. 2, Porto Alegre, Globo, 1976, pp. 672-82.

tados de terrores, de duendes ou de imitações", impondo a galvanização urgente de toda essa inércia, anunciava já a historicidade radical de um povo que se recusava a viver como vencido, quando tinha tudo para ser vitorioso. A necessidade de "sacudir o mistério verde das florestas" coexiste com a projeção do futuro civilizado da nação, numa nova ordem positiva em que "o indivíduo afirme vitoriosamente a sua personalidade, a razão expulse a fé e o instinto governe a razão". Esse nacionalismo do Brasil que precisa "viver violentamente a sua vida" exige igualmente "a estilização violenta e livre do seu meio, transformado pela civilização e pela máquina" e impulsionado pelo vigor dionisíaco da mocidade e pelo dinamismo de sua estética. Por isso, constitui uma tendência à parte e ostensivamente contrária ao movimento modernista de São Paulo, que decidiu fechar as portas tanto ao passado quanto ao futuro, recusando a técnica e a cultura, o dinamismo e o progresso, para "começar tudo por nós mesmos", aniquilar para refazer, "descivilizar-se, destruir o que foi feito, para construir uma obra nacional: ao invés da instrução, o analfabeto; no lugar do branco que nos civilizou, o mulato; em lugar do requinte artificial da inteligência, a estupidez; ao invés das formas literárias cristalizadas, o caos, a captação dos elementos inconscientes nativos, formados ao acaso, profundos", — movimento em que o modelo é o primitivismo, e a estética, "a falta de estética".[166]

Um giro atrás, e veremos que no rastro do poeta construtor de *Toda a América* vinha se articulando surdamente a densa metáfora do poder já vislumbrada, pela altura de 1919, nos versos marciais de *Thabor*, de Plínio Salgado. Menotti del Picchia nos fala agora, em *Chuva de pedra*, dos heróis argivos recamados de prata que saltam da *Ilíada* para mergulhar no coração da terra e fecundar a vontade de escrever poemas sobre as façanhas de Dioguinho. Num passe de mágica, o Caapora expulsa os deuses emigrados, enquanto os sacis mordem o pescoço dos centauros, consagrando a onipotência dos manitôs selvagens. O canto da pátria reflete nas águas de ânsia encarcerada a metáfora crescente do rio pioneiro, que tem sede de liberdade, odeia a imobilidade e encarna

---

[166] Tristão de Athayde, "Tendências", em *Estudos*, 1ª série, Rio de Janeiro, Terra de Sol, 1927, pp. 11-9.

"[...] a ânsia do acaso
contida no desespero de um prisioneiro [...]"

A procura do Ímã verde traz a canção do Ódio e o cântico da Vingança, que saúdam no vigor nacional o monstro verde em cujos músculos explode o desespero da evasão libertária que motiva, nos *Borrões de verde e amarelo*, de Cassiano Ricardo, a conversão dos filhos do sol, do luar e da noite (os índios, os lusos e os negros) em profetas da liberdade e bandeirantes do século XX.[167] As perspectivas, então, já se integravam e, ao tropel desenfreado dos cavalos de Iguaçu, viria juntar-se na linha do horizonte o estalar do chicote que incendiava o passo selvagem da Anta convertida em totem.

O TRÍPTICO E O MITO

Numa advertência dirigida aos intelectuais do país em 1927, Plínio Salgado denuncia a absoluta falta de coragem que os impedia de pensar a relação entre o seu projeto estético e o referente social e político que nele considerava implícito. Atribuindo a grave omissão à infinita vaidade com que sempre se mantiveram à margem das questões mais amplas que interessavam à vida da nação, o seu libelo na verdade coincide com a nova atitude assumida pela dissidência ilustrada nesta fase de intensificação ideológica do reformismo inspirado na ordem, que sucedeu o longo período de convivência panfletária com as vanguardas: assumir a direção doutrinária do movimento renovador e abrir, a partir de agora, um combate sistemático ao espírito anárquico das outras vertentes do Modernismo.[168]

A intenção de dirigir a sua crítica aos intelectuais do passado não elimina, contudo, o desejo maior de obstruir o caminho dos modernistas "da desordem". Se, por um lado, responsabiliza os primeiros pela manutenção de um clima artificial, que subordina a vida à literatura e considera, por isso, que a sua obra, como a sua presença, além

---

[167] Menotti del Picchia, *Chuva de pedra*, e Cassiano Ricardo, *Borrões de verde e amarelo*, ambos editados em São Paulo, pela Editorial Helios, em 1925.

[168] Plínio Salgado, "Aos intelectuais do meu país", em *Literatura e política*, São Paulo, Editorial Helios, 1927, pp. 5-6.

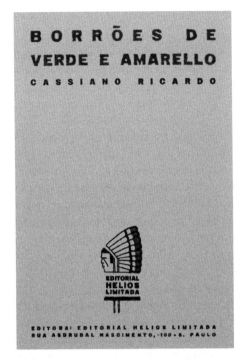

Capa do livro *Borrões de verde e amarelo*, lançado em 1925 por Cassiano Ricardo (1895-1974), autor cuja trajetória poética sofreria várias inflexões ao longo do tempo, passando da mitologia indigenista à bandeirista; em seguida, à introspecção na década de 1940, chegando a incorporar procedimentos da poesia concreta em livros como *Jeremias sem chorar* (1964).

de inexpressivas, são absolutamente inúteis à vida da coletividade, não deixa, por outro, de minimizar o projeto dos jovens de São Paulo. A estes, dirá que não basta ao escritor coletar canções, danças, modalidades linguísticas, episódios ou lendas da terra: tudo isso — acrescenta —, apesar de útil, é também inexpressivo e, como a literatura, não viverá, "pois o autor não viveu essas manifestações de humanidade fora dos gabinetes".[169]

Em ambos os casos, a ressalva ganha contornos de caricatura, armando-se aí um confronto entre a energia do intelectual-redentor das minorias ilustradas e a ineficiência do intelectual-possuído de si mesmo, o visionário que, segundo ele, dava o tom dispersivo ao pensamento nacional. Ao fazer a balança pender para o lado dos modernistas da ordem, Plínio Salgado não só delineia o perfil ideológico de um novo intelectual que, a seu modo de ver, viria completar o projeto renovador do movimento dissidente, como também abre um novo

---

[169] *Idem, ibidem*, pp. 6-9.

caminho para a consciência do poder que via na interação entre "a personalidade e o meio" uma forma de recuperar a expressão local das forças condicionadoras que nos identificavam. No Verde-Amarelismo as duas vozes se integravam, harmonizando o progresso e a força em busca da "Grande Véspera de um definido pensamento nacional, que tomará com mão forte o lugar que lhe compete na evolução política e social brasileira".[170]

Os limites, porém, permaneciam esfumados. Entre o espaço da obra e a projeção social e política desejada, "o conhecimento de que somos o anseio da nossa gente e as necessidades do País" entram como categorias dependentes de uma vivência ambígua, em face da qual se manifesta a consciência íntima do escritor. Pouca coisa se antecipava ao delineamento geral da estratégia ideológica do reformismo dissidente. Do mesmo modo que, no projeto renovador naturista, a aproximação entre o intelectual e o meio se valia da expressão heroica das elites para propor a regeneração cultural e estética das massas, o cosmopolitismo de João do Rio não se sustentou sem um projeto que buscasse integrar a visão itinerante do *flâneur* à fala do homem do povo. E se entre o nacionalismo jacobinista dos periódicos do segundo decênio e a afirmação dos ufanismos da força e da disciplina que eclodiram em 1919, foi preciso interpor a mediação pseudofuturista de Graça Aranha, convém reconhecer que a utopia da libertação proposta em *Toda a América* surge como um último polo de retração ideológica a partir do qual será possível restaurar o mito da democracia e definir as novas relações entre a literatura e a política.

A aparente preocupação com a indiferença do povo pelos destinos do país permite a Plínio Salgado uma nova alternativa para tentar superar o que ele considera a incompreensão mútua de três grandes forças: o "homem de letras", o "homem de Estado" e o "homem do povo". Coordenar esses "elementos vitais" é tarefa que considera possível a partir do momento em que se dá a "queda da Velha Literatura". Veremos, porém, que ao tomar o Modernismo da ordem como um marco de integração entre a literatura e o meio, estará na verdade retomando o itinerário da "síntese" ou da "identidade integral" que serviu de base a quase todos os manifestos das fases anteriores.[171] Ou

[170] *Idem, ibidem*, p. 13.

[171] Ver "Diretrizes da nova geração", em *Literatura e política*, p. 20.

Transitando entre a política e a literatura, as obras iniciais de Plínio Salgado (1901-1975), apesar de influenciadas pelo espírito da Semana, já apontavam para os ideais autoritários que assumiria posteriormente, ao tornar-se líder do Integralismo e fundador da Ação Integralista Brasileira.

seja, nele o sentido comum é igualmente o da ânsia por uma afirmação própria, com a diferença de que esta agora virtualiza o modelo do intelectual independente, que contribuiu para que o autoritarismo das elites se firmasse cada vez mais junto ao poder, no qual se sustenta graças ao pacto mantido com os segmentos militares que garantem o regime. Através de seu prestígio é que a busca da *identidade integral* pressupõe agora a retomada dos "imperativos históricos, étnicos, cósmicos e sociais". Sem perder de vista o quanto deve à pregação dissidente de Euclides da Cunha, Elísio de Carvalho, Oliveira Lima, Eduardo Prado, Graça Aranha, Ronald de Carvalho, Cassiano Ricardo e Menotti del Picchia, verá em cada um deles um representante "da grande revolução literária que tanto concorreu para a libertação do espírito da nova geração brasileira".[172]

---

[172] Plínio Salgado, *O Integralismo na vida brasileira*, Rio de Janeiro, Livraria Clássica Brasileira, s/d, p. 26, e "Panorama mental brasileiro", em *Literatura e política*, São Paulo, Editorial Helios, 1927, pp. 24-40.

Por esse viés, adere ao projeto dos dissidentes e estabelece o primeiro balanço das atividades do grupo, atribuindo-lhe algumas conquistas que considera importantes nesse momento de transição para as novas ideias. Segundo Plínio, foi esse projeto que permitiu uma noção mais exata das nossas diretrizes sociais, delimitando "nossas áreas morais" e "tentando tomar uma posição no mundo". Ao procurar novas formas de expressão, acabou por definir também um novo ritmo na forma e nos motivos. Verá nessa perspectiva um "processo de aclimatação" que aproxima as teses do Modernismo das teses do Romantismo: tal como se dera com os dissidentes do século XIX, "a forma mais ou menos individualista do Modernismo europeu ganhou aqui uma amplitude nacional", em virtude exatamente da "coincidência política do fenômeno nacionalista que aqui se refletiu, acordando velhas energias, do mesmo modo que, há cem anos, a organização das nações americanas coincidiu com o acontecimento literário universal". Isso explica que Cassiano Ricardo, Ronald de Carvalho e Menotti del Picchia renovem agora o itinerário de Magalhães e Gonçalves Dias, transformando o Verde-Amarelismo num autêntico painel em que se projeta "a arte do Brasil com consciência quase definida".[173]

Contribuiu para isso, a seu ver, o intenso combate das primeiras etapas do movimento dissidente, particularmente a valorização do individualismo exaltado de Nietzsche, que os novos souberam fazer desbordar da concepção direta do super-homem, para adaptá-lo à ânsia de nos afirmarmos como "Supernacionalidade". A alusão à plataforma da "geração dos que nasceram com a República" é um modo de valorizar esse novo contexto em que começa a se harmonizar "o conjunto de fatores que entram na formação do Homem Brasileiro". Ao desenvolvimento da nossa faculdade de generalização, corresponde agora uma consciência da necessidade de sínteses precisas, que se manifesta na integração de políticos e intelectuais numa autêntica frente única, a partir da qual a literatura "dava o primeiro passo para a compreensão de realidades que tinham sido vislumbradas por meia dúzia de cérebros privilegiados". O resultado mais expressivo, segundo Plínio, é que pela primeira vez no Brasil as artes se dirigem para um projeto comum cujas leis procuram submeter-se, como a concretizar os velhos postulados de Graça Aranha, "aos mesmos ritmos im-

---

[173] Ver "Panorama mental brasileiro", em *Literatura e política*, pp. 28-9.

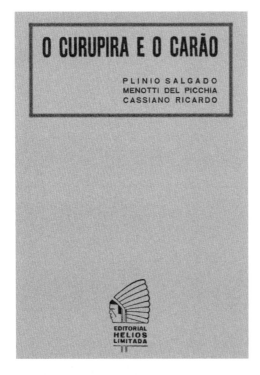

Capa de O *curupira e o carão* (1927), de Plínio Salgado, Menotti del Picchia e Cassiano Ricardo — livro que delineia os valores defendidos pelo Verde-Amarelismo.

perativos dos tempos modernos e às mesmas fatalidades da terra e do homem".[174]

Delineia-se, assim, um novo manifesto, que parece ganhar corpo já em 1927, quando, em companhia de Menotti del Picchia e Cassiano Ricardo, Plínio Salgado publica em São Paulo o texto-libelo *O curupira e o carão*, com a intenção de pôr em confronto o presente e o passado, simbolizados nos traços de oposição entre os dois entes: o curupira, "ágil, matinal, onímodo", representando o "espírito novo"; o carão, "cinzento, velho, encorujado", figurando como o "espírito velho".

Identificado com a vitória de 22, a vitória do Curupira sobre o Carão anuncia o aparecimento do Verde-Amarelismo como terceira corrente modernista, a que se opõe "ao extremismo de Mário e ao perfil heresiarca de Oswald" (ao qual reserva "uma morte de São Barto-

[174] *Idem, ibidem*, pp. 36-40.

lomeu"), para concentrar-se na defesa viva da alma e da paisagem da pátria. Ainda aqui, a intenção dos dissidentes é que dá o tom, com a diferença, agora, de que a proposta de retomar a trajetória das campanhas traz consigo um novo anúncio: o da *Revolução da Anta*,[175] que em linhas gerais antecipa a plataforma do manifesto *Nhengaçu Verde Amarelo*, publicado nas páginas do *Correio Paulistano* em 17 de maio de 1929.

A Menotti del Picchia cabe demonstrar a unidade de orientação do Verde-Amarelismo a partir dos depoimentos "futuristas" que ele, Ronald e Graça Aranha leram no Teatro Municipal, na noite de 17 de fevereiro de 1922. A preocupação de acentuar a índole "ordeira e pacífica" do movimento convive com a intenção de integrar-se à "vida policiada, violenta e americana de hoje". Opor ao passado uma atitude de reação conduz, assim, à definição de uma "estética guerreira" que ainda uma vez utiliza a noção do progresso em que se projeta o espectro da vida moderna para voltar ao tema da renovação temática, necessário também agora para sustentar "a ideia geral de libertação contra o faquirismo estagnado e contemplativo que anula a capacidade criadora".

A insistência num programa uniforme, baseado na "força centrípeta de identidade técnica e artística", abre caminho para a circularidade destruidora que vê na literatura do passado a expressão de um ciclo morto na história do homem brasileiro. No curso do "Zé-pereira canalha" que se organiza "para dar uma vaia definitiva e formidável nos deuses do Parnaso", vai a intenção de dar ossos, músculos e nervos à prosa e ao verso. "Escrever com sangue — que é humanidade; com eletricidade — que é movimento, expressão dinâmica do século; e com violência — que é energia bandeirante", eis, segundo Menotti del Picchia, as condições para que o movimento dissidente atualize o fundo épico da nossa arte, cantando, por exemplo, "a ilíada brasileira do industrial de visão aquilina que amontoa milhões mais vistosos do que os de Creso ou a de Edu Chaves [que] reproduz com audácia paulista o sonho de Ícaro".[176]

---

[175] Plínio Salgado, Cassiano Ricardo e Menotti del Picchia, *O curupira e o carão*, São Paulo, Editorial Helios, 1927, pp. 10-5.

[176] Menotti del Picchia, "Arte moderna", em *O curupira e o carão*, São Paulo, Editorial Helios, 1927, pp. 19-28.

Preocupado em voltar-se para a tragédia moderna da cidade, o Verde-Amarelismo, como assinala Menotti, não se detém apenas no tédio "ao pieguismo lírico e lamecha do parnasianismo e da poesia arcaica". Obedecendo à técnica de convivência mediante a qual o pensamento dissidente se aproximou das vanguardas, mantém uma aliança tática com "os ultraístas do futurismo", com a finalidade de aproveitar-lhes "o erostratismo e a violência". "É claro — observa Menotti, em nome do grupo — que não era objetivo de Cassiano, de Plínio, de Ronald e de Renato Almeida fazer tanto ruído para acabarem acaudilhados por Cendrars, Apollinaire e Max Jacob": postos de lado os futuristas, foi possível então chegar aos objetivos que integravam a corrente verde-amarela na trajetória reformista da ideologia ilustrada, ou seja — retomar na tradição nativista "o filão de ouro do genuíno pensamento nacional", enriquecendo-a com o trabalho histórico da raça e escavando, na liberdade intelectual, as formas de escapar "à escravidão estrangeira" e encontrar "os processos expressionais capazes de traduzir nossa paisagem e nossas emoções".[177]

A contribuição de Cassiano Ricardo é tecer algumas considerações sobre esse "nacionalismo literário", lembrando alguns aspectos que também retomam parte das reflexões contidas nos manifestos anteriores. O primeiro deles nega o conceito de que a arte seja uma categoria *supra tempus* e *supra locus*. A partir de Maritain, entende que só terá características originais a produção artística cultivada em ambiente próprio, função que, no Brasil, estaria reservada aos jovens do movimento Anta. Para estes, Cassiano anuncia o objetivo de manifestar a nossa originalidade não a partir do que somos no presente, mas sim a partir do que "temos de mais profundamente vital como originário: desde a anta que abriu caminho ao exército empenachado para a conquista da tupiretama (originalidade originária) ao imigrante de todas as pátrias que forma o primeiro plano da nossa perspectiva racial (originalidade presente)".

Num segundo aspecto, procura desbastar o ideário verde-amarelista dos vícios que marcaram as etapas precedentes do movimento dissidente, recusando, por exemplo, o nacionalismo patrioteiro e isolacionista, para pôr em seu lugar um nacionalismo mais lógico e mais direto no contato com a humanidade. Esse nacionalismo "conhecedor

---

[177] Menotti del Picchia, "Nossa orientação", em *O curupira e o carão*, pp. 58-62.

O encanto do novo

das nossas realidades existenciais" procura, agora, viver um Brasil direto e prático, substituindo o velho tema do "providencialismo da terra que dava tudo" pela exata compreensão do que somos "dentro dos fatores geológicos que circunscrevem o surto da nossa energia construtivista nesta violenta conquista de uma civilização tropical".

Um terceiro aspecto importante na participação de Cassiano Ricardo é o da análise das condições que separavam o Verde-Amarelismo "dos outros modernistas", particularmente o grupo radical paulista de Mário e de Oswald. Argumenta Cassiano que, enquanto estes tinham na literatura "uma função dos nervos" e "uma flor de luxo", querendo descobrir o Brasil pelo começo, persistindo adeptos da cultura importada e contemplando o Brasil de longe, os jovens do grupo Anta lutam por uma cultura americana e brasileirista, olhando o Brasil de dentro e de perto, fixado racial e mentalmente aqui mesmo em nossa terra.[178]

Em meio ao retorno de velhas palavras de ordem da dissidência (a democracia como retórica, a personalidade própria do povo e da cultura, a exclusividade do material para chegar às fontes), é verdade que permanece ainda a recusa da elaboração intelectual das obras, a que se junta agora uma nova concepção ufanista do futuro, para a qual o Brasil, de todos os povos do mundo, prossegue sendo aquele em que a vida pode ser traduzida numa nova humanidade, passível ainda de ser surpreendida "em sua fonte de elaboração misteriosa, do mesmo modo por que os poetas da antiguidade se surpreenderam nos tempos límpidos, feitos de indecisão e de alvorada".

O que, no entanto, retirar desse imenso mundo de "material inédito"? Explorando a tragédia cósmica do Amazonas; o drama da dispersão de todas as raças, que deverá cessar para que surja o "homemsíntese"; a riqueza do nosso idioma "sem cultura de filósofos e sem ódio de gramáticos" e o mundo verde da teogonia indígena, "com suas criações de infinita poesia e com seus símbolos de incomparável verdade humana", o Verdamarelismo procura captar as mil feições do Curupira. A visão flagrante da realidade em mudança, retomando o projeto de Elísio, João do Rio e Graça Aranha, permanece ainda ao encalço da nossa identidade. "Todas as obras de arte ou de pensamento — nos diz Cassiano — serão verdadeiras quando fixarem a vida em

---

[178] Cassiano Ricardo, "Originalidade ou morte", em *O curupira e o carão*, pp. 43-53.

Dois membros do grupo dissidente, Menotti del Picchia, à esquerda, e Cassiano Ricardo, à direita, aparecem no flagrante que tem, ao centro, as figuras de Gilberto Freyre e José Lins do Rego.

seus momentos de contínua mudança, caracterizados por marcas exteriores que os assinalam de modo típico". A intenção agora é surpreendê-la "que nem um caçador, com um golpe apenas de instantaneidade" que remergulha na poética da transfiguração, ao procurar, de um lado, ter "a clara noção do seu estado interior e das mudanças operadas nas coisas que o rodeiam" e, de outro, marcar no Curupira "o grande símbolo da unidade nacional, síntese de unidades étnicas, de identidades humanas e de características de idades".[179]

Para esse nacionalismo que se alinha ao lado de uma "mentalidade construtiva e prática", recusando tanto a cultura dos livros quanto os males do analfabetismo, a natureza física e a natureza humana são formas diferentes do grande Todo em que se reflete a unidade

---

[179] Cassiano Ricardo, "O curupira e o carão", em *O curupira e o carão*, pp. 68-9.

universal. O tom integralista que procura pôr em confronto a grandeza do Todo e a gravidade dos males que afligem a nação dispensa o Estado de outra função que não seja integrar a pátria em si mesma, ainda que isso não garanta a plenitude da liberdade dos cidadãos. Sob este aspecto, a unificação espiritual do país, a exemplo dos frutos da unidade territorial conquistada pelos bandeirantes, impõe-se como tarefa inadiável a partir da qual será possível invocar a grandeza do destino que nos está reservado.[180]

Plínio Salgado aprofunda esse leve esboço de hegemonia. Tomando São Paulo como foco irradiador do movimento nacionalista na arte brasileira, pois daqui sairá, segundo ele, "o primeiro tipo estável de raça definitiva", descartará o intelectualismo dogmático que, a meu ver, contaminou o movimento modernista. O interesse por uma visão estética que resulte da "íntima comunhão das almas" reacende o preceito dissidente da linguagem misteriosa da arte, "feita de imponderáveis tonalidades e revestida pelas formas e cores de todos os idiomas e de todos os estilos". O retorno ao "senso íntimo" que opera como supremo juiz em coisas de estética nutre-se uma vez mais do "índice representativo do instante coletivo", para enfatizar a estreita relação entre a arte e o momento em que é produzida.

Dinamizar essa relação é reconhecer que ao artista cabe apreender o espírito de sua época, que Plínio considera uma expressão universal da "Grande Alma" que atravessa os tempos. Nacionalismo e universalização do pensamento impõem-se, assim, como sinônimos, na medida em que o homem só pode apreender a marca coletiva de seu tempo no ambiente em que vive, relacionando-se, de forma indireta, com a comunidade indistinta de todos os homens. A intenção, como se vê, é nacionalizar de forma genérica as manifestações espirituais do homem. "Em arte — assinala —, pátria é tão somente uma focalização objetiva. O retângulo da janela em que se enquadra um trecho do panorama da Humanidade", de tal forma que o culto de um país surge como consequência direta de processos determinados por um ideal superior aos desígnios humanos.

A justificativa de que toda arte é nacionalista serve de pretexto para subordinar a busca do ritmo universal a uma ostensiva recusa da influência europeia, que se impõe como condição indispensável ao

---

[180] Cassiano Ricardo, "Nem Rui nem Jeca", em O *curupira e o carão*, pp. 87-90.

êxito do espírito de independência, fundamental para sentir e compreender o Brasil de uma nova perspectiva.[181] A referência a uma "Academia Verde e Amarelo", distante da poesia fragmentária de Oswald, "servida à francesa", e despeitada por ter Mário descoberto o Brasil ao acaso em 1922, propõe-se como um primeiro passo nessa direção. Raul Bopp, um dos intelectuais identificados com a nova mentalidade, por ter viajado todo o Brasil e ostentar o mérito de jamais ter ido à Europa, surge como uma espécie de modelo perfeito. Encarnando o bacharel que não se adapta aos gabinetes e "o poeta que não usa rimas", simboliza, como assinala Plínio, "o Verdamarelismo ambulante". Inspirada no seu exemplo, a "Academia Verde e Amarelo" só admite espíritos antiacadêmicos e exige como primeira condição para ingresso que o candidato não seja literato.

Na verdade, é a partir dela que o pensamento ilustrado manipula a intangibilidade do fenômeno estético, vinculando-a a um determinismo inquestionável da condição humana. Nesse sentido, ao mesmo tempo em que considera ridícula a pretensão de ser brasileiro por atitude, substituindo-a pelo lema de ser brasileiro por fatalidade, o Verde-Amarelismo inutiliza a reflexão sobre a arte enquanto instrumento capaz, por si mesmo, de problematizar as contradições do homem local. Perante o universo das imagens e o discurso da convenção, o que importa é a decisão de não se submeter às convenções alheias, dado que prevalece o pressuposto de que "a arte não é".[182]

Resulta daí que entre o programa e a ação interpõem-se duas linguagens opostas: enquanto uma procura engendrar uma atitude revolucionária a partir da exclusão dos grupos de vanguarda que ameaçavam o revanchismo nativista mergulhado nos valores da tradição, a outra acena para um novo compromisso com o homem e a cultura local, mantendo-os na condição em que estão, sob um regime de liberdade vigiada baseado nas aspirações hegemônicas do pensamento conservador, liberal e discricionário, antieuropeu e elitista, ilustrado e refratário ao aprofundamento da consciência crítica.

A Revolução da Anta surge como uma carta de princípios a consagrar essa atitude, não apenas pelo fato de materializar na concepção

---

[181] Plínio Salgado, "Arte brasileira", em *O curupira e o carão*, pp. 31-41.

[182] Plínio Salgado, "Carta verdamarela", em *O curupira e o carão*, pp. 71-80.

do totem as aspirações do povo, mas sobretudo porque se utiliza dele para divulgar o sentimento revanchista do grupo. Ao sangue do animal sagrado que fertiliza as veias dos guerreiros tupis, fortalecendo neles "as virtudes totêmicas da raça", corresponde a analogia simbólica da liderança político-cultural dos dissidentes verde-amarelos. O tema do índio soberano e titular da terra, "base da formação nacional [...] e da Raça Futura, que sairá do casamento de todas as raças imigrantes", transforma-se num outro símbolo de integração do meio cósmico e do meio étnico proposto pelo grupo de Graça Aranha, com a finalidade, agora, de expandir sua influência nos próprios centros urbanos, atuando como agente modificador do caráter estrangeiro.

A Anta, segundo Plínio, "será uma espécie de denominador comum das expressões fracionárias do conjunto étnico brasileiro", ou seja: tudo se reduzirá, a seu ver, a um "caminhar uniforme para a realização de um tipo futuro americano" cujo perfil moral, estético e político confronta desde já com algumas tarefas decisivas. Do ponto de vista moral e estético, *A Revolução da Anta* anuncia a completa liberdade de pensamento que utilizará a força da tradição para transformar a "nação fêmea" numa comunidade intelectualmente viril, em busca de seu "senso de independência" e do advento futuro do Poeta, do Chefe, do Iniciado.

O lançamento de um novo pensamento visa a preparar o "senso da nacionalidade" através de "uma guerra contra tudo o que, inculcando-se brasileiro, seja essencialmente estrangeiro", tarefa que só será possível, como assinala Plínio, quando a vida urbana for absorvida pelo espírito rude do sertão, manancial das grandes reservas nacionais que descobriu nos livros de Oliveira Vianna.[183] Essa alma primitiva e simples propõe-se agora como uma "alma ao alcance da totalidade humana", num tempo novo em que a pluralidade se apresenta como uma "condição fatal do sentimento estético". Como a vida se transmuda à proporção que surgem à flor das consciências as marcas do inconsciente coletivo, cabe-lhe acompanhar o ritmo das transformações que a vida moderna impõe à vida coletiva, mantendo sempre uma distância prudente das vanguardas europeias, todas elas absolutamente desvinculadas, conforme Plínio, do "largo papel civilizador e fraternizador da Arte".

[183] Plínio Salgado, "A revolução da Anta", em *O curupira e o carão*, pp. 92-7.

Entre o Verde-Amarelismo e as demais vertentes do Modernismo a falácia do sentimento solidarista uma vez mais se interpõe como suposta diferença. Na verdade, ao sustentar a extemporaneidade do Futurismo, o traço experimental e generalizante do simultaneísmo, o ranço acadêmico do Cubismo e os abusos do Dadaísmo, a intenção do movimento Anta é estabelecer um limite à liberdade de concepção e de formulação crítica que, de acordo com os manifestos do grupo, caracterizavam a subversão e a anarquia dos modernistas entusiasmados com a Europa. Daí por que reduzir a contribuição desses movimentos a uma mera "capacidade de inventar", sob a alegação de que toda invenção é filha da inteligência, "a grande inimiga da Arte". "Uma invenção — observa Plínio Salgado — é muito menos que um descobrimento", e, segundo ele, aí reside a diferença entre o Verde-Amarelismo e os modernismos da desordem: enquanto aquele decorre "de um determinismo histórico, de contingências ocasionais, de circunstâncias criadas por uma soma prodigiosa de fatos", estes não passam de "uma proposta pessoal de aperfeiçoamento".

Mais próximo da visão intuitiva que recusa as fórmulas e não se limita a deduzir mecanicamente a partir do real, o espírito descobridor sabe que "a arte deve ser cega para ver e que, quando ela abre os olhos, o mundo desaparece". Sabe ainda que, em estética, a convenção nega o sentimento humano, sobretudo num momento em que "é preciso confessar sinceramente que estamos procurando de olhos fechados".

Como nas teses do naturismo de Elísio de Carvalho ou do objetivismo dinâmico de Graça Aranha, persiste a busca das vozes misteriosas do inconsciente nacional, o como seremos e o que somos, as duas maiores questões. E exatamente como na pregação do poeta construtor de *Toda a América*, retorna-se à utopia da síntese, do "misterioso senso divinatório" que fará com que nos identifiquemos, aos poucos, uns aos outros.[184] De tal modo que, quando surge, em 1929, o manifesto *Nhengaçu Verde Amarelo* pouco acrescenta às diretrizes d'*O curupira e o carão*, dadas a público dois anos antes. Nele persiste a tese central da absorção do tupi pela gente nova, gerando uma prodigiosa força humanitária e transformadora. O nacionalismo integrador e sentimental concebe a nação como "uma resultante de agentes históricos" que interagem em condições de igualdade. Sua fi-

---

[184] Plínio Salgado, "O conceito dinâmico da arte", em *O curupira e o carão*, pp. 99-108.

losofia é a não filosofia, ou seja: a transformação do pensamento estrangeiro através da passividade ostensiva, da não declaração de guerra. Num país de imigração que acredita ser, por razões geográficas e econômicas, o refúgio da humanidade, a ideia de construir a pátria comum através do elemento catalisador da raça tupi surge como uma espécie de pressuposto decisivo na realização futura da concórdia universal, cujo instrumento histórico está no advento da "raça cósmica", uma espécie de símbolo renovado do solidarismo naturista que sairia das bacias do Amazonas e do Prata para concretizar as esperanças da confraternização dos homens. A ausência de preconceitos de religião e de raças, a recusa a "toda e qualquer sistematização filosófica" que resvale pelas "fórmulas arbitrárias da inteligência" dão lugar uma vez mais ao projeto da "liberdade plena de cada um ser brasileiro como quiser e puder", com a condição "de interpretar o seu país e o seu povo através de si mesmo, da própria determinação instintiva". Para tanto, a adesão a todas as instituições conservadoras impõe-se como único limite, pois é no cerne de seu conjunto que se fará a inevitável renovação do Brasil, exatamente como fez, "há quatro séculos, a alma de nossa gente, através de todas as expressões históricas".[185]

Cabe lembrar que o prefácio à primeira edição d'*O estrangeiro*,[186] de 1926, concentra na personagem Ivã a consciência de todos os nossos males. Síntese de todas as personagens, é esse idealismo que acompanha a sua trajetória, ameaçada "pelos ceticismos cruéis, em face do utilitarismo ambiente e do preconceito esmagador". Na sua fala programática, que se orienta pela mesma técnica da linguagem cifrada dos romances de Graça Aranha ou da poesia modernista de Ronald de Carvalho, delineia-se a imagem do futuro em gestação, em que "tudo é indistinto e mudável", antecipando, em seu contorno instável, uma espécie de metáfora ufanista do redescobrimento, que alimenta o sonho de Juvêncio de encontrar a alma da pátria, onde estaria a chave do nosso enigma. Ante os seus olhos, o Paiaguá, demônio do mato, monta no Caapora e combate o colonizador no coração do país, anunciando a nação integral de que estará excluído, cercado de um exército de sósias inúteis em que se fragmenta a sua fragilidade, a fra-

---

[185] Ver *Nhengaçu Verde Amarelo* (*Manifesto do Verde-Amarelismo ou da Escola da Anta*), *Revista do Livro*, nº 16, dez. 1959, pp. 198-202.

[186] Plínio Salgado, *O estrangeiro*, São Paulo, Editorial Helios, 1926.

gilidade do estrangeiro incapaz de compreender a linguagem da terra, indeciso entre mil formas de ser e pulverizado ante o espírito hegemônico do Novo Mundo, que não soube, afinal, compreender.

Por esse tempo, a tendência para desbastar os males que comprometiam a nação, ressentindo-se de um espírito superior de disciplina e de ordem que servisse de respaldo ao espírito reformista do ideário dissidente, encontra em Paulo Prado o seu modelo exemplar. Num momento em que Graça Aranha saúda a vitória do espírito de solidariedade americana sobre o particularismo europeu como um dos sintomas morais mais importantes que resultaram da Primeira Guerra Mundial,[187] Paulo Prado organiza, no *Retrato do Brasil*, uma espécie de inventário do descalabro econômico e político-cultural a que a colonização reduziu o país.

Sob a ideia geral de que faltou a Portugal a verdadeira compreensão histórica e econômica de sua missão metropolitana, o ensaísta faz um retrospecto da aventura predatória e das marcas incuráveis que o colonizador produziu na terra descoberta, rastreando aí a permanência de um estado de apatia cultural que só agora, com o fluxo das novas ideias, será possível reverter. No âmbito do pensamento da dissidência ilustrada não poderiam ter melhor acolhida as reflexões exaltadas que vinculavam a inquietação migratória da era dos descobrimentos ao imperialismo econômico e comercial da Metrópole. O repúdio à indiferença dos descobridores pela terra, o libelo contra o sensualismo e a aventura que converteram o primitivo *locus amoenus* numa espécie de império delirante da anarquia moral e social, como que projetam nova luz retrospectiva no revanchismo nacionalista da escola da Anta.

Na verdade, a visão defensiva com que Paulo Prado estimula a revitalização do corpo amorfo da pátria é quase uma adesão ao radicalismo das teses do grupo. A partir dele, agrava-se a necessidade de transformar a imagem subdesenvolvida da população exausta e doente. Arruinado pela exploração apressada e tumultuária e mergulhado, ainda, num estágio cultural pastoril e agrícola, reconhece-se agora que o país se ressente cada vez mais de uma mestiçagem libertina, compensada apenas pela hipertrofia de um patriotismo indolente que se

---

[187] Graça Aranha, "As tradições da política exterior do Brasil", *A Noite*, 21/1/1928, *apud Pensamento da América*, suplemento pan-americano de *A Manhã*, nº 11, nov. 1943, p. 149.

O encanto do novo

limita a admirar as belezas naturais como se fossem resultado do trabalho do homem. A denúncia do entusiasmo fácil, da indigência intelectual e artística que, premida por uma vida social restrita, converte-se quase sempre na loquacidade inconsequente e na simulação de cultura, vem de encontro à atitude crítica dos novos no instante em que também rechaçam a hipertrofia da imaginação e a exaltação da sensibilidade enquanto marcas de uma extemporaneidade romântica absolutamente inviável para a expressão de um "momento de progresso material e de mentalidade viva e concisa".[188]

A busca da concretização desse reformismo da ordem será, como veremos, a próxima etapa do projeto dissidente. Marchando às costas da escola da Anta, o grupo de Graça Aranha alcançará o decênio de 1930 escorado numa plataforma de sistematização crítica do Modernismo, concentrada sobretudo nas páginas d'*O Movimento*, d'*O Movimento Brasileiro*, de *Lanterna Verde* e das revistas europeias que se encarregavam de dar cobertura à projeção individual de cada um dos membros do grupo, já em plena maturidade e desfrutando de prestígio e influência na vida política do país. Ligada à evolução paralela do Verde-Amarelismo, que então caminhava francamente à sombra de Plínio Salgado em busca do Estado Nacional, a facção dissidente d'*A América Brasileira* manterá uma espécie de contraponto para ajustar a literatura e as ideias em geral ao movimento de retração conservadora com que as elites dirigentes tentarão absorver o impacto da Revolução de Outubro.

[188] Paulo Prado, *Retrato do Brasil*, São Paulo, Duprat-Mayença, 1928.

2.

As galas do armistício

OS LAURÉIS E A NOVA ORDEM: A TRÉGUA

Quando, em 3 de novembro de 1928, Renato Almeida defende, num editorial do *Movimento*, o ponto de vista de que a reforma brasileira não deverá limitar-se ao ambiente puramente estético, assinalando que é preciso que "se alastre e opere a transformação nacional nos seus centros de vida ativa, econômicos e sociais",[1] nos deparamos com os primeiros sintomas da reacomodação do pensamento ilustrado às forças de oposição que, em 1930, assumiriam pelas armas o controle institucional do país. Na verdade, num momento em que estas, vislumbrando, talvez, a possibilidade de lançarem-se na disputa eleitoral, se dirigem aos maiores centros urbanos para sensibilizar os setores médios da população em torno da plataforma liberal, assistimos a um período de tréguas ideológicas que permitirão ao reformismo dissidente matizar pela via democrática o seu compromisso histórico-social com os segmentos conservadores do sistema.

Desse modo, se até aqui a tendência geral foi, como vimos, vincular a discussão da literatura e da sociedade a um desagrado sistemático pelas ideias em voga, a partir de agora o que passa a existir é uma contenção do discurso tradicionalista ou restaurador que, como mostrou Francisco Iglesias, "ignora ou quer ignorar que há um processo que leva à permanente mudança", insistindo em ver a realidade de maneira idílica e perfeita, transfigurando-a sob uma filosofia que se supõe eterna e livre do tempo ou do ambiente, ante o paradoxo redutor que atribui um valor absoluto à história, para concentrá-la nos

---

[1] Renato Almeida, "Amplitude do espírito moderno", *Movimento*, nº 2, nov. 1928, p. 3.

"temas da terra, do meio, da continuidade, da herança, do recurso aos ancestrais; nos temas da associação, que se opõem ao individualismo liberal e que tomam formas diversas: associação natural (a família), associação local (descentralização, regionalismo, gosto do folclore), associação profissional (corporativismo); nos temas morais (a honra, a energia, a responsabilidade, o trabalho benfeito, o patriotismo, a exaltação do heroísmo) e o tema da ordem".[2]

A intenção visível, pelo menos enquanto se mantém a coesão interna do movimento, é preservar o quanto possível a velha tese da precedência intelectual das elites, que leva os dissidentes a reconhecerem agora que as grandes transformações sociais são anunciadas pelo inconformismo das vanguardas, a exemplo do que recentemente ocorria com a Itália e a Rússia. A crítica aberta à adoção do parlamentarismo inglês na época do Império e do federalismo presidencialista americano na República, completa-se com a denúncia do falseamento do regime que questiona agora a legitimidade dos mandatos políticos no Brasil, sob a alegação de que o povo não exerce a soberania da representação política. Daí para a encampação da ideia da reforma institucional urgente que leve em conta a análise profunda dos segmentos sociais, da marginalização dos oprimidos, da distribuição equitativa do regime tributário, da questão agrária, da administração da justiça e da reforma educacional, será um passo.[3]

A verdade é que essa mesma voz que desperta para o fato de que a poesia moderna se volta para a América através da força reveladora de um Cummings, de um Mário de Andrade, de um Oliverio Girondo ou de um Jorge Luis Borges,[4] parece ter percebido a tempo que a tendência para a unificação das oposições conduziria de fato os velhos oligarcas a aceitarem a aliança com os "tenentes" e a via revolucionária acabaria imposta, como efetivamente ocorreu, depois das eleições de março de 1930. Para avaliar o tom da convergência reformis-

---

[2] Francisco Iglesias, "Estudo sobre o pensamento reacionário: Jackson de Figueiredo", em *História e ideologia*, São Paulo, Perspectiva, 1971, pp. 112-8.

[3] Renato Almeida, "Amplitude do espírito moderno", *Movimento*, n° 2, nov. 1928, p. 3.

[4] Ver "Verhaeren e a poesia da América", *Movimento*, n° 2, nov. 1928, p. 7.

ta para as ideias que comporiam mais tarde o ideário da Aliança Liberal, bastaria lembrar, com Boris Fausto, a plataforma da Aliança, lida pelo candidato Getúlio Vargas (de quem alguns dissidentes seriam colaboradores imediatos e a quem conduziriam, depois, à Academia) em janeiro de 1930, na Esplanada do Castelo, na qual se dizia que a Aliança era, "em síntese, a mais expressiva oportunidade que já se ofereceu ao Brasil para realizar, sem abalos, sem sacrifícios, o plano de ação governamental exigido, insistentemente, não só pela maioria consciente de sua população e pelas suas tradições de cultura e patriotismo, como, também, pelo espírito do momento universal".[5]

Note-se, porém, que essa adesão ao foco revolucionário mais próximo, além de revelar uma estratégia ideológica inevitável à dissidência ilustrada, só se manterá enquanto a unidade interna do grupo não for ameaçada. Como observa Francisco Weffort, citado por Boris Fausto, a razão para isso é que tais setores jamais conseguiram, em face de sua dependência da grande propriedade, estabelecer uma atitude política plenamente radical que lhes permitisse formular uma ideologia adequada à situação brasileira.[6] Veremos, de fato, que no momento em que os tenentes se definem por um programa de reformas sociais que se afasta do "velho sonho liberal de simples modificação das instituições políticas", as classes médias urbanas resolvem não acompanhá-los, resultando daí, por exemplo, o isolamento da burguesia paulista, que se bateria, em 1932, pela reconstitucionalização, pelas eleições livres e outras reivindicações liberais.

Um indício de que até esse momento a coesão interna do movimento dissidente estava assegurada, é o fato de que Manuel Bonfim, mais próximo do grupo de Graça Aranha, retoma, com o *Brasil nação* e *O Brasil na América*, uma linha de argumentação que se aproxima das teses de Paulo Prado, este mais ligado aos dissidentes do grupo paulista da Anta. A degeneração provocada pela colonização portuguesa, o aviltamento político do país, a imagem da Colônia oprimida que serve ao programa exclusivo da expansão da Metrópole, são temas que agora retornam, temperados por uma crítica ao nacionalismo enquanto política de feitores, que recusa a conservação do pas-

---

[5] Boris Fausto, "A revolução de 30", em Carlos Guilherme Mota (org.), *Brasil em perspectiva*, 7ª ed., São Paulo, Difel, 1976, p. 236.

[6] *Idem, ibidem*, p. 240.

As galas do armistício   223

sado inútil e abre caminho para um surto revolucionário que, se por um lado parece destoar das aspirações libertárias comuns, não se livra, por outro, do excesso de idealismo que as caracteriza, sobretudo quando insiste na ideia de que o verdadeiro revolucionário é essencialmente um artista em busca de uma das formas superiores de harmonia e perfeição.[7]

A ruptura do pacto social que se verifica a partir do isolamento da burguesia paulista e de seu empenho em resistir e ter sob controle os setores médios urbanos, corresponderá, como veremos, se não a uma cisão, pelo menos a uma reacomodação diversificada dos intelectuais dissidentes ao quadro da nova ordem. Lembremos que o descalabro da crise econômica que se abateu sobre o período, ao mesmo tempo em que trazia um sério abalo ao poder de mando das oligarquias, indiciava, no centro de suas contradições, uma espécie de encruzilhada fatal aos intelectuais comprometidos com a ordem tutelada por aquelas forças hegemônicas. Refletindo sobre a questão, Boris Fausto nos fala do fim do "núcleo socialmente mais coeso da Primeira República", e João Cruz Costa, utilizando uma observação de Nélson Werneck Sodré, aludirá à "encruzilhada bem viva em que devia esvanecer-se o predomínio duma elite de puros letrados, de diletantes dos conhecimentos, de amadorismo vago e dispersivo".[8]

Impõe-se, assim, uma trégua em que os caminhos, afinal, se bifurcam. O grupo verde-amarelo paulista, em torno de Plínio Salgado, resistirá num primeiro momento em nome das tradições de São Paulo e do "gênio e ânimo invicto de Piratininga", para depois ensarilhar armas em defesa do velho sonho do Estado Nacional proposto pelo Integralismo. O grupo de Graça Aranha acomodar-se-á à nova ordem, tendo mesmo alguns de seus representantes, caso específico de Ronald de Carvalho, desempenhado funções burocráticas oficiais sob o novo regime. Ao contrário do grupo paulista, os dissidentes do Rio vinculam a sua trajetória ao pensamento de Alberto Torres, valendo, sob este aspecto, a afirmação do próprio Ronald, segundo a qual "a

[7] Manuel Bonfim, *O Brasil nação: realidade da soberania brasileira*, vol. 2, Rio de Janeiro, Francisco Alves, 1931, pp. 325-59.

[8] Boris Fausto, "A revolução de 30", em Carlos Guilherme Mota (org.), *Brasil em perspectiva*, 7ª ed., São Paulo, Difel, 1976, p. 254, e João Cruz Costa, *Contribuição à história das ideias no Brasil*, Rio de Janeiro, José Olympio, 1956, p. 431.

nossa geração, com essa floração magnífica de escritores, sociólogos, jornalistas, orientados todos no sentido da suprema política de que depende a vida dos povos, é a geração que Alberto Torres sonhou". Para o crítico, o depoimento ganha importância na medida em que assegura aos seus contemporâneos a consciência iluminadora de que "o Brasil reclama o congraçamento de todos os contingentes humanos num grande partido, cuja razão de ser não decorra da política vulgar, mas do estudo e da resolução dos problemas administrativos, econômicos, financeiros e sociais, movimento este que reúna todas as forças econômicas da nação".[9]

Na verdade, se levarmos em conta que, depois de 1930, a classe dominante se recomporá através da mediação do Estado forte que, então, deixa de representar interesses socialmente isolados para assumir o papel de "árbitro das diferentes disputas locais", veremos que, ao contrário de uma cisão, o que predominará de fato é uma convergência de atitudes que manterá inalterado o ideário reformista das duas facções em trégua. Bastaria lembrar, para fundamentar a hipótese, o núcleo comum que, para ambas, representou o projeto renovador de Alberto Torres, dado a público pouco tempo depois de consolidada a Revolução de Outubro.

Através dele, reabre-se a discussão da plataforma reformista que denunciava a decadência da cultura brasileira e as formas de diletantismo e superficialidade com que os intelectuais e as elites dirigentes insistiam em analisar o país. Realimentando o curso das aspirações do grupo, Alberto Torres proporá novos elementos para a organização do Brasil "sem opinião e sem diretriz mental", retornando aos temas da seleção natural mesológica e do conflito entre os países "criados pelo homem" e os "países formados por colonização", para mostrar aos modernistas da ordem que nas nações novas a sociedade não chegará a constituir-se a não ser pela construção artificial da nacionalidade. Desse modo, alerta a nova geração para o fato de que a necessidade de organizar o país evoluíra para um novo "senso nacional" exclusivista, denunciador da nossa "formação latina" como um veículo de dissolução da autêntica cultura. A interpretação da civilização como um germe desintegrador, a defesa do Estado-providência e

---

[9] Geraldo de Silos, "Meia hora com Miguel Reale", *Cadernos da Hora Presente*, jun. 1940, p. 158, *apud* João Cruz Costa, *Contribuição à história das ideias no Brasil*, Rio de Janeiro, José Olympio, 1956, pp. 396-7.

As galas do armistício 225

a busca de uma nova expressão nacional concentrada numa "vitalidade especial" que não se confunde com a soma das aspirações dos indivíduos, levam-no a recusar a solidariedade americana e a fundar a organização nacional no direito dos fortes e na igualdade moral e intelectual das raças.

Da constatação da absoluta ausência de um espírito nacional prático, que divide a vida *cerebral* do país em dois mundos inoperantes, o "mundo dos intelectuais" e o "mundo do Governo", nasce a ruptura com as estruturas arcaicas do sistema: em lugar do liberalismo utópico, do diletantismo, da retórica que dissimula o progresso "numa região atulhada de destroços", busca-se agora a convergência entre a política e a vida social, o controle das fontes de riqueza, o soerguimento político e cultural baseado não mais na "visão estreita" do nacionalismo nativista, mas num movimento harmônico "de restauração conservadora e reorganizadora".[10]

A atividade intelectual dos dissidentes em torno da revista *Movimento* responde aos apelos da nova ordem, sem, no entanto, romper com a linha mestra de seu ideário. Um sintoma da necessidade da rearticulação tática do grupo em face da trégua imposta pelas novas circunstâncias, reflete-se na divulgação do êxito internacional da obra de alguns de seus membros, servindo Ronald de Carvalho como o melhor exemplo. Paralelamente à informação de que a *Pequena história da literatura brasileira* ia sendo traduzida na Universidade da Geórgia por Bob White Linken, "auxiliado, para os textos em verso, pelo notável poeta moderno Spencer Murphy", assim como na Espanha pelo escritor argentino F. A. Palomar, o próprio Ronald, que Villaespesa pouco depois, no prefácio à tradução espanhola de *Toda a América* (Madri, Alejandro Pueyo, 1930), consideraria "o mestre da juventude americana", utilizará o salão da Liga de Defesa Nacional, no Rio de Janeiro, para projetar no empenho nacionalista de Porfírio Dias e de Obregón as aspirações revolucionárias de sua geração. Com efeito, saudando na Revolução Mexicana "a estratégia da posse pela violência", que transforma tacitamente a vida numa disciplina perigosa, Ronald marcará em seu exemplo o caldeamento com que o índio puro "refinou as qualidades nativas de energia", a desforra da melancolia "convertida em luz", a proximidade entre a tradição na-

---

[10] Alberto Torres, *O caráter nacional brasileiro*, São Paulo, Nacional, 1933.

tivista e os elementos cósmicos, retirando daí o que parecia ser o lema do reformismo ilustrado nacional: o sentimento de liberdade mesclado pela amplitude da ação e pelo "mais alto misticismo estético e religioso" do revolucionário que deve ter, a um tempo, "o instinto do guerreiro, do santo e do artista". "Nenhum chefe de Estado me impressionou tanto pela simplicidade, como esse que soube morrer na vanguarda do seu povo", afirmará Ronald mais tarde, recordando a noite em que foi recebido por Álvaro Obregón no palácio Chapultepec, de que guardaria a sensação "do renascimento de uma raça", transposta, depois, para a plataforma do *Movimento Brasileiro*.[11]

Na verdade, a revista, que inicia uma nova fase a partir de 1929, abria uma outra frente na convivência entre os intelectuais e o sistema. A proposta de uma pacificação nacional que atendesse aos interesses dos grupos oligárquicos locais, aponta agora para "o teorismo inadmissível das orientações gerais, quando a contingência tem sido o guia de nosso crescimento". O argumento de que o grande obstáculo ao progresso do país vinha justamente das diferenças em seu ritmo de crescimento conduz aos poucos à tese de que "a unidade através de relevo tão complicado e irregular" se mostrava ainda como solução inadequada, sendo inevitável que "a obra de construção tenha a própria irregularidade das zonas em que se estabelece". A ênfase no projeto de autonomia municipal de Oliveira Vianna justifica então a advertência sobre os danos irremediáveis que adviriam com a diluição desses núcleos de soberania num regime de estrutura federativa comandado pela União. Assim é que a defesa da "essência verdadeira e justa" dos governos fortes, legitimados ou não pela via eleitoral, ao ajustar-se à tese de que a origem do poder "será sempre, na melhor das hipóteses, uma expressão de minoria", ao mesmo tempo em que coexiste com um momento de reacomodação ideológica aos imperativos da nova ordem, serve ainda como uma espécie de contrapeso em favor do velho sistema hegemônico prestes a ser posto em xeque.[12]

---

[11] Ver "Notas literárias", *Movimento*, nº 1, out. 1928, p. 22, e Ronald de Carvalho, *Imagens do México*, conferência proferida no Salão da Liga da Defesa Nacional, em 10 de dezembro de 1929 e depois publicada pela Anuário do Brasil (Rio de Janeiro, 1930).

[12] Ver editorial "Pacificação de espíritos", *Movimento Brasileiro*, nº 10, out. 1929, p. 3.

As galas do armistício

Frente a essas alternativas políticas, reserva-se aos intelectuais a tarefa de restaurar a unidade através da crítica, isto é, do "aproveitamento de todas as forças metafísicas que constroem o espírito", visando a propor um sistema de ação mediante o qual "o homem se tornará adequado à realidade". A percepção da totalidade da vida converte a crítica num "poder criador indiferente ao modo teórico de dispor as coisas no universo", aprofundando a distância entre o preconceito racional e sistemático das velhas ideias e a força maleável da reflexão intuitiva, a indicar sempre que "o sentido está além do racional e do irracional" e que só pela consciência o homem conseguirá chegar à compreensão integral de seu tempo.[13]

É nessa direção que se procura situar o papel dos poetas da nova geração na tradição lírica nacional. Ocupando um momento importante na trajetória de "um longo sentimento que se transforma", a marca de sua presença teria sido, como indica Renato Almeida, a transformação desse sentimento em consciência. Como argumenta o crítico do *Movimento Brasileiro*, morria aí o devaneio mecânico, acelerado pela imagem do esplendor ou da melancolia: o canto da terra ("estupidamente bela"); o canto "ao país que surge" e começa a civilizar-se; o canto em que "as forças humanas se incorporam e o índio romântico é um símbolo da terra, que se torna pátria"; e o canto dos poetas metidos com "gregos e romanos", mas ainda fascinados pela magia da terra.

Se é verdade que a força da natureza é o elo comum que nutre o lirismo de todos em busca do segredo da identidade nacional, que lhes foge sutilmente, com a presença dos modernos instaura-se "um sentido inteligente e criador", convertendo o devaneio em intenção, impondo um nacionalismo agressivo, que não se limita a valorizar a terra, mas a exaltar o homem, "a sua construção, o seu espírito de barbaria, a sua alegria nova, a luz selvagem do dia americano". Importava assinalar agora, num momento de reavaliação ideológica na tática de convivência com a ordem em crise, que o ciclo de transformações renovadoras propostas pela literatura resultava de uma obra de inteligência, e não da aventura libertária e anárquica que se apagaria fatalmente nos limites do excesso e da superficialidade.

O moderno poeta dissidente parece pôr à disposição do sistema a intenção carismática de seu projeto, ajustando-a às medidas de con-

---

[13] Renato Almeida, "Herman Keyserling", *Movimento Brasileiro*, nº 7, jul. 1929, p. 12.

Capa da *Movimento Brasileiro*, ano 2, n° 14, revista fundada no Rio de Janeiro por Graça Aranha e Renato Almeida, e que circularia entre 1928 e 1930.

tenção adequadas ao despotismo esclarecido das elites dirigentes. A referência ao amadurecimento do espírito de análise, a ênfase sobre o senso profundo de descoberta atribuem aos novos poetas a mobilidade ostensiva das ações práticas, da poesia cerebral, de impressões simultâneas, cortadas e rápidas. Da imaginação que "se compraz apontando à inteligência os elementos fundamentais da construção", retira-se uma nova forma de visualizar o espaço, concentrando as impressões isoladas num simultaneísmo de imagens que refazem o conjunto "através da superposição de muitas coisas numa mesma emoção". Sob a alegação de que a civilização da máquina habituou o homem a disciplinar o espírito através da síntese, desloca-se para o poeta "o poder de ordenar pela essência", ante a certeza de que só o espírito ordena o mundo, independentemente de qualquer limitação formal.

Nessa perspectiva, ao mesmo tempo em que se retoma a trajetória do "poeta-construtor" de *Toda a América* como um modelo irredutível, procura-se transformar a técnica epigramática de Ronald na raiz de sustentação de uma nova escola. Mais distantes os procedimentos formais dos poetas do passado, ampliam-se agora as razões para a ruptura: "acreditar nas formas perpétuas é desconhecer o ritmo universal, que, variando, nos permite a ilusão consoladora de modificar e de criar". A tendência para projetar a liderança de Ronald à frente de uma nova plataforma reformista concretiza-se com a adesão dos epígonos (Álvaro Moreyra, Felipe de Oliveira, Murilo de Araújo) que, pouco depois, levariam as ideias do grupo para as páginas da revista *Lanterna Verde*.[14]

Por outro lado, a evolução da abertura para as imposições do momento traz a aproximação com o movimento antropofágico, Oswald de Andrade conversando com os dissidentes sobre "a tentativa para renovar ou modificar a mentalidade brasileira, depois de verificadas as contribuições do índio antes da catequese, do índio pagão, por assim dizer", e recebendo como resposta a ponderação razoável de que "quaisquer que possam ser as divergências com o movimento antropofagista [sic], se ele realmente se propõe a estudar fundamente a contribuição indígena, sejam quais forem as suas conclusões [...] é irrecusável o valor de seu trabalho".[15] Da aproximação vem o interesse pela antropofagia e, com este, a decisão de propor a crítica como uma autêntica revisão de valores que levasse, inclusive, aos precursores de Oswald, transformado agora no animador das forças selvagens da pátria. Descartados os românticos, que "falsificaram os indígenas e os fizeram heróis homéricos, teatralmente cavalheiros lusos", privilegia-se José Veríssimo. Com ele, as minorias ilustradas como que recuperam o tempo perdido, antecipando-se ao radicalismo de Oswald: antes deste, Veríssimo teria visto o caminho e feito o processo, registrando os crimes atrozes da civilização contra o índio (leilões em almoedas, marcas aviltantes, perseguições cruéis, escravidão), mostrando os efeitos negativos de sua miscigenação com o português e, particularmente, denunciando a degradação espiritual e artística de seu patrimônio.

Sob este aspecto, *Cenas da vida amazônica*, por "pintar a vida miserável da gente humilde e flagelada", impõe-se como o grande sintoma da reação nativista rastreada também em outras direções de sua

[14] Renato Almeida, "A nova poesia brasileira", *Movimento Brasileiro*, n° 11, nov. 1929, pp. 7-11.

[15] Ver editorial "O sentido da antropofagia", *Movimento Brasileiro*, n° 3, mar. 1929, p. 14.

obra, como sejam o nacionalismo permanente, a maneira de entender a educação nacional, o ódio ao português e ao padre, que o inflamam "numa desforra ancestral". O precursor de Oswald estaria até mesmo nas incorreções de linguagem, no estilo deselegante e na péssima dicção, retomadas agora como marcas favoráveis de uma reação "contra a civilização e seus instrumentos de ordem e de harmonia". Ao mesmo escritor que se define conscientemente em função do mameluco revoltado, corresponde o crítico canibalesco que devorou Olavo Bilac, Valentim Magalhães, os simbolistas artificiais e o próprio Joaquim Nabuco, e que encontrou o seu limite na "influência funesta de Machado de Assis", a partir da qual se intoxicou de cultura e de ideias universais, dissolvendo o seu primitivismo no corte precário "das ideias anarquistas e comunistas".[16]

Essa revisão de valores, que vê no passado uma forma de antecipar a modernidade e, por via indireta, legitimar historicamente a precedência de seu projeto renovador em face das demais vertentes do Modernismo, será uma das bases centrais no ideário do *Movimento Brasileiro* até que, em 1930, assegurado o êxito do grupo e sua adaptação "à sensibilidade da civilização do momento", os dissidentes assumem o controle ufanista do Modernismo, instaurando uma espécie de memória oficial de sua trajetória e lançando mão de todas as suas conquistas.

É o momento em que arrogarão para si a criação de uma poesia, de uma prosa e de uma crítica atuantes e responsáveis, em termos gerais, por uma obra de educação espiritual que se infiltra nos costumes e na sociedade, influindo nos processos de decoração, nos interiores, na moda e no carnaval. Esse *espírito inovador*, que supera em intensidade e em força toda a influência cultural das gerações antecessoras, é cerebral e antipopulista, devendo-se a ele a libertação da sensibilidade do artista brasileiro contemporâneo, a revelação de novos processos linguísticos, a eliminação da sujeição estrangeira e, sobretudo, a busca das fontes inspiradoras e dos motivos da arte "por nós mesmos", tudo conduzindo à imposição da nossa originalidade.[17]

[16] Ver editorial "José Veríssimo, precursor da antropofagia", *Movimento Brasileiro*, nº 10, out. 1929, pp. 9-11.

[17] Ver editorial "O esforço modernista", *Movimento Brasileiro*, nº 15, mar. 1930, p. 3.

As galas do armistício

Graças a ele, os dissidentes puderam mostrar às elites intelectuais que a criação instintiva não se confunde com a criação livre (na qual "a inteligência joga todas as suas forças") e que só através desta a moderna literatura brasileira pôde libertar-se dos preconceitos miméticos e da reprodução do passado, pois foi através desse dom de invenção que o escritor brasileiro se religou ao artista primitivo, criador natural e realizador de formas livres.[18]

As razões que o movem agora a "incitar o artista brasileiro a prosseguir na criação de coisa nova e de coisa nossa", se, de um lado, absorvem o desejo de precisão com que o espírito científico e a estandardização industrial intervêm na nova ordem social, conduzem, de outro, à busca de um equilíbrio que se mantenha a salvo "do excesso tumultuário da civilização mecânica" e permita um entendimento velado com algumas propostas do espírito clássico. Estão neste caso, por exemplo, a adesão a um "nacionalismo sadio e universalizante", que em nada nos lembra o falso tradicionalismo de inspiração lusitana, e o compromisso com a modernidade eclética, nos termos em que a definiu Mussolini, ao determinar os objetivos da nova Academia italiana. Com a primeira, manifesta-se o propósito de "conciliar o temperamento vivaz do brasileiro, o seu caráter americano, com a lição da cultura", levando, porém, em conta que "toda obra que, no Brasil, não tiver a preocupação do futuro, se perderá na rotina, na declamação, no colonial". Na referência à modernidade eclética do fascismo, localiza-se a intenção de fugir à "vitrina de celebridades", para uniformizar a contribuição nacional de todos os temperamentos no esforço comum para que a nação ingresse na literatura "com todas as tradições de seu passado, as certezas de seu presente e as antecipações de seu futuro".[19]

Num manifesto aos artistas brasileiros, Graça Aranha como que sintetiza a nova plataforma do movimento, ao aludir à *predestinação gloriosamente artística do país*, nesse instante em que, a seu ver, se prepara para impor-se intelectualmente no mundo. A sua tese de que só através da arte o Brasil será eterno apoia-se na conquista de um

[18] Graça Aranha, "Forma", *Movimento Brasileiro*, nº 20-21, ago./set. 1930, p. 21.

[19] Ver editoriais: "Modernismo", *Movimento Brasileiro*, nº 18-19, jun./jul. 1930, p. 3; "Nacionalismo", *ibidem*, nº 13, jan. 1930, p. 3, e "Mussolini define a nova Academia italiana", *ibidem*, nº 13, jan. 1930, p. 23.

espírito universalizante, mediante o qual os intelectuais da nova geração saberão dirigir "a expansão da força intrínseca do gênio brasileiro de dentro para fora, como está acontecendo com a arte russa e a arte mexicana".[20] A advertência, num dos últimos momentos de glória do autor a antecederem a sua morte em 1931, motivará nos epígonos uma recepção entusiástica ao "teor revolucionário" do romance *A viagem maravilhosa*, publicado no ano anterior. A velha pretensão reformista de que as obras literárias autênticas se caracterizavam por ser uma criação contínua, impulsionada por um desejo de libertação inerente à harmonia do espírito e voltado para uma maior plenitude da vida, encontra agora num de seus principais articuladores a concretização cabal de seus pressupostos. As coisas realmente se passam como se o romance de Graça Aranha demonstrasse na prática a viabilidade de todas as pretensões reformistas nas várias etapas da trajetória dissidente.

O tom conciliador que até então marcava a linha editorial do *Movimento Brasileiro* em face dos novos rumos que se anunciavam ao país coexiste com uma espécie de constatação categórica a confirmar as perspectivas da reforma integral proposta pelos jovens intelectuais, em sua missão de "fecundar esse movimento extraordinário de renovação do Brasil" e preparar, assim, a transformação de uma nova mentalidade para "sentir o mundo novo que se criava, traduzir a sensibilidade diferente que surgia e acompanhar a modificação humana".[21]

Para Ronald de Carvalho, *A viagem maravilhosa* surge como a melhor imagem desse "mundo novo que renasce, a cada momento, na inquietação da esperança, num anseio imperioso de libertação". Se *Canaã* representou um momento em que a literatura conseguiu simbolizar a posse da vida pela ação, aparecendo Milkau como "o herói cerebral e geométrico" que procura disciplinar-se pela experiência para vencer as circunstâncias; e se *Malazarte*, num outro extremo, nos sugere o domínio das coisas pela magia, inventando o mundo a cada passo e desagregando-o sem se importar com a sua substância —, *A*

[20] Graça Aranha, "Aos artistas brasileiros", *Movimento Brasileiro*, n° 17, mai. 1930, p. 3.

[21] Ver editorial "Um criador", *Movimento Brasileiro*, n° 14, fev. 1930, p. 3.

As galas do armistício

viagem maravilhosa como que encerra a trajetória da libertação da realidade, ou, como assinala Ronald, "a fuga do efêmero pelo amor, onde Felipe mergulha nas raízes profundas da tragédia brasileira, para analisá-la, porque ele é a inteligência pura que se desequilibra em sentimento divinatório: sua razão para diante do instinto sutil".[22]

Utilizando essa oposição entre a submissão à contingência e a ruptura através do voo livre e irreverente, Renato Almeida verá em Felipe e Teresa "os construtores livres do seu mundo", enfatizando na trajetória de ambos a marca da "tenacidade vencedora": a seu ver, "ambos se libertaram dos círculos inferiores e das relatividades que os comprimiam", para impor com energia o domínio da vontade e, desse modo, integrar a heroicidade indevassável da consciência totalista, única saída possível para conviver com o ritmo tumultuário da nova ordem.[23]

Deforma-se, assim, o que, à luz da realidade, sabemos ter sido exatamente o inverso. Se há, na *Viagem*, um espaço para o debate do papel revolucionário do homem na sociedade brasileira contemporânea, sabemos de que modo a trajetória de Felipe o reduz à especulação idealista de um discurso antecipadamente programático, em tudo oposto à natureza libertária dos temas de base que exploram, na obra, as direções do momento histórico. Vindas de fora para dentro, e recompondo, na ordem imaginada, a imposição doutrinária de uma tese a demonstrar, as personagens desligam-se do mundo não apenas porque não mantêm com ele uma identificação de linguagem, mas sobretudo porque lhes falta autonomia literária para simbolizar a resistência ou o conflito que se contêm nos limites desse novo espaço. Sob este aspecto, a vocação revolucionária de Felipe, incompatível à primeira vista com o pequeno universo dos desacertos conjugais de Teresa, só ganha realmente sentido na medida em que encontra na felicidade da casada infiel a razão suficiente para convertê-lo num marido ideal. Se, com isto, se frustram as esperanças dos correligionários que com ele marchavam contra o Brasil obscurantista e oligárquico, marcado pela violência dos coronéis e pelo latifúndio, pelo analfabetismo e a igno-

[22] Ronald de Carvalho, "A viagem maravilhosa", *Movimento Brasileiro*, nº 12, dez. 1929, p. 3, e "O numeroso Radagásio", *Movimento Brasileiro*, nº 14, fev. 1930, p. 6.

[23] Renato Almeida, "O drama de amor na *Viagem maravilhosa*", *Movimento Brasileiro*, nº 14, fev. 1930, pp. 4-5.

rância, nem por isso se materializa o triunfo de ambos através do solidarismo, do amor e da submissão ao ritmo universal das coisas: arquétipos sem referência, prosseguem como autômatos que confirmam, aqui e ali, através dos longos períodos que compõem os diálogos, pedaços desconexos dos ensaios de Graça Aranha sobre o objetivismo dinâmico, a necessidade de superar o terror cósmico da natureza, o caráter redentor da arte, do amor e da religião, o sentido aristocrático da revolução etc.

Foi certamente pensando nisso que, num artigo para o *Movimento Brasileiro*, Mário de Andrade, depois de aludir às "divergências irredutíveis de orientação que existem entre nós", se recusará a aprofundar a análise do livro, desculpando-se meio arrevesado: "quanto a dizer se gostei ou que não gostei, nunca vi atitude mais idiota do que gostar ou desgostar duma obra como a de você [...]", para sugerir que, entre gostar ou desgostar, o melhor será vencê-la.[24]

Mas Ronald se encarregará de manter aceso o equívoco da utopia dissidente, quando, em 1931, ano em que morre Graça Aranha, nos fala do discípulo de Rousseau e Chateaubriand que se acostumou desde menino a "reduzir a realidade a puros esquemas cerebrais", condição que, a seu ver, alimentaria mais tarde o "ideal de revolucionário insatisfeito", presente no intelectual que procurou sempre converter as ideias numa "disciplina de ação que servisse de instrumento para dominar a experiência".[25]

Desse mesmo ano são os ensaios e artigos que compõem a 2ª e a 3ª séries dos *Estudos brasileiros*, em que Ronald aparece como crítico e historiador do movimento dissidente, avaliando-o a partir da lógica de seu ideário e encarregando-se de traçar uma espécie de roteiro dos valores assumidos pelos companheiros de geração. De muitos ângulos será possível examinar as intenções desses escritos, sem que com isso se anule a contribuição expressiva que particularmente oferecem para uma visão conjunta da trajetória dos modernistas da ordem. A verdade é que, através deles, ganham configuração específica alguns dos temas básicos difusamente tratados no curso deste trabalho. A

[24] Mário de Andrade, "A viagem maravilhosa", *Movimento Brasileiro*, nº 18-19, jun./jul. 1930, p. 4.

[25] Ronald de Carvalho, "Retrato de Graça Aranha", *Revista Nova*, nº 1, mar. 1931, p. 15.

As galas do armistício

função do intelectual dissidente pode ser indicada como o primeiro exemplo, se levarmos em conta que, a partir de agora, num balanço abrangente da produção do grupo, a argumentação da análise procura articular, numa visão coerente, a obra e os pressupostos teóricos que a motivaram. Para a compreensão da obra de Graça Aranha, Ronald enfatiza a presença do "intelectual político", assinalando entre os predicados desejáveis a condição de origem e a decisão de agir a partir "dos elementos imperativos que o geraram". A ascendência, por estar na base em que se formou "o esqueleto da nossa raça", surge ainda uma vez, repetindo as teses de Elísio de Carvalho no *Esplendor e decadência da sociedade brasileira*, como o fator vital do entusiasmo e do "horror aos que negam", definindo uma atitude decisiva: a do intelectual que luta para "transformar a substância da realidade em valores afirmativos e práticos", concentrando na vontade "o eixo de todo o seu sistema".

Lembrado como grande exemplo, particularmente pela atitude corajosa de denunciar "a indiferença e a resignação manifesta de Machado de Assis", Graça Aranha representa, em síntese, a realização maior do movimento, impondo-se como o modelo virtual da convergência bem-sucedida entre o projeto e a obra. Coube a ele, como adverte Ronald, a transformação de *Canaã* num autêntico símbolo da *determinação nacional*, através do qual é possível notar como "uma raça ameaçada, colhida de improviso, na fase embrionária dos primeiros caldeamentos, por elementos perturbadores da sua formação normal", consegue gerar, no centro desse perigo, "as armas para combatê-lo".

Esse intelectual que se atreve a pensar para além da formulação estética, voltando-se constantemente para o conflito entre o homem antigo, atado a preconceitos morais e religiosos, e o homem moderno, "acima do bem e do mal, produto ainda informe das massas volúveis, em busca de novas fórmulas de fixação", é que torna possível avaliar agora a luta das campanhas e dos manifestos reformistas, em busca de uma modernidade preocupada em harmonizar a inteligência, a imaginação e a vontade na produção de uma arte ao mesmo tempo combativa e criadora. O seu heroísmo, a exemplo dos heróis de João do Rio, do homem sintético de Elísio, dos revolucionários da Anta e do poeta construtor de *Toda a América*, é fruto do liberalismo reformista que se separou da aristocracia para fazer a Abolição, preferindo a atitude revolucionária de Joaquim Nabuco à de Machado de Assis, que segue, segundo Ronald, "a marcha inversa: da plebe à aristocracia, pela ascensão espiritual".

Mais ousado, segundo ele, que o heroísmo de Nabuco e o de Machado, o espírito do intelectual dissidente procura superá-los exatamente pelo lado em que, a seu ver, pareceram mais frágeis: a ausência de "um sentimento de liberdade infinita, de um desejo de provocar o destino e viver perigosamente", que se traduz, como sabemos, na deformação utópica do sonho hegemônico, facilmente constatável quando pensamos nos seus demiurgos "possuídos da tentação de ser Deus", para assim gozarem "a áspera volúpia de criar o Universo, de comandar e serem obedecidos, de pesar sobre os destinos humanos".

Foi através dele que se recusou o racionalismo discriminador imposto pelo espírito europeu aos países periféricos da América Latina, em nome do que Ronald chama de "uma solução lúcida para o problema brasileiro: vencer a mestiçagem, pelo caldeamento das correntes migratórias latinas e germânicas, e o empirismo improvisador, pela cultura científica e pela educação da vontade". O seu instinto de rebeldia, provocado pela "armadura feudal e burguesa dos governos nascidos da Igreja, da Reforma e da Revolução" contra as reivindicações da classe operária, se corre por vezes o risco de cair no apriorismo do "anarquismo integral", sabe deter-se a tempo de evitar as soluções panfletárias que se resumem às lutas pela conquista do pão, de Kropotkine, ou às ingênuas tábuas de valores do super-homem de Nietzsche. "Os fundamentos de sua filosofia — observa Ronald — começaram a delinear-se no problema da liberdade", e é dessa decisão de ser livre que nasce o projeto de dominar a realidade contingente para reavaliar os padrões da cultura nacional e tentar atualizá-los, sem cair nos "teoremas das abstrações caprichosas", nem no mecanicismo estreito da análise social.[26]

Paralelo a esse projeto de transformar a realidade em valores positivos e imediatos, define-se com os modernistas da ordem a impressão estética de que a inteligência moderna é uma força deformadora que não se satisfaz mais com a apreensão verossímil do mundo: invertê-lo, armá-lo ilogicamente a partir das representações exteriores e simultâneas, são procedimentos que se impõem para estabelecer

---

[26] Ronald de Carvalho, "Político de Graça Aranha", em *Estudos brasileiros*, 2ª série, Rio de Janeiro, Nova Aguilar/INL, 1976, pp. 92-9.

As galas do armistício

o confronto entre a modernidade e o passado, que Ronald procura sugerir no "Diálogo entre um alexandrino e um bárbaro".

Veremos aí que, marcada pela irreverência dos novos tempos, a consciência literária do intelectual moderno se recusa a aceitar o passado como "um símbolo vazio, sem existência real", petrificado na imobilidade das metáforas, "mentirosas aparências" de um tempo em que se pensava pouco e se voltavam as costas à sedução do perigo. Ou seja: a autenticidade do poeta moderno move-se sob o mesmo ritmo com que a energia universal intemporaliza o mundo dos deuses e dos heróis, perpetuamente transformados em função do futuro que se anuncia a cada minuto. Para ele, a sabedoria exprime força, sendo, portanto, natural que os mais sábios sejam sempre os mais fortes. Do mesmo modo, se barbárie é renovação, cabe-lhe demonstrar que "só os bárbaros podem dar liberdade ao mundo", porque o bárbaro é o inatural, o antierudito, o prático que nasceu com a locomotiva, com as pontes de aço, com o telefone e a telegrafia. Sua projeção mais significativa é a máquina, "prolongamento do cérebro do homem que deformou a matéria primitiva, para vibrar com ela e fecundá-la energicamente", de tal modo que a trajetória do progresso material não representa senão a fórmula concreta do progresso espiritual.

Para esse homem sem história, a tarefa mais urgente é destruir a intolerância passiva dos herdeiros e reforçar, com isso, a tese de que só há uma tradição no passado — a tradição do heroísmo que se revolta contra esse mesmo passado, a exemplo do que fizeram sempre os homens novos de todos os tempos. No seu ideário estético, estão as formulações de Goethe sobre a renovação perpétua das formas, a ênfase sobre a força da expressão individual e humana que marca a criação literária, a concepção de um "determinismo secreto" que impõe uma espécie de ordem inevitável à arte e, por fim, a ideia de que cada artista é uma fórmula nova do universo: respeitada "a plenitude do ser em face do mundo", a obra de arte surge como uma espécie de lei que decorre livremente da natureza das coisas, impondo naturalmente o ritmo de sua própria ordem.[27]

No plano da produção literária, a poesia dissidente pretende situar-se no instante de maior declínio do "generoso período românti-

---

[27] Ronald de Carvalho, "Diálogo entre um alexandrino e um bárbaro", em *Estudos brasileiros*, 2ª série, pp. 154-64, e "Teoria do romance", em *Estudos brasileiros*, 2ª série, pp. 145-8.

co" que vai de Byron a Marinetti: o do fim da grandiloquência, que antecedeu a fase do que Ronald chama de poesia moderna "que ainda não ultrapassou as brincadeiras do *Toi et moi* do menino Paul Géraldy". É um momento em que, segundo ele, não existe ainda uma crítica literária consciente de seu papel, e o público letrado mal conhece o que se passa no resto do mundo, para nós, então, um autêntico mistério, não admirando, conforme assinala, "que um famoso escritor latino-americano afirmasse que a poesia brasileira era um eterno soneto".

Guilherme de Almeida, com *A frauta que eu perdi*, é uma primeira demonstração de ritmo dessa nova fórmula, não apenas pela liberdade com que renova os procedimentos formais do passado (entre eles o soneto), mas principalmente porque, ao fazê-lo, supera o ranço acadêmico de seus movimentos emperrados e, desse modo, instaura o ritmo adequado e pronto para captar a multiplicidade infinita da nova ordem. Felipe de Oliveira e o grupo *Lanterna Verde* anunciam o perfil de uma nova América, que esteve sempre na mira dos dissidentes: através de uma poesia de força que assume "o prazer do risco, a sedução dos equilíbrios perigosos", abre-se com ele um novo ciclo na imaginação lírica do continente, o da poesia que recusa o espírito sombrio do feitiço e do totem, de uma virgem América de astecas e maias, de incas e guaranis melancólicos que se preparavam para morrer.[28]

A busca de uma saída para esse pesadelo resultou na invenção de uma nova dimensão, "a dimensão do espontâneo artificial", decidida a "complicar a simplicidade" e a combater a eloquência que até então, segundo Ronald, definia a criação literária no Brasil. Álvaro Moreira, por ter inventado uma poética do cotidiano, e Ribeiro Couto, ao buscar "a realidade da vida", em que "as palavras não valem, na estrofe, apenas o que exprimem, mas o que podem também sugerir", prolongam a experiência de Felipe de Oliveira, abrindo perspectivas a uma nova linhagem poética que vinha afinal coroar a luta dos modernistas dissidentes, desde os dias tumultuados da Semana.

"Quando, há dez anos atrás — observa Ronald —, tentávamos reagir contra a poesia dessaborida que lastrava por todo o país, e que consistia numa serôdia imitação de

---

[28] Ver "Felipe de Oliveira", em *Estudos brasileiros*, 2ª série, pp. 111-4.

As galas do armistício

Heredia e Leconte de Lisle, recebemos todos nós o batismo dos piores remoques. Fomos troçados [...] e éramos o argumento preferido nas sabatinas dos críticos conspícuos. O tempo, entretanto, não deu razão a estes, senão a nós. Ribeiro Couto — arremata — vem juntar-se a Guilherme de Almeida, a Manuel Bandeira, [...] aos poetas mais significativos dos últimos anos".[29]

Se, para o balanço que Ronald faz de sua geração, Felipe de Oliveira é a força e Ribeiro Couto o mergulho sutil na revelação da face escondida da vida moderna, Raul de Leoni é a confirmação do equilíbrio e da lógica, a demonstrar a cada passo que para inovar não é necessário assumir a irracionalidade e a anarquia. Concretiza-se, com ele, a tese de que os poetas "não são somente inventores de imagens, mas, sobretudo, criadores de relações e referências", convertendo-se nos "mais agudos e perspicazes matemáticos do planeta", na medida em que fazem da poesia uma demonstração do equilíbrio constante entre a razão, o sentimento e o espetáculo universal. Tal como a força, em Felipe de Oliveira, o ritmo, em Guilherme de Almeida, ou a revelação, em Ribeiro Couto — cabe-lhe também "legislar sobre o espaço e o tempo", forjando medidas para os fenômenos da criação "com a serenidade dos santos e dos heróis", ou seja, levando sempre em conta que a inteligência humana só tem valor "pelas dúvidas que é capaz de sugerir a si mesma".[30]

Para essa geração moderna que procurou manter-se a meia distância do lirismo romântico e do pessimismo científico (segundo Ronald, caracteriza-se justamente "por uma simpatia que não exclui a razão e por uma análise precisa que não repele o sentimento"), a crítica literária, definindo-se como obra de fé, surge como uma atividade "necessariamente parcial". Na sua base, está o argumento de que o crítico é um homem livre e, enquanto tal, "dispõe de maior soma de simpatia de ver as coisas", dominando, portanto, as suas paixões. Se, por um lado, a escolha dos motivos, a eleição dos assuntos e a projeção dos temas revelam um gesto de sensibilidade bem próximo do artista criador, o dever de não se deixar levar "pela miserável instabi-

---

[29] Ver "Ribeiro Couto", em *Estudos brasileiros*, 2ª série, p. 118.

[30] Ver "Raul de Leoni", em *Estudos brasileiros*, 2ª série, pp. 119-21.

lidade dos preconceitos" conduz, por outro, a uma atitude combativa que recusa a impassibilidade. A imagem da tolerância e do equilíbrio que se cristaliza no humor polido e na serena melancolia do *honnête homme* que foi Sainte-Beuve, completa-se com o requisito indispensável da intuição que, para Ronald, equivale à "maior ciência do crítico".

Agripino Grieco (depois de Graça Aranha e Renato Almeida), Tristão de Athayde e Jackson de Figueiredo surgem aos olhos dos dissidentes como pontos de contraste a uma crítica que até então "está quase entregue aos que vendem bilhetes à porta e não podem assistir ao espetáculo". Agripino, pela imaginação com que soube, conforme Ronald, aliar a intuição tumultuária do romântico à erudição humanista do *bookworm* infatigável, impõe-se como o "crítico construtor" que, apesar da rispidez, do horror à síntese e da formação crítica heterogênea, conseguiu revelar "a face mais saliente de cada personalidade", atuando sempre como "um amoral cheio de ternura pela vida, incapaz de mostrar ferrões, embora sempre fazendo uso deles", já que a sua obra reflete uma filosofia marcada pelo espetáculo do universo. Tristão de Athayde, por ter fixado na crítica uma profunda consciência do meio como pressuposto fundamental à compreensão das obras, destaca-se pela habilidade com que avaliou a contribuição intelectual dos novos, integrando-a numa visão conjunta da nossa evolução literária. E Jackson de Figueiredo é lembrado sobretudo pela atitude intelectual que recusa a neutralidade, estabelecendo um espírito de liderança e uma energia de comando que pela primeira vez submetem a procura da verdade a um critério absoluto que dispõe da "faculdade instantânea de situar os obstáculos para os vencer melhor".[31]

Paralelamente ao balanço das repercussões de seu ideário reformista, os modernistas da ordem, ao mesmo tempo em que patrocinam uma revisão das questões históricas que interessavam à reabilitação da imagem diplomática do país sob a tutela da bandeira liberal vitoriosa em 1930, procuram reavaliar as condições da produção intelectual sob a nova ordem. Ronald de Carvalho, com a 3ª série dos *Estudos brasileiros*, encarrega-se da primeira tarefa, mostrando, entre outras coisas: a ação patriótica do ministro Itabaiana em face das maquina-

---

[31] Ver "Agripino Grieco", em *Estudos brasileiros*, 2ª série, pp. 89-99; "Tristão de Athayde", em *Estudos brasileiros*, 2ª série, pp. 109-21; e "Jackson de Figueiredo", em *Estudos brasileiros*, 2ª série, pp. 145-6.

As galas do armistício

ções de Lord Canning em favor da devolução da Banda Oriental à Argentina; a visão complacente para com a expansão imperialista do Império, recusando, inclusive, que o povo do território cisplatino pudesse decidir livremente sobre o seu destino, em nome dos "direitos adquiridos com tantos sacrifícios pelo Brasil ao referido Estado"; o elogio histórico a Bolívar, por ter este recusado o pedido de Alvear para que comandasse uma coligação sul-americana contra o Império do Brasil; a defesa da política e da ação militar do Brasil no Paraguai, recusando a tese do imperialismo com base na análise do *Memorandum* de Vázquez Sagastume, que previa um ataque paraguaio ao Brasil com oito mil homens, sem a competente declaração de guerra, através do qual Lopez "derrocaria o colosso imperial, estabeleceria o equilíbrio platino e se cobriria de eterna glória"; e a refutação das referências depreciativas que Gustave Le Bon, Lapouge, Gobineau, Blasco Ibañez e Jules Huret, entre outros, insistiam em dirigir ao povo brasileiro.[32]

Renato Almeida, com a publicação, no ano seguinte, de *Velocidade*, assumiria a segunda, fazendo uma espécie de revisão das posições reformistas em face da arte e do mundo moderno. Seu livro ganha importância porque vem, de certo modo, abrandar a intransigência e o radicalismo com que, depois da morte de Graça Aranha, alguns de seus companheiros, mais próximos do poder, minimizavam a importância do intelectual brasileiro que especulasse no campo oposto ao de suas ideias. E surge, por exemplo, pouco depois de Pedro Dantas ter saído a público para denunciar as restrições de Ronald de Carvalho à "inércia da geração de 30", sob a alegação de que seria preferível "que a nossa fé literária fosse menos inabalável e fetichista" e que nos preocupássemos menos com a Declaração Universal dos Direitos do Homem e com as redondilhas de Sá de Miranda. Recebeu como resposta a observação de que quem entra em contato com a realidade através de uma poesia que tende a evaporar-se, realmente está despreparado para compreender que, na vida intelectual de um povo, o que importa, do ponto de vista da modernidade e da substituição das tendências, não são as manifestações de sua constância, mas sim a existência de uma força qualquer, tomada como índice de variação provável. Isto explica, segundo Dantas, que Ronald não veja o con-

---

[32] Ver Ronald de Carvalho, *Estudos brasileiros*, 3ª série, Rio de Janeiro, Briguiet, 1931.

junto das manifestações literárias, desprezando ora as resistências, ora os índices de variação, como fez com a crítica à geração de 1930 no Brasil, ao sustentar que ainda morremos pelos Direitos do Homem e pelas redondilhas de Sá de Miranda. "A prova de sua contradição — conclui — é que o próprio Ronald, sendo precisamente a geração de 1914, não morre de amores pelos Direitos do Homem [...]".[33]

Velocidade, no entanto, procura atenuar o confronto, deslocando o ideário dissidente para a consciência de que o ritmo da vida moderna transformou radicalmente a civilização e a humanidade. Admite-se agora que, raciocinando de uma maneira diferente, o espírito moderno procure atingir a essência das coisas por processos diretos que tendem a integrá-lo melhor no processo comunitário. O reconhecimento de que a velocidade estimula o espírito de exploração e descoberta permite a constatação de que a pesquisa científica, agora mais do que nunca, deve à aceleração da inteligência grande parte de seu progresso. A ênfase sobre as novas perspectivas que se abrem à inteligência e à sensibilidade conduz, por outro lado, à valorização da técnica a serviço da cultura e do bem-estar do homem. O cinema, o automóvel, a fotografia, o jornal, os novos traçados urbanos assumem, segundo Almeida, um papel decisivo num mundo em que também se reconhece que a máquina e a superprodução determinam alterações importantes na base das relações sociais.

Diante desse contexto, a literatura já é pensada noutros termos, em vista da "variação perpétua e cambiante, na qual se pedem diretivas, mas se encontra uma variedade infinita de aspectos e temperamentos". Se se fala da modernidade de Ronald de Carvalho, alude-se também ao trabalho de Anderson, de Maiakóvski, de Borges e de Cocteau, todos eles recusando programas e transformando-se em intérpretes livres do próprio lirismo. Já se adere sem ressentimentos regionalistas à certeza "de uma literatura do nosso tempo [...] que traduz não só o sentimento do homem do século, como se insinua nas forças numerosas que constroem a civilização atual e lhe marcam o dinamismo imperioso". Trata-se de uma literatura de síntese ("o acessório nas letras é dispensável por inútil"), que não se reduz a um mero esquema literário em que o escritor reduzisse as suas palavras como o fabrican-

---

[33] Ver Pedro Dantas, "Perspectivas", *Revista Nova*, nº 4, dez. 1931, pp. 616-8.

te de automóveis, as peças de seu motor. Mergulha, ao contrário, na "partida em *prise* direta sobre a realidade", explorando o fluxo da consciência que abrevia o tempo material. Proust, o Joyce de *Ulysses*, *Mrs. Dalloway*, de Virginia Woolf, e *Bly Martel*, de Bernard Gilbert, alinham-se ao lado da experiência futurista de Marinetti, cantando a onomatopeia das máquinas, e de Valéry Larbaud, traçando o itinerário de Barnabooth, solto no guidão de seu carro pelas avenidas da Europa.

Graça Aranha, por um momento, deixa de ser o modelo irredutível só porque imaginou Teresa como uma "máquina de viver". Mário de Andrade vê redimida a sua marginalidade e ilustra agora, com a poética do telegrama da *Escrava que não é Isaura*, esse momento do poeta "virgem, sintético, enérgico", que lança a palavra no papel para que o leitor, se quiser, a traduza. Ao seu lado, a *Estética futurista* de Soffici serve de testemunho de que a literatura não pode sobreviver sem o concurso dos novos meios de civilização, advertindo-nos de que "toda matéria ficará inerte, se o gênio não a espiritualizar e a tornar puro elemento de reconhecimento lírico, simbólico". Breton é recusado porque o poema não é apenas um sonho, mas um produto do pensamento relacionado. Em compensação, a "imagem-sugestão, flagrante e sumária" celebra a força de invenção de Murilo Mendes, e a simultaneidade sensacionista do "Poema do jornal", de Carlos Drummond de Andrade, é oportunamente desvendada.

Um novo romance, Jean Epstein lembrando os novos processos descritivos, o corte sincrônico da estrutura narrativa, o desbastamento das imagens, tudo conduzindo à assimilação das novas vozes do relato que se manifestam no rádio, no cinema, nos jornais. Já não basta mais variar os processos, porque é necessário "ao menos, que, nas conquistas modernas, a velha alma encontre novos lirismos, fontes novas de inspiração". O ritmo moderno penetrou afinal a existência e alterou-lhe os costumes, de tal modo que, diante dele, "o poeta se exalta porque encontra um ritmo de alegria ou dor, que o transfigura, como quando cantou a catedral gótica ou o templo grego". As coisas já não têm só forma, cor, peso e gosto, têm também poesia, uma poesia de que não há mais que exigir significados: o quadro surrealista e a síntese dos seres móveis em fuga, o equilíbrio estático da pintura cubista, Darius Milhaud e a música para os prospectos de máquinas agrícolas, Honegger e os ruídos da locomotiva, o teatro sintético do futurismo, Pirandello e Bernard Shaw, Cocteau e Eisenstein, em tudo a ênfase sobre a arte e o homem livre, o jogo aberto com a realidade, a recusa à estagnação e ao retrocesso.[34]

Mais uma vez, o empenho em firmar a autoidentificação do movimento em face dos novos rumos que transformavam as ideias e a sociedade parece indicar um novo esforço de acomodação à nova ordem. Mostrando a dupla face de Janus, para retomar aqui a metáfora engenhosa de João Alexandre Barbosa, o intelectual dissidente decide encampar como suas as propostas que até bem pouco rechaçava. A certeza, porém, de que se tratava de uma incursão isolada já estava nas ruas: como a compensar o ligeiro desvio no curso de sua trajetória, a facção dissidente paulista engrossava a Legião Revolucionária de São Paulo, retornando ao veio central de seu ideário — lutar pela gloriosa predestinação de "regenerar e salvar o Brasil". A evolução de seus desdobramentos nos conduzirá à última etapa do projeto reformista.

MARCHANDO NA VERDE VERTENTE

Astrojildo Pereira, num artigo publicado na *Revista Nova* em 1931, nos dava já o primeiro alerta sobre as verdadeiras intenções da "brasilidade integral" defendida no manifesto da Legião Revolucionária de São Paulo, divulgado pouco antes. Num momento em que Ronald cobrava uma participação maior dos intelectuais de 30 na vida da nação e via crescer o seu prestígio junto a editores e revistas europeias de linha mais conservadora (são desse tempo o livro em parceria com Luc Durtain, *Le Brésil et le génie français*; um artigo na *Revue de L'Amérique Latine*, que atribui ao fluxo da aristocracia rural para o Rio de Janeiro a concentração temática do romance do século XIX nos centros urbanos; a divulgação, pelas páginas do *Mercure de France*, do caráter internacional de sua obra, tomada, então, como o símbolo vivo da oposição entre "a América tumultuosa e a Europa regular"; e o prefácio às *Imagens do Brasil e do Pampa*, de Luc Durtain, em cujo lirismo Ronald via a única forma de manter a unidade do homem para redimi-lo do caos universal),[35] o libelo oportuno de

[34] Renato Almeida, *Velocidade*, Rio de Janeiro, Schmidt, 1932.

[35] Ver Luc Durtain e Ronald de Carvalho, *Le Brésil et le génie français*, Rio de Janeiro, Imprensa Nacional, 1934; Ronald de Carvalho, "Les Romans de nos

As galas do armistício

Capa da revista *Mercure de France*, fundada em 1890 e, inicialmente, ligada aos simbolistas franceses. Desde 1901, contava com uma seção intitulada "Lettres Brésiliennes", dedicada à literatura brasileira, vista como um prolongamento da portuguesa.

Astrojildo permite conciliar a rearticulação ideológica das duas facções dissidentes.

Através dele, é possível notar que à ação contrarrevolucionária dos dissidentes de São Paulo, corresponderá, no Rio, em virtude do maior prestígio que o grupo carioca mantinha junto às bases do poder, uma nova visão crítica da ordem, voltada para a combatividade prudente que se converte, aos poucos, numa espécie de visão de cima do "desequilíbrio moderno". Apoiados na influência de Graça Aranha, que acabava de desaparecer, e no crescente prestígio de Ronald de Carvalho, os dissidentes do Rio utilizarão a revista *Lanterna Verde* para simular agora uma compreensão depurada da ruptura que, em

Grandes Villes", *Revue de L'Amérique Latine*, vol. 23, nº 122, jun. 1932, pp. 184-6; Manoel Gahisto, "Toda la América", *Mercure de France*, vol. 234, nº 810, mar. 1932, pp. 744-8, e o prefácio de Ronald de Carvalho às *Imagens do Brasil e do Pampa*, de Luc Durtain (Rio de Janeiro, Ariel, 1934).

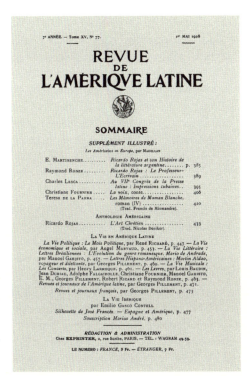

Capa da *Revue de L'Amérique Latine*, editada entre 1922 e 1932. Assim como a *Mercure de France*, foi um importante veículo de difusão da cultura brasileira na Europa.

várias frentes, marcava a intenção participante e o inconformismo dos escritores que surgiam com a nova década. A adesão a esse momento "avesso ao lirismo" em que cabe ao romance expressar as contradições do Brasil arcaico ressente-se cada vez mais do "apelo às massas", da procura da "realidade direta" que caracterizou a produção literária dos intelectuais que, como Malraux, foram sempre "atormentados pelas grandes soluções". Valorizando "o testemunho da crise", a "demonstração do erro social" à maneira de José Lins do Rego, de Rachel de Queiroz, de Jorge Amado, o que se propõe agora é a preocupação com o leitor, de modo a dar-lhe condição de participar da ação contínua que absorve o meio social, para que veja as coisas em panorama e encontre, por si mesmo, a solução para as incógnitas.[36]

---

[36] Ver Renato Almeida, "O romance dos Corumbas", *Lanterna Verde*, nº 1, mai. 1934, pp. 52-5.

Essa suposta abertura para o social, que coexistirá, em *Lanterna Verde*, com a leitura histórica da trajetória reformista em suas várias etapas, não impedirá, como veremos, a convergência das duas tendências para um comportamento comum em face da realidade em mudança, apontado, aliás, por Mário de Andrade, quando, por esse tempo, aludia ao "protótipo exageradamente perfeito" da malandragem intelectual de Ronald, sempre interessado em economizar energia para levar o jogo até à vitória final, numa atitude francamente oposta à "virgindade antiacadêmica" dos modernistas da Semana, que prefeririam desperdiçar e arriscar a derrota puramente em troca do prazer de jogar.[37]

É no discurso dissimulado dessa pretensa vitória que Astrojildo Pereira chamava a atenção para o manifesto dos nacionalistas de São Paulo, já desvencilhados do "porque-me-ufanismo", em nome de uma nova missão que o Brasil teria a cumprir para "dar ao mundo o próximo tipo de civilização". Conforme assinala, a "realidade brasileira" vislumbrada pelo manifesto não era outra senão a dos imensos latifúndios "de alguns fortíssimos patriotas", escorada num percurso histórico de saques, massacres e opressão, a realidade do Brasil Colônia "inteiramente hipotecado à finança internacional", comprometida com a exploração econômica e a marginalização política dos trabalhadores.

Na mesma direção em que se configura a falácia da acomodação dissidente ao curso das ideias avançadas que, no plano literário, movimentavam o período, constatamos com Astrojildo Pereira que, no plano social e político, a solução brasileira para os problemas brasileiros "não passa também de uma farsa". Em primeiro lugar, porque algumas das medidas propostas para atingir a "brasilidade integral" (reforma agrária, combate ao imperialismo armado) sustentam o mesmo ponto de vista dos grupos detentores do poder hegemônico, ou seja, "o interesse em que o Brasil não se industrialize, mas, ao contrário, permaneça o celeiro do mundo" enquanto país agrário exportador de matérias-primas e importador de produtos industrializados. Em segundo lugar, porque a base política do manifesto — brasilidade ou ideia nacional e representação de classes — reproduz o programa da ditadura fascista na Itália, fazendo com que, como observa Astrojildo,

---

[37] Mário de Andrade, "Luís Aranha ou a poesia preparatoriana", *Revista Nova*, nº 7, jun. 1932, pp. 292-3.

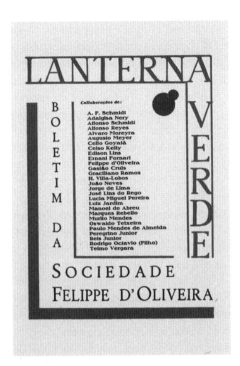

Concebida como um orgão de divulgação das obras do poeta Felipe de Oliveira, a revista *Lanterna Verde* (aqui reproduzida a capa do nº 6, de abril de 1938) constituiu um importante ponto de aglutinação para o movimento dissidente. Em torno dela se reuniram Ronald de Carvalho, Augusto Frederico Schmidt e Ribeiro Couto, entre outros, com um programa que, em certos aspectos, dava continuidade às ideias de Elísio de Carvalho.

as "legiões revolucionárias" que se criavam por todo o país nada mais fossem do que meras "traduções brasileiras" das milícias fascistas italianas, segundo ele o modelo clássico em que se inspiravam aqui os chefes de legião na tentativa de consolidar o poder da burguesia, ameaçada pela crise revolucionária.[38]

Sérgio Buarque de Holanda, um modernista da Semana que, do outro extremo, assistia imparcialmente distante à radicalização do confronto, elucidará, no calor do momento, o verdadeiro sentido reformista da revolução dissidente, cuja tendência para aniquilar as raízes ibéricas da nossa cultura inaugurava um estilo "ilusoriamente americano" que até então se mostrava insuficiente e imaginoso. Herdeira de um Estado marcado em seus aspectos exteriores pelos mesmos entraves do sistema colonial (uma periferia sem um centro), e necessi-

---

[38] Astrojildo Pereira, "O manifesto da contrarrevolução", *Revista Nova*, nº 2, jun. 1931, pp. 214-27.

tando, a partir da República, equipá-lo de força e compostura, o seu projeto é o da concentração totalitária que tem urgência em converter a nossa tradicional bonomia em deliberação ostensivamente hegemônica, para impor um sentido militar ao nosso velho espírito de combatividade e pioneirismo. Convivendo e alimentando espiritualmente uma classe política de reformadores artificiais que procuram compensar o alheamento à realidade através de soluções pessoais e minoritárias, a projeção de suas teses surge como uma forma a mais a legitimar a incorporação do liberalismo aos velhos padrões patriarcais e coloniais de onde nascem o poeta-bacharel e o caudilho esclarecido, educados para uma revolução que mesmo agora não se livra, como mostra Sérgio Buarque, das "sobrevivências arcaicas que o País até hoje não conseguiu extirpar": a velha ordem colonial e patriarcal, com suas consequências morais, sociais e políticas.

Toda a sua aversão à mudança, o cunho sentimental e passadista em relação à nova ordem, concentra-se agora no radicalismo nacionalista das "legiões revolucionárias" de São Paulo, escoradas nos mitos e alegorias do Verde-Amarelismo, da tradição nacional ilustrada e, particularmente, da sustentação legendária de uma trajetória supostamente heroica e patriótica das classes dirigentes, no melhor estilo da historiografia laudatória de Elísio de Carvalho. A tentativa de inverter a ordem para improvisar, em torno da ideia da unidade nacional e da homogeneidade da cultura, um centro hegemônico que assimilasse sob uma mesma doutrina os segmentos periféricos, atrela o projeto ideológico dos legionários de São Paulo aos modelos da "reforma espiritual" inspirada no fascismo italiano, para o qual, como vimos, convergiam as aspirações do reformismo humanizado e liberalizante do pensamento conservador.

É para esse caminho que, afinal, se orienta a participação intelectual das minorias ilustradas comprometidas com os segmentos oligárquicos que, desde a implantação da República, permaneciam à margem dos centros de decisão que impulsionavam o regime. Muito mais do que o libelo radical que força o confronto no limite panfletário do debate apressado, o testemunho de Sérgio Buarque desmascara, no projeto da "brasilidade integral", o traço agravante de uma remodelação conservadora que "procura fortalecer as instituições sociais, morais e religiosas de prestígio, tornando-se inofensiva aos poderosos, quando não seu instrumento", particularmente porque sendo um produto de intelectuais neurastênicos, é acima de tudo "acomodatícia, avessa aos gestos de oposição e partidária sistemática da ordem", inscrevendo-se na velha tradição brasileira de bloqueio ostensivo a qualquer tipo de organização partidária oponente.[39]

Das escaramuças de rua para a conversão, em 1932, na Ação Integralista Brasileira, e daí para o primeiro desfile dos "camisas-verdes" em 23 de abril de 1933, a trajetória dissidente da "brasilidade integral" viria marcar o último passo da aventura revolucionária do grupo. Em um de seus últimos manifestos importantes, uma reunião de textos programáticos publicada por Plínio Salgado em 1935, será possível vislumbrar a permanência do fluxo contínuo que, d'*A Meridional* à *Lanterna Verde*, passando pelo anarco-elitismo de Elísio de Carvalho, pelo cosmopolitismo de João do Rio e a plataforma reformista do grupo de Graça Aranha e do Verde-Amarelismo, manteve coesa a proposta de reformular as bases da vida cultural e institucional da nação, visando, de um lado, a superar a nossa independência intelectual e política dos centros europeus, e, de outro, a projetar as forças da alma nacional redescoberta no espaço do "Dia Novo que, da América Latina, iluminará a noite angustiosa que cai sobre o mundo".[40]

Não é sem razão que, ao abrir a coletânea da doutrina integralista, Plínio Salgado se apoia na contribuição literária do movimento dissidente para fundamentar as bases revolucionárias de seu programa. A alusão a *O estrangeiro* como o primeiro manifesto integralista desencadeia uma digressão reminiscente que arranca do fundo do tempo a energia das vozes mortas e das velhas imagens que arregimentaram, num passado recente, os heróis utópicos do novo descobrimento. Por trás da referência à "tragédia da Raça e [ao] poema lírico da Terra", soterrados nos "misteriosos tumultos de uma sociedade em formação" que se debate ainda numa civilização artificial de instintos bárbaros, de "angústias do pensamento e vagas ansiedades coletivas", é inegável a presença de Graça Aranha, a sugerir a contenção do primitivismo da terra, que desde então começa a ser visto como a mais grave ameaça a pesar sobre o destino de uma cultura de lastro europeu à procura da própria identidade.

[39] Ver Sérgio Buarque de Holanda, "Nossa revolução", em *Raízes do Brasil*, 8ª ed., Rio de Janeiro, José Olympio, 1975, pp. 126-42.

[40] Ver Plínio Salgado, *Despertemos a nação!*, Rio de Janeiro, José Olympio, 1935.

As galas do armistício

Ao mesmo tempo, as relações entre o ritmo cultural e a regeneração estética das massas, lançadas pelo Elísio de *Bárbaros e europeus* com a intenção, como vimos, de propor a equivalência entre o estilo político e o estilo cultural, são retomadas para fundamentar o "período de transição" representado pela *Revolução da Anta*, que vai, segundo Plínio, do momento que marca a quebra do "ritmo do processo de estilo" para o momento de quebra do "ritmo político do País". O tom que as anuncia traz a marca do poeta redentor que saiu do projeto naturista para engendrar a heroicidade do "homem sintético", amoldado à feição pragmática do novo século e depois transformado no esteio da "consciência dinâmica" do herói moderno de Graça Aranha, detentor de uma nova fórmula de civilização destinada a diluir o estágio cultural da nossa barbárie, o atraso do país-colônia enredado no *misticismo primitivo* do meio e na *herança desastrosa* da miscigenação.

Em Plínio Salgado, como viu Sérgio Buarque, manifesta-se um novo parentesco intelectual desse herói carismático, o do "caudilho esclarecido" que assume a redenção do "drama de seu povo", mesclando em sua bagagem o empenho humanístico supostamente capaz de desvendar as contradições centrais da sociedade oprimida e a energia indispensável para legitimar a ação radical do gesto revolucionário. Explica-se, assim, que a vinculação com o ideário dissidente determine o *ritmo libertário* da Ação Integralista Brasileira através de uma proposta revolucionária que, de acordo com o próprio Plínio, escapa ao sentido comum: prevista para atuar em dois planos, o espiritual mediato (voltado para a educação das massas) e o cultural imediato (destinado à transformação do Estado), o seu alcance é mais amplo e não pode limitar-se à plataforma casuística de um simples partido.[41] Nesse sentido, ao intelectual signatário da carta verde-amarela que localiza no *Manifesto da Anta* e no *Estrangeiro* o momento de transição entre "a rebeldia contra os velhos cultores da forma" e a pregação política do Estado Nacional, corresponde uma trajetória reformista que não apenas lançará mão do projeto estético e político do ideário dissidente, como também o transformará num instrumento de pressão deliberada estrategicamente organizado para a conquista do poder.

Se nos detivermos um pouco no percurso vencido entre as duas etapas, veremos que a passagem da anunciada ruptura dos processos

[41] Plínio Salgado, *A doutrina do Sigma*, 2ª ed., Rio de Janeiro, Schmidt, 1937, pp. 13-4.

de estilo para a ruptura do processo político subordina a evolução do modelo integralista aos objetivos centrais dos manifestos dissidentes. Basta, para tanto, assinalar que Plínio situa como momento decisivo da ruptura dos processos de estilo os anos de 1926 e 1927, insistindo, de saída, na canalização dos modelos da vanguarda europeia para um projeto que lhe parecia de absoluta importância: a eliminação da independência intelectual. Numa alusão sumária aos mais expressivos, fará uma redução apressada de suas propostas, ajustando cada uma delas ao esquema dirigido de seu próprio projeto. Assim, ao maior poder de síntese e ao dinamismo do ideário futurista, juntará outras "vantagens" oferecidas pelo pensamento de vanguarda ao plano com que as minorias ilustradas contavam chegar à "Grande Véspera do surto integralista": do Dadaísmo, a espontaneidade para assumir o nosso modo de ser; do simultaneísmo, a mobilidade que lhes permitiria decifrar os nossos estados de espírito; do Impressionismo e do Expressionismo, o modo direto de surpreender as vozes bárbaras da nossa natureza; e do Surrealismo, as pistas surpreendentes que acabarão por revelar a plenitude da nossa alma selvagem.[42]

Por esse caminho, descartará as conquistas da Semana de 22, diluídas na expressão limitada "dos anseios vagos da Nação", esfacelada em várias facções conflitantes e sem ainda um "idealismo político" definido e participante. Marcado pelo mesmo desejo de disciplina de Graça Aranha, renovará a crença no "senso divinatório" da literatura imaginado por ele, decidindo igualmente assumir o desafio do "meio cósmico", ainda que avançando numa direção oposta. Combaterá, como aquele, "a tirania do personalismo intrínseco" de Machado de Assis, valorizando, porém, a pesquisa literária que busque "forçosamente nos submeter a um meio", numa interação progressiva entre o subjetivo e o objetivo, ou seja, a "outra metade" do artista e do texto, imposta pelas fatalidades étnicas, pelas consequências atávicas etc.

Percebendo o salto para o fracasso a que se reduzia a artificialidade livresca do academismo e o consumismo estéril da arte cosmopolita, reclamará, como o Paulo Barreto das conferências, a "reposição do indivíduo dentro do seu tempo e do seu espaço", enfatizando "o contato entre o ser e o ambiente" através de "ritmos e sentimentos cada vez mais imperativos". O mesmo ufanismo que organiza a escola

---

[42] Ver *Despertemos a nação!*, Rio de Janeiro, José Olympio, 1935, p. 8.

As galas do armistício

da Anta e do Verde-Amarelismo leva ao exagero a *virtualidade autóctone da teogonia brasileira*, do gênio primitivo da língua, da música nacional, da identidade das raízes étnicas e da absorção das correntes migratórias. Paralela à projeção utópica do "grande sonho imperialista desse povo", cresce também a certeza num estilo brasileiro avesso à "visão seca e meramente formal da nossa terra" e inspirado na fala profética do abanheenga, o canto iluminador de onde emergem as "palavras mal brotadas do contato entre o homem a terra" e o jorro onomatopaico da nossa rudeza, em tudo oposto "às analogias verbais ou convenções assentadas em acepções clássicas, transformadas em código de expressões tão inexpressivas como os códigos telegráficos".[43]

O registro imparcial e sem comentário das expressões verbais autóctones conduz, num plano mais amplo, à preocupação literária de interpretar o universo e a vida, cabendo ao escritor a função de absorver esse mundo e criar um estilo eficaz para interpretá-lo. Longe do "patriotismo *a priori*", o que lhe cabe é reinventar, sob o impacto ainda virgem desse novo ritmo, o sentimento de brasilidade latente no espaço da nossa alma redescoberta. Na medida em que atua no "meio cósmico e social", refletindo todas as manifestações vitais do país, terá transformado em procedimento literário o forte substrato intelectual capaz de nos integrar à natureza e ao novo homem brasileiro.

Dessa vinculação à linguagem e, por via indireta, às formas originais de expressão, chega-se assim a uma nova função cultural pela qual a literatura, retomando o projeto interrompido da redescoberta, reativa a ideologia libertária do Romantismo. A decisão de incorporar a tradição legendária da terra ao espaço cultural dos grandes centros urbanos cinde a história do país em dois períodos distintos em que a obliteração do passado colonial é valorizada a partir da redescoberta da mitologia autóctone. A reconquista do Novo Mundo supera um século de independência adormecida para só agora identificar "a unidade absoluta de sua força causal", imposta pela "nova idade humana" que se abre com o século XX.

Nesse novo contexto, marcado pelo choque entre a unidade do homem e a unidade social, o horizonte do intelectual dissidente se alarga no âmbito maior da organização da cultura, abrindo-se para responsabilidades que transcendem o plano meramente crítico e con-

---

[43] *Idem, ibidem*, pp. 42-3.

ceitual que até então lhe estava reservado. Na verdade, a exacerbação ufanista de um projeto cultural que servisse de apoio à consciência hegemônica do pensamento conservador, sempre disposto a assumir uma atitude revolucionária, transforma o escritor, como os intelectuais de um modo geral, numa espécie de novo alquimista a quem estaria sujeita a redenção do homem brasileiro enquanto "um civilizado transplantado em terra bárbara".[44]

No conjunto do ideário "espiritual" integralista, a literatura passa a funcionar como uma força articuladora do sistema, pois é a partir dela que se impõe uma retórica emblemática da nova ordem, em que a "ruptura dos processos de estilo" é gradativamente assimilada a uma "ruptura dos processos políticos". A ampliação do campo de ação dos intelectuais, ao utilizar-se da projeção mítica do texto literário como forma de legitimar a força reveladora de uma "nova alma da pátria", conduz na verdade ao simplismo especulativo das reduções totalitárias que violentam as categorias do pensamento em nome de uma síntese arbitrária que, como vimos, foi a pedra de toque dos manifestos dissidentes. É nessa ordem de ideias que a última etapa de sua trajetória procura sistematizar uma proposta revolucionária mais ampla, deslocando o espaço da produção literária reformista para o da "soma de experiências em face da realidade social", em cujo percurso está a questão das "instituições definitivas", de que a "revolução espiritual" é condição preliminar indispensável. Ao discurso enérgico do poeta integralista deve corresponder a palavra viril das culturas que fecundam e recusam ser fecundadas, como ocorre com os "povos femininos", infensos "à higidez moral, à força e à grandeza da raça". "Não poderemos dar ao mundo — diz Plínio Salgado — o espetáculo de uma nação que falhou para a virilidade", evidenciando que entre a palavra e o sentido se reproduz a mesma tensão que rege os conflitos essenciais entre o dominador e o dominado. Se, para o primeiro, prevalece a tese de que um povo que não luta é um povo que perdeu o sentido da vida e a consciência de si mesmo, para o segundo são dirigidos todos os males que justificam a ação radical contra "a instabilidade, a dúvida e a confusão mental" que, a seu ver, emperram a evolução do Brasil.

O desbaste desses males como que anuncia, em três direções, a conquista do novo espaço político e cultural reivindicado na base de

---

[44] Ver "A anta e o curupira" e "O Romantismo no Brasil", em *Despertemos a nação!*, Rio de Janeiro, José Olympio, 1935, pp. 29-69.

As galas do armistício

todos os manifestos reformistas: num plano mais amplo, a busca de um espírito de síntese que servisse de instrumento à preparação de uma nova elite dirigente, capaz de assumir a curto prazo a tarefa de supervisionar a redefinição institucional do país; num sentido mais imediato, a dinamização de um mecanismo político que relacionasse com êxito esse espírito de síntese e a evolução dos movimentos sociais, particularmente disciplinando os "sentimentos das massas"; e, numa dimensão ideológica mais prospectiva, a missão "de engendrar um novo homem brasileiro" que espelhasse os traços genéricos do espírito moderno, reunindo numa só personalidade "o caudilho, o cabo eleitoral, o santo, o cientista, o filósofo, o agitador, um pouco de tudo isso".[45]

Nessa síntese final que a facção dissidente de São Paulo acrescentou ao ideário reformista da "brasilidade integral", há ainda um ponto de convergência de extrema importância para a compreensão do contato das falsas vanguardas com o programa da revolução integralista que então se esboçava. Trata-se da recuperação das teses do projeto anterior a partir de uma distinção que lhes confere um estatuto de "arte política", e que decorre de uma decisão que, apesar de enfatizada agora, já havia sido proposta muito antes, ou seja: contrapor à "pesquisa materialista dos atributos gerais da espécie", em que se baseou grande parte da reflexão especulativa do século XIX, um projeto cultural dirigido para o experimentalismo sociológico e para a filosofia social. No corte hegemônico que enuncia o processo, estão os germes de uma "nova ciência política" que, como vimos, se utiliza dos velhos estímulos com que o movimento dissidente procurava sensibilizar os segmentos mais conservadores da sociedade civil (lembremos as bases da sociedade naturista de Elísio de Carvalho, a diluição do cosmopolitismo na pregação nacionalista de João do Rio, as manifestações políticas do grupo da revista *Brazílea*, a emergência da "consciência integral" de Graça Aranha, o projeto de reforma da geração republicana em 1924, e, desse contexto, as relações do Modernismo cívico da *América Brasileira* com o pensamento de Candido Motta Filho e de Alberto Torres).

O dado relevante, porém, é que com os legionários de São Paulo essas várias frentes são pela primeira vez uniformizadas em nome de

---

[45] Ver "Fisionomia", em *Despertemos a nação!*, pp. 104-6.

um programa nacional que harmoniza as aspirações da revolução intelectual com os objetivos do projeto político. Dessa "arte política" anunciada por Plínio Salgado é que se espera extrair os fundamentos de um novo Estado "conciliador do Homem e da Massa, como coeficientes de origem histórica, de realidade atual e de índice de aspirações da unidade individual e da pluralidade nacional".[46] É esse o momento em que se delineia a passagem do "poeta-construtor" para o "homem-índice", ou, em outros termos, do "gênio literário" para o "gênio político", na expressão de Plínio, surgindo este último como produto de um movimento nacional, para o qual foi preciso "criar um estado de espírito propício". No mecanismo ideológico da conversão, só agora o poeta perde, de fato, a condição de demiurgo e intérprete da nação, que lhe fora confiada com maior ênfase histórica a partir do Romantismo. Ao insistir no esvaziamento do "messianismo contemplativo da raça", que teria marcado a nossa atitude cultural até um passado recente, o projeto integralista reserva ao guia político um novo papel de redenção e educação pátria a que corresponde um outro messianismo, "o messianismo fundado na realidade".

Esse traço ufanista da aventura romântica, que Araripe Júnior sentiu como contrapeso ao revanchismo histórico do movimento, permanecerá na base do ideário do grupo. É através dele, na verdade, que a representação literária da imagem da queda, de onde partiram os primeiros dissidentes d'*A Meridional*, foi-se renovando numa sucessão de manifestos que sempre alternaram o louvor às tradições épicas das elites e a metáfora do *locus amoenus* como forma de compensar a marginalização cada vez maior do pensamento conservador em crise. O ciclo se fecha agora com a figuração de um espaço ideal que, daí por diante, acomodará o radicalismo dos revolucionários da ordem na perpetuação do Estado forte, sob a égide do autoritarismo das elites e do mito da unidade nacional.

Não há nada mais a contestar nesse mundo em que a ordem institucional é patrocinada, em que o cosmopolitismo é identificado à agressão estrangeira, em que o regime democrático é rechaçado por propiciar "a expansão indisciplinada do indivíduo", acarretando a marginalização das classes produtoras, a desnacionalização do país, o populismo, o recuo ante o imperialismo e a invasão das ideologias

---

[46] Ver "A *virtù* de Maquiavel", em *Despertemos a nação!*, p. 114.

As galas do armistício

estranhas.[47] A concretização, agora, da reconstituição integral da nacionalidade, anunciada por Alberto Torres e inspirada no exemplo dos nacionalismos alemão, italiano e português, ao mesmo tempo em que reacende a consciência antiliberal do projeto dissidente, fundamenta a nova ordem na eliminação do federalismo republicano, responsável, segundo se crê, pelos grandes males do país: a indiferença pelos problemas sociais e pelas questões culturais, a derrocada das instituições, o desinteresse pelo "estudo científico da nossa realidade" e, particularmente, o advento do "indivíduo sem raízes e sem compromissos de ordem cultural e moral, cada vez mais esquecido do princípio da autoridade" e, portanto, socialmente inexpressivo.

Como previam os manifestos anteriores, a literatura e as artes passam a integrar, ao lado dos fatores morais e étnicos, a "expressão política" da nação, a que se subordina, na ordem do novo Estado, a "expressão econômica" e os procedimentos de natureza administrativa. Diluídas no processo hegemônico, cabe-lhes agora dar um destino glorioso ao "novo homem brasileiro", cujo perfil ajudaram a construir ao longo dos dois decênios anteriores, apontando para o sentido unificador desse novo momento, que já se confirma como a *grande síntese libertária* que porá o país a salvo "dos prejuízos de uma civilização desumana e de uma cultura livresca". Anunciando "o espírito liberto de nós mesmos", de que tanto falou Graça Aranha, compete a elas, no âmbito desse novo ciclo, assegurar o percurso heroico do brasileiro disciplinado, zeloso da pátria e das instituições, combativo e atleticamente preparado para fazer valer os mandamentos do decálogo cívico, dos valores da tradição e dos poderes constituídos.[48]

Acompanhando à distância o curso dos acontecimentos de São Paulo, o grupo dissidente carioca evoluía para uma convivência tácita com a ordem imposta pela Revolução de Outubro, assumindo, no tom geral dos pronunciamentos e das obras, um distanciamento que ora se volta para a avaliação crítica da participação dissidente no debate intelectual do decênio de 1920, ora se dilui numa neutralidade próxima da omissão em face das graves questões que marcariam a trajetória político-social da geração de 1930. E é em nome da coesão

[47] Ver "A revolução continuará", em *Despertemos a nação!*, pp. 151-62.

[48] Ver "O grande ritmo da nação", em *Despertemos a nação!*, pp. 168-71; "Um país que não se lê", em *Despertemos a nação!*, pp. 184-8, e *A doutrina do Sigma*, Rio de Janeiro, José Olympio, 1935.

interna que o grupo desfrutou no passado, que nasce a ideia de organizar a revista *Lanterna Verde* justamente em torno de alguns intelectuais, entre eles Felipe de Oliveira, Álvaro Moreira, Rodrigo Otávio Filho e Tristão de Athayde, que conviveram com Ronald de Carvalho em Paris, por volta de 1913.

Nessa direção, a revista conterá a agressividade reformista do grupo, amortecida pela dispersão que fatalmente viria com o crescente prestígio de alguns de seus membros, em funções burocráticas e políticas nos quadros do novo regime. O próprio Ronald de Carvalho, que morreria tragicamente em 1935, serve de modelo a esse arrefecimento ideológico, claramente favorável à solução totalitária do Estado Novo. Assumindo, em 1930, por indicação do general Tasso Fragoso, o expediente do Ministério das Relações Exteriores, segue nesse mesmo ano para Paris como primeiro secretário da embaixada, permanecendo em atividade na Europa até 1934, quando, de volta ao Brasil, em meio a outras promoções importantes na carreira diplomática, é designado para a chefia da Casa Civil do presidente Getúlio Vargas.

Por esse tempo, já era o revolucionário convertido que dedicava suas páginas a convencer o leitor da *redenção espiritual do homem do pós-guerra*, levado, num lance de desespero, a exaltar a imagem futurista da máquina como uma conquista da inteligência sobre a matéria. Do outro lado da trincheira, decide agora, numa atitude comedida, reavaliar "a dimensão de superfície" e o "furor da evasão" que a civilização da máquina imprimiu à literatura nos dois primeiros decênios do século, momento em que — nos diz ele — "a inquietação da profundidade foi substituída pela inquietação da distância". Fala, assim, como o crítico que agora se ressente, na "criação falhada do texto gasoso e inconsistente", da desagregação da personalidade e da eliminação do humano imposta por essa "estética do desespero", em que o primitivismo deformador, mergulhando no inconsciente, "perdeu a noção fundamental da unidade do ser".[49]

Apoiado em Waldo Frank, Marcel Arland e Jean Maxence, admite que à geração posterior ao ciclo reformista caberá assumir "uma posição salvadora" que permitirá a reconquista do equilíbrio, fundamental para a reabilitação do "homem eterno" tal como o imaginara Maxence. Entre um mergulho e outro na "finura do instinto

---

[49] Ronald de Carvalho, "Decadência da máquina. Ressurreição do homem", em *Caderno de imagens da Europa*, São Paulo, Nacional, 1935, pp. 9-15.

As galas do armistício

aristocrático da *ancienne France*", imaginando-se, por momentos, o parceiro de *madame* Guermantes na rota do "chapéu de veludo de Richelieu", há também a desconfiança pelo excesso de zelo com que "se morre no Brasil pelos Direitos do Homem"; a dúvida sobre a liberdade de cátedra e de pensamento nas escolas, particularmente levada ao excesso na França da época, onde, conforme assinala, as técnicas subversivas dos professores do Hérault ameaçavam descaracterizar rapidamente o comportamento intelectual da juventude; e o alerta para os perigos da bolchevização do mundo ocidental.[50]

O vínculo com o reformismo nacionalista da fase anterior, no entanto, persiste, e é visível na profissão de fé em favor do pensamento de Graça Aranha, reacesa com maior intensidade depois de sua morte, figurando Ronald como uma espécie de herdeiro direto do legado do mestre. A partir dele, será possível notar, em razão talvez do tom oficial que recobre agora o libelo dissidente, um mal contido desejo de emulação com as grandes matrizes contemporâneas do nacionalismo europeu, bastante evidente em alguns pronunciamentos favoráveis à ampliação defensiva dos povos subdesenvolvidos da América Latina em face do imperialismo estrangeiro, na denúncia do colonialismo cultural exercido pelo cinema europeu nas possessões da África e da Ásia, no testemunho contra o expansionismo militar da Alemanha nazista e, de uma maneira mais enfática, contra o forte esquema repressivo do exército stalinista.[51] Por esse caminho, chegará a preocupar-se com a liberdade individual em face do sindicato e do Estado e reconhecerá, numa ligeira autocrítica de sua geração, que esta foi obrigada a vergar-se ante os caudilhos inflamados que lhe obscureceram, muitas vezes, "a visão direta da realidade", manipulando a falácia da "ideologia jurídica, do lirismo sociológico dos jacobinos [...] e do amor aos grandes modelos das civilizações passadas".[52]

[50] Ver "A classe de 1930 contra André Gide"; "A juventude francesa e a escola comunista" e "A ronda de Stálin", em *Caderno de imagens da Europa*, pp. 29-34, 40-3 e 145-6, respectivamente.

[51] Ver, nesse sentido, "O México, o *Journal des Débats* e os países da América Latina"; "O cinema e o livre espírito das colônias" e "A ronda de Stálin", em *Caderno de imagens da Europa*, pp. 59-64, 78-9 e 145-6, respectivamente.

[52] Ver "A racionalização, o sindicato e o indivíduo" e "A técnica administrativa e o Estado moderno", em *Caderno de imagens da Europa*, pp. 178-81 e 154-7, respectivamente.

No entanto, em seus últimos escritos, Ronald permanecerá fiel ao corte ufanista de *Toda a América*, refazendo o roteiro do "poeta construtor" nas digressões amenas e nas notas de viagem do *Itinerário*, onde procura harmonizar a técnica do relato-flagrante ao olho ilustrado do *flâneur* que ainda persegue "a América redescoberta" na "doçura da paz *yankee*", na liberdade dos molequinhos caraíbas desprezados pelos ingleses, no "índice sociológico" dos arranha-céus de Nova York que soterraram de vez a "disciplina abstrata" das catedrais e dos palácios, pelas mãos do "primeiro arquiteto que foi o Emílio, de Rousseau". O mesmo canto num outro sonho, o de conviver agora com o lirismo dos negros, o *jazz* e o *blues*, o tam-tam da macumba deformando "a plasticidade ariana" por força de um caldeamento agressivo que orienta o seu próprio destino, como o dos heróis nacionalistas da Revolução Mexicana, Obregón à frente.[53]

A morte prematura lhe dará um lugar de destaque no último reduto dissidente que foi a revista *Lanterna Verde*. Para avaliar a importância do estímulo intelectual que representou para a produção subsequente do grupo, bastaria indicar que, por esse tempo, o deputado fascista Roberto Cantalupo, nomeado por Mussolini embaixador da Itália no Brasil com funções específicas ("*Siete nominato Ambasciatore in Brasile e raggiungerete la nuova Sede con la dovuta sollecitudine*"), dirá no prefácio à edição italiana da *Pequena história da literatura brasileira*, escrito no instante mesmo em que os soldados do *Duce* invadiam Adis-Abeba, que os vínculos entre as duas pátrias ganhavam, com a obra de Ronald, um novo alento. "A fantástica, mas não mitológica, a humana, humaníssima verdade do Brasil", assinala, retornava agora no "eco de Roma que atinge o Brasil como luz da eterna mãe sobre o filho-pródigo". Dirá mesmo que quatro séculos de civilização acumulada nas universidades, nas academias e nas letras, convergiam agora para um livro que, segundo indica, "transformou o território em Pátria, os fatos em história e a raça em Nação".[54]

Teixeira Soares relembrará, em *Lanterna Verde*, a "influência conjunta" que sobre ele exerceram Elísio de Carvalho, Graça Aranha

---

[53] Ver Ronald de Carvalho, *Itinerário: Antilhas, Estados Unidos e México*, São Paulo, Nacional, 1935, *passim*.

[54] Ver Roberto Cantalupo, "Prefazione", em *Piccola storia della letteratura brasiliana*, Firenze, Valecchi Editore, 1936, pp. 13-24.

As galas do armistício

e Ronald, enfatizando neste último "o homem de ação" que, ao lado de Graça Aranha, empreendeu "a renovação modernista do Brasil, que começou estética e acabou política e social". Álvaro Moreira, lamentando o seu desaparecimento e a lacuna aberta no movimento dissidente, aludirá aos "projetos que nos fizeram" e limitará o alcance da contribuição do grupo num "país de cultura vinda pelo correio", onde é bem possível "sermos um dia julgados como os primeiros homens representativos da raça brasileira, misturadíssima e independentíssima". Felipe de Oliveira, pensando no momento de grande renovação estética que o país atravessava, exaltará o ideário do grupo, assinalando que a literatura brasileira existe porque deveu a alguns escritores a sua precedência nacional. E Renato Almeida, por fim, incorporará à revista todo o itinerário intelectual de Ronald, desde o momento em que, com Elísio de Carvalho e Graça Aranha, concebeu, no *Monitor Mercantil*, a ideia de *uma exposição de arte moderna, depois transferida para São Paulo*, até a consagração do "modernismo heterodoxo" e aberto a todas as tendências, passando pelas reuniões estratégicas com Mário e Oswald em sua casa, pelas discussões no bonde, que subia para o Catete, e pela viagem de trem para São Paulo, onde Ronald lhe leu a conferência que faria à noite no Teatro Municipal de São Paulo.[55]

A revolta contra o Futurismo e a sincronização intelectual, artística e estética vinham de Ronald para o ideário da *Lanterna Verde*, para fortalecer a tese de que, no Brasil, "a literatura está ainda por fazer". A abertura para um contato cada vez maior com os problemas suscitados com a interrupção do pacto social anterior a 1930 conduzia agora à "necessidade de exaltar os valores da vida real" e não mais os mitos que, apesar de poderosos, não mantinham nenhuma correspondência com o novo estado de espírito que motivava a nação.[56] Depois de Ronald, permanecia ainda um discurso reformista que se mantinha indefinido entre o compromisso com a modernidade verbal-

[55] Ver Teixeira Soares, "O Ronald que eu conheci", *Lanterna Verde*, n° 3, fev. 1936, p. 24; Álvaro Moreira, "A nossa geração", *Lanterna Verde*, n° 5, jul. 1937, pp. 51-6; "O depoimento do Felipe", *Lanterna Verde*, n° 4, nov. 1936, pp. 99-105, e Renato Almeida, "Ronald de Carvalho e o Modernismo", *Lanterna Verde*, n° 4, nov. 1936, pp. 68-83.

[56] Renato Almeida, "Noticiário", *Lanterna Verde*, n° 5, jul. 1937, pp. 158-60.

mente assumida e a hesitação histórica do gesto. O passo adiante fora dado e não havia mais como camuflar a face obscura do sonho, projetada em cheio na "grande véspera" totalitária já bem nítida no horizonte. Em 1936, o próprio Renato Almeida, como último porta-voz do movimento dissidente, se encarregaria de saudá-la, identificando na superioridade de Zaratustra uma confirmação da lei do "eterno retorno", que convalidava a tendência natural da "transposição dos meios lógicos e racionais que têm fatalmente de chegar a conclusões absurdas". O consolo intelectual para o gesto que adere está, segundo ele, no fato de que "o homem, no mundo de hoje, não desaparece, antes se reafirma. O conjunto de forças em choque constante não o apouca, reanima-o. Ele continua o mestre e o senhor. Onde então o engano dos que lamentam o destino e vaticinam o seu aniquilamento?".[57]

[57] Ver Renato Almeida, "Variações sobre Nietzsche", "A posição do relativismo contemporâneo" e "Em busca do humano", em *Figuras e planos*, Porto Alegre, Globo, 1936.

Sobre os periódicos citados

Mercure de France

Revista simbolista fundada em 1890 por Alfred Villete e um grupo de amigos que costumavam se encontrar no café La Mère Clarisse da rua Jacob, em Paris. Publicação mensal até 1904, o *Mercure* passou a tirar edições bimensais entre 1905 e 1939, voltando a ser editado mensalmente entre 1939 e 1945. Interessado nas letras, seu foco principal eram as relações da literatura francesa com as demais literaturas. Em sua primeira fase publicou autores como Albert Samain, Remy de Gourmont, Jean Moréas, além de Mallarmé e Heredia, que tiveram alguns textos inéditos divulgados. Em 1965, Simone Gallimard assumiu a direção da revista, que circula até hoje.

A Meridional

Revista de arte, filosofia, literatura e política, foi fundada por Elísio de Carvalho, no Rio de Janeiro, em 1899. Além de se interessar pelos assuntos ligados ao Decadentismo europeu e à poética do Simbolismo francês, Mallarmé à frente, a revista se propunha a combater "o estado estacionário e a grande anarquia" que emperravam o avanço da literatura e das artes no fim do século XIX. Foram seus colaboradores, além do próprio Elísio de Carvalho, Décio Villares, Rocha Pombo, Silva Marques, entre outros.

Kultur

Efêmera revista de cultura fundada no Rio de Janeiro, em 1904, por Elísio de Carvalho e Mota Assunção; mesclou tendências decadentistas a uma aberta profissão de fé pseudoanarquista, inspirada nas teses de Max Stirner. Da ficção ao teatro, publicou inéditos e crítica sistemática, variando o ponto de análise em notas esparsas e artigos sobre autores nacionais e estrangeiros.

Crítica e Polêmica

Revista mensal fundada por Osório Duque Estrada, circulou de 1908 a 1924. Voltada para a discussão e divulgação das artes e do pensamento, construiu uma pauta variada e de grande influência sobre a época. Além do próprio Duque Estrada, nela colaboraram autores como João do Rio, Olavo Bilac, Ronald de Carvalho, João Ribeiro e Graça Aranha, entre outros.

Revista Americana

Publicada no Rio de Janeiro entre 1909 e 1919, visava à integração e ao intercâmbio político-cultural entre as Américas. Dirigida por Araújo Jorge, Joaquim Viana e Delgado de Carvalho, serviu de tribuna expressiva a intelectuais como Oliveira Lima, Joaquim Nabuco, Euclides da Cunha, Ronald de Carvalho e Rui Barbosa, entre outros.

Ilustração Brasileira

Revista mensal publicada no Rio de Janeiro, entre 1909 e 1939, que reflete o ecletismo cultural decorrente da modernização urbana e da crescente atualização da sociedade brasileira na esfera da cultura, das artes, da ciência e da política. Mário de Andrade colaborou com a revista, assinando em 1920 a seção "De São Paulo". Graça Aranha, Ronald de Carvalho, Elísio de Carvalho e Renato Almeida também participaram de suas páginas.

Revista do Brasil

Em sua primeira fase, circulou em São Paulo entre janeiro de 1916 e maio de 1925, voltada para o campo das ciências, das letras e atualidades políticas e sociais, sob a direção de Pereira Barreto, Júlio Mesquita, Alfredo Pujol e Monteiro Lobato, entre outros. Na fase seguinte, que se estende de setembro de 1926 a fins de janeiro de 1927, alcançou a fase de efervescência do Modernismo e da renovação cultural do país, tendo como redatores Manuel Bandeira, Prudente de Morais Neto, Afonso Arinos, Sérgio Buarque de Holanda, Augusto Frederico Schmidt, entre outros. Foi então dirigida por Pandiá Calógeras, Afrânio Peixoto, Alfredo Pujol e Plínio Barreto.

Brazílea

Revista de forte cunho sectário e nacionalista, fundada em São Paulo por Álvaro Bomílcar, em 1917; militou entre a pregação ostensiva dos mitos da pátria e um fervoroso elogio das virtudes de sua defesa, inclusive militar. Foram seus colaboradores mais conhecidos, além do próprio Bomílcar, Manoel Gahisto, Antônio Torres, Jackson de Figueiredo e Gustavo Garnett.

Sobre os periódicos citados

Revue de L'Amérique Latine

Revista de integração e difusão da cultura francesa na América Latina, mesclava a divulgação de autores franceses com a publicação de escritores e ensaístas latino-americanos. Editada em Paris entre os anos de 1922 e 1932, constituiu-se num dos principais veículos para a difusão da inteligência e da cultura brasileira na Europa.

América Brasileira

Financiada por Elísio de Carvalho, então diretor do *Monitor Mercantil*, apareceu no Rio de Janeiro em 1922, interessada em novas propostas do universo das artes, da cultura e da literatura no Brasil daquele momento. Elísio de Carvalho costumava reunir em sua casa no Flamengo os jovens intelectuais que frequentavam a redação, entre eles os modernistas do Rio. Foram seus colaboradores Renato Almeida, Graça Aranha, Ronald de Carvalho e Mário de Andrade, entre outros.

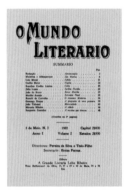

O Mundo Literário

Dirigida no Rio de Janeiro por Pereira da Silva e Théo-Filho, apresentava-se como "mensário de literatura nacional e estrangeira", tendo circulado de maio de 1922 a dezembro de 1925, editada pela Livraria Leite Ribeiro. Seu grande objetivo — tal como propõe o texto de apresentação da revista — era participar da "visível inquietude e do vivo espírito de inovação do Brasil desta hora" frente aos sintomas do novo e da mudança. Por isso, impunha-se a tarefa de trazer à realidade todas as aspirações do momento, mesmo que caóticas e trepidantes. Daí a intenção de orientar os seus leitores "no fio do pensamento da raça". Por suas páginas passaram alguns dos principais nomes que viveram a transição do fim do século para o Modernismo.

Klaxon

Revista mensal que circulou em São Paulo de maio de 1922 a janeiro de 1923. Revolucionária em seu projeto gráfico, *Klaxon* — a buzina extravagante do automóvel — anunciava a modernidade de modo satírico e irônico, ao encalço de tudo que fosse atual e inovador. Definia-se como futurista e *klaxista*, interessando-se por arte, literatura e cultura com uma intenção "polimorfa, onipresente, inquieta, cômica, irritante, contraditória, invejada, insultada e feliz". Passaram por suas páginas os principais nomes do Modernismo, entre eles Mário e Oswald de Andrade, Menotti del Picchia e Guilherme de Almeida.

Revista Novíssima

Fundada em São Paulo por Cassiano Ricardo, circulou entre 1923 e 1924, preocupando-se com os temas comprometidos com a renovação modernista no âmbito da literatura, das artes e do pensamento. Dela participaram os modernistas ligados ao grupo de Plínio Salgado, reunindo entre outros o próprio Cassiano Ricardo, Menotti del Picchia e Candido Motta Filho.

Estética

Revista de arte, literatura e cultura fundada no Rio de Janeiro por Prudente de Morais Neto e Sérgio Buarque de Holanda. De vida breve, porém intensa, circulou de 1924 a 1925, tornando-se conhecida por haver sido o estopim que acabou dividindo o Modernismo, com o célebre artigo em que Sérgio Buarque de Holanda denunciou os modernistas da ordem e em seguida retirou-se da vida literária, para passar algum tempo num jornal obscuro do Espírito Santo.

Terra Roxa e Outras Terras

Dirigida por Antonio de Alcântara Machado, foi lançada em São Paulo em 1926. Apesar de inovar no formato e no apelo fortemente localista de seu título, em breve perdeu o fôlego, mesmo tendo entre seus colaboradores Mário e Oswald de Andrade. Seu grande objetivo foi propor uma definição do espírito moderno e, com isso, ampliar, na sociedade que se renovava em São Paulo, a presença da literatura e das artes. Além de Mário e Oswald, apareceram em suas páginas Paulo Prado, Sérgio Milliet e Rubens Borba de Morais, entre outros.

Movimento Brasileiro

Revista fundada no Rio de Janeiro por Renato Almeida e Graça Aranha, circulou entre 1928 e o final da Revolução de 1930. Apesar de anunciar um compromisso maior voltado para as vanguardas e a renovação da literatura brasileira, a revista tinha um fundo nacionalista e sectário mais próximo do grupo de Plínio Salgado do que das posições radicais do grupo paulista, que tinha Mário de Andrade e Oswald de Andrade à frente.

Revista Nova

Interessada em acompanhar as transformações literárias e culturais do país, foi lançada em São Paulo por Antonio de Alcântara Machado, Mário de Andrade e Paulo Prado, tendo circulado nos anos de 1931 e 1932, inicialmente com edições trimestrais e, depois, bimestrais. Entre os seus principais colaboradores figuram Couto de Barros, Tácito de Almeida, Murilo Mendes, Prudente de Morais Neto, Guilherme de Almeida, Carlos Drummond de Andrade, Manuel Bandeira e Ribeiro Couto.

Lanterna Verde

Boletim anual ilustrado, publicado no Rio de Janeiro pela Sociedade Felippe d'Oliveira de 1934 a 1938 e, depois de breve interrupção, de 1943 a 1944. Sua comissão diretora era formada por Rodrigo Otávio Filho, Otávio Tarquínio de Sousa, Ribeiro Couto e João Daudt de Oliveira. Com o objetivo de publicar inéditos e de reeditar as obras do escritor Felipe de Oliveira, bem como de autores brasileiros da nova geração, o boletim levava o nome da obra mais conhecida de Felipe de Oliveira. Eram membros da Sociedade, entre outros, Ronald de Carvalho, Augusto Frederico Schmidt, Álvaro Moreyra, Ribeiro Couto, João Neves da Fontoura, Assis Chateaubriand e Alceu Amoroso Lima.

Anhembi

Revista mensal fundada por Paulo Duarte em dezembro de 1950, na cidade de São Paulo, circulou até novembro de 1962. Projetada para a área da literatura, da cultura e das artes, reuniu material de pesquisa, além de vasta contribuição na esfera da crítica, da análise e da divulgação de autores nacionais e estrangeiros.

Bibliografia

1. REFERÊNCIAS HISTÓRICAS SOBRE O PERÍODO ESTUDADO

BELLO, José Maria. *História da República*. 6ª ed. São Paulo: Nacional, 1972.

CARDOSO, Fernando Henrique. "Dos governos militares a Prudente-Campos Sales". In: FAUSTO, Boris (org.). *História geral da civilização brasileira*. Tomo 3, vol. 1. São Paulo: Difel, 1975.

CARONE, Edgard. *A República Velha: instituições e classes sociais*. 3ª ed. São Paulo: Difel, 1975.

_____. *A República Velha: evolução política*. São Paulo: Difel, 1971.

_____. *A Primeira República (1889-1930): texto e contexto*. 2ª ed. São Paulo: Difel, 1973.

_____. *Movimento operário no Brasil (1877-1944)*. São Paulo: Difel, 1979.

CHAUI, Marilena. "Cultura do povo e autoritarismo das elites". *Cinema-BR*, nº 1, set. 1977, pp. 1-7.

COSTA, João Cruz. *Contribuição à história das ideias no Brasil*. Rio de Janeiro: José Olympio, 1956.

FAORO, Raymundo. "Mudança e revolução". In: *Os donos do poder*. 2ª ed. Porto Alegre: Globo, 1976.

FAUSTO, Boris. "A revolução de 30". In: MOTA, Carlos Guilherme (org.). *Brasil em perspectiva*. 7ª ed. São Paulo: Difel, 1976.

HOLANDA, Sérgio Buarque de. *Raízes do Brasil*. 8ª ed. Rio de Janeiro: José Olympio, 1975.

IGLESIAS, Francisco. "Estudo sobre o pensamento reacionário: Jackson de Figueiredo". In: *História e ideologia*. São Paulo: Perspectiva, 1971.

LEAL, Victor Nunes. *Coronelismo, enxada e voto*. 3ª ed. São Paulo: Alfa-Ômega, 1976.

LYRA, Heitor. *História da queda do Império*. 2 vols. São Paulo: Nacional, 1964.

PINHEIRO, Paulo Sérgio. *Política e trabalho no Brasil*. Rio de Janeiro: Paz e Terra, 1975.

Bibliografia

PRADO JUNIOR, Caio. *História econômica do Brasil*. 4ª ed. São Paulo: Brasiliense, 1956.

QUEIROZ, Maria Isaura Pereira de. "O coronelismo numa interpretação sociológica". In: FAUSTO, Boris (org.). *História geral da civilização brasileira*. Tomo 3, vol. 1. São Paulo: Difel, 1975.

SAES, Décio. *Classe média e política na Primeira República (1889-1930)*. Petrópolis: Vozes, 1975.

SODRÉ, Nélson Werneck. *Raízes históricas do nacionalismo brasileiro*. Rio de Janeiro: Instituto Superior de Estudos Brasileiros, 1960.

SOUZA, Maria do Carmo Campello de. "O processo político-partidário na Primeira República". In: MOTA, Carlos Guilherme (org.). *Brasil em perspectiva*. 7ª ed. São Paulo: Difel, 1976.

2. TEORIA, ANÁLISE E HISTÓRIA LITERÁRIA

ADORNO, Theodor W. "Discurso sobre lírica y sociedad". In: *Notas de literatura*. Barcelona: Ariel, 1962. Trad. bras.: "Palestra sobre lírica e sociedade". In: *Notas de literatura I*. Tradução de Jorge de Almeida. São Paulo: Editora 34/Duas Cidades, 2003.

_____. "El artista como lugarteniente". In: *Notas de literatura*. Barcelona: Ariel, 1962. Trad. bras.: "O artista como representante". In: *Notas de literatura I*. Tradução de Jorge de Almeida. São Paulo: Editora 34/Duas Cidades, 2003.

ANDRADE, Mário de. *O movimento modernista*. Rio de Janeiro: Casa do Estudante do Brasil, 1945.

ANDRADE, Oswald de. "O Modernismo". *Anhembi*, vol. 17, nº 49, dez. 1954, pp. 26-32.

ATHAYDE, Tristão de. "Retrospecto". *Anhembi*, vol. 1, nº 2, jun. 1951, pp. 246-59.

_____. *Companheiros de viagem*. Rio de Janeiro: José Olympio, 1971.

BARBOSA, João Alexandre. "A dupla face de Janus". In: *A tradição do impasse*. São Paulo: Ática, 1974.

BARTHES, Roland. *Crítica e verdade*. São Paulo: Perspectiva, 1970.

BENJAMIN, Walter. "Le Narrateur". In: *Poésie et révolution*. Paris: Les Lettres Nouvelles, 1971.

_____. "Sur quelques thèmes baudelairiens". In: *Poésie et révolution*. Paris: Les Lettres Nouvelles, 1971.

BOSI, Alfredo. *O Pré-Modernismo*. São Paulo: Cultrix, 1967.

_____. *História concisa da literatura brasileira*. São Paulo: Cultrix, 1970.

_____. *O ser e o tempo da poesia*. São Paulo: Cultrix/USP, 1977.

BRITO, Mário da Silva. *História do modernismo brasileiro: antecedentes da Semana de Arte Moderna*. Rio de Janeiro: Civilização Brasileira, 1964.

BROCA, Brito. *A vida literária no Brasil: 1900*. 3ª ed. Rio de Janeiro: José Olympio, 1975.

CANDIDO, Antonio. "Literature and the Rise of Brazilian Self-Identity". *Luso--Brazilian Review*, The University of Wiscosin Press, vol. 5, nº 1, jun. 1968, pp. 36-41.

_____. "Literatura e cultura de 1900-1945". In: *Literatura e sociedade*. São Paulo: Nacional, 1965.

_____. "O escritor e o público". In: *Literatura e sociedade*. São Paulo: Nacional, 1965.

_____. "A literatura e a formação do homem". Separata da revista *Ciência e Cultura*, vol. 9, nº 24, set. 1972.

_____. "Literatura e subdesenvolvimento". *Argumento*, nº 1, out. 1973, pp. 8-24.

COUTINHO, Afrânio. "A crítica literária romântica". *Revista do Livro,* nº 38, jul./ago./set. 1969, pp. 11-38.

CAUDWELL, Christopher. *Ilusión y realidad*. Buenos Aires: Paidós, 1972.

ELIOT, T. S. *Ensaios de doutrina crítica*. Lisboa: Guimarães Editores, 1962.

FRYE, Northrop. "Crítica retórica". In: *Anatomia da crítica*. São Paulo: Cultrix, 1973.

GENETTE, Gerard. "O reverso dos signos". In: *Figuras*. São Paulo: Perspectiva, 1972.

GRAMSCI, Antonio. *Literatura e vida nacional*. Rio de Janeiro: Civilização Brasileira, 1971.

HAUSER, Arnold. "El impresionismo". In: *Historia social de la literatura y el arte*. Madri: Guadarrame, 1969.

LAFETÁ, João Luiz. *1930: a crítica e o modernismo*. São Paulo: Duas Cidades, 1974. 2ª ed., São Paulo: Editora 34/Duas Cidades, 2000.

LUKÁCS, Georg. *Ensaios sobre literatura*. 2ª ed. Rio de Janeiro: Civilização Brasileira, 1968.

MAUCLAIR, Camille. *Mallarmé chez lui*. 2ª ed. Paris: Éditions Bernard Grasset, 1935.

MILLIET, Sérgio. *Panorama da moderna poesia brasileira*. Rio de Janeiro: MEC, 1952.

MUGNIER, Henry. "Sobre uma geração: Verhaeren e nós". *Anhembi*, vol. 7, nº 21, ago. 1952, pp. 418-27.

NUNES, Benedito. "Das utopias". In: *O dorso do tigre*. São Paulo: Perspectiva, 1969. 3ª ed., São Paulo: Editora 34, 2009.

PAZ, Octavio. *Corriente alterna*. México: Siglo XXI, 1969.

SCHWARZ, Roberto. "As ideias fora do lugar". *Cadernos de Opinião*, Rio de Janeiro, jul. 1975.

TROTSKY, Leon. "Le Futurisme". In: *Literature et révolution*. Paris: Gallimard, 1971.

VALÉRY, Paul. "Existence du symbolisme", In: *Oeuvres I: Variété*. Paris: Gallimard, 1957 (Coleção Bibliothèque de la Pléiade).

_____. "L'Invention esthétique". In: *Oeuvres I: Variété*. Paris: Gallimard, 1957 (Coleção Bibliothèque de la Pléiade).

_____. "Discours sur Émile Verhaeren". In: *Oeuvres I: Variété*. Paris: Gallimard, 1957 (Coleção Bibliothèque de la Pléiade).

3. AUTORES E OBRAS DO PERÍODO ESTUDADO

A. LIVROS

ALMEIDA, Renato. *Em relevo*. Rio de Janeiro: Apolo, 1971.

_____. *Fausto: ensaio sobre o problema do ser*. Rio de Janeiro: Anuário do Brasil, 1922.

_____. *Formação moderna do Brasil*. Rio de Janeiro: Álvaro Pinto Editor, 1923.

_____. *Velocidade*. Rio de Janeiro: Schmidt, 1932.

_____. *Figuras e planos*. Porto Alegre: Globo, 1936.

ARANHA, Graça. *A estética da vida*. In: *Obras completas*. Rio de Janeiro: MEC--INL, 1969.

_____. *O espírito moderno*. In: *Obras completas*. Rio de Janeiro: MEC-INL, 1969.

_____. *A viagem maravilhosa*. In: *Obras completas*. Rio de Janeiro: MEC--INL, 1969.

_____. *Graça Aranha: trechos escolhidos*. Rio de Janeiro: Agir, 1970.

ATHAYDE, Tristão de. "Continentalismo". In: *Estudos*. 1ª série. Rio de Janeiro: Terra de Sol, 1927.

_____. "À margem de dois poetas". In: *Estudos*. 1ª série. Rio de Janeiro: Terra de Sol, 1927.

_____. "Tendências". In: *Estudos*. 1ª série. Rio de Janeiro: Terra de Sol, 1927.

_____. "Marinetti". In: *Estudos*. 1ª série. Rio de Janeiro: Terra de Sol, 1927.

BONFIM, Manuel. *O Brasil nação*. Rio de Janeiro: Francisco Alves, 1931.

CAMPOS, Humberto de. "Ronald de Carvalho". In: *Carvalhos e roseiras*. 2ª ed. Rio de Janeiro: José Olympio, 1934.

CANTALUPO, Roberto. "Prefazione". In: *Piccola storia della letteratura brasiliana*. Firenze: Valecchi Editore, 1936.

CARDOSO, Vicente Licínio (org.). *À margem da história da República*. Rio de Janeiro: Anuário do Brasil, 1924.

CARVALHO, Elísio de. *Delenda Carthago — Manifesto Naturista*. 2ª ed. Rio de Janeiro: Laemmert, 1901.

_____. *As modernas correntes estéticas na literatura brasileira*. Rio de Janeiro: Garnier, 1907.

_____. *Bárbaros e europeus*. Rio de Janeiro: Garnier, 1909.

_____. *Five o'clock*. Rio de Janeiro: Garnier, 1909.

_____. *Esplendor e decadência da sociedade brasileira*. Rio de Janeiro: Garnier, 1911.

_____. *Brava gente*. Rio de Janeiro: Monitor Mercantil, 1921.

_____. *A realidade brasileira*. Rio de Janeiro: Monitor Mercantil, 1922.

_____. *Os bastiões da nacionalidade*. Rio de Janeiro: Anuário do Brasil, 1922.

_____. *Suave austero*. Rio de Janeiro: América Brasileira/Anuário do Brasil, 1925.

_____. *Príncipes del espíritu americano*. Madri: Editorial América, 1944.

CARVALHO, Elísio de; CARVALHO, Ronald de. *Afirmação de um ágape de intelectuais*. Rio de Janeiro: Monitor Mercantil, 1921.

CARVALHO, Ronald de. *Luz gloriosa*. Paris: Crès et Cie, 1913.

_____. *Poemas e sonetos*. Rio de Janeiro: Leite Ribeiro & Maurillo, 1919.

_____. *Pequena história da literatura brasileira*. Rio de Janeiro: Briguiet, 1919.

_____. *Epigramas irônicos e sentimentais*. Rio de Janeiro: Anuário do Brasil, 1922.

_____. *Estudos de literatura brasileira*. 1ª série. Rio de Janeiro: Anuário do Brasil, 1924.

_____. *Toda a América*. Rio de Janeiro: Pimenta de Melo, 1926.

_____. *Jogos pueris*. Rio de Janeiro: s/e, 1926.

_____. *Imagens do México*. Rio de Janeiro: Anuário do Brasil, 1930.

_____. *Estudos brasileiros*. 3ª série. Rio de Janeiro: Briguiet, 1931.

_____. *Rabelais e o riso do Renascimento*. Rio de Janeiro: Briguiet, 1931.

_____. *Caderno de imagens da Europa*. São Paulo: Nacional, 1935.

_____. *Itinerário: Antilhas, Estados Unidos e México*. São Paulo: Nacional, 1935.

_____. *Estudos brasileiros*. 2ª série. Rio de Janeiro: Nova Aguilar/INL, 1976.

Bibliografia

CARVALHO, Ronald de; DURTAIN, Luc. *Le Brésil et le génie français*. Rio de Janeiro: Imprensa Nacional, 1934.

DINIS, Almáquio. *Da estética na literatura comparada*. Rio de Janeiro: Garnier, 1911.

DURTAIN, Luc. *Imagens do Brasil e do Pampa*. Rio de Janeiro: Ariel, 1933. Prefácio e tradução de Ronald de Carvalho.

GOMES, Jaime de Barros. "Poeta e pensador da América". In: *Espelho dos livros*. Rio de Janeiro: José Olympio, 1936.

GRIECO, Agripino. "O filósofo com dor de barriga". In: *Vivos e mortos*. Rio de Janeiro: Schmidt, 1931.

_____. "Espelho de Ariel". In: *Vivos e mortos*. Rio de Janeiro: Schmidt, 1931.

_____. *Evolução da poesia brasileira*. Rio de Janeiro: Ariel, 1932.

JÚNIOR, Araripe. *Movimento de 1893*. Rio de Janeiro: Democrática, 1896.

MALLARMÉ, Stéphane. *Oeuvres complètes*. Paris: Gallimard, 1974 (Coleção Bibliothèque de la Pléiade).

MOTTA FILHO, Candido. *Introdução ao estudo do pensamento nacional*. São Paulo: Editorial Helios, 1926.

MURICY, Andrade. *A literatura nacionalista*. Petrópolis, 1916.

PICCHIA, Menotti del. *Chuva de pedra*. São Paulo: Editorial Helios, 1925.

_____. *República dos Estados Unidos do Brasil*. São Paulo: Editorial Helios, 1928.

PRADO, Eduardo. *A ilusão americana*. São Paulo: s/e, 1893.

PRADO, Paulo. *Retrato do Brasil*. São Paulo: Duprat-Mayença, 1928.

RICARDO, Cassiano. *Borrões de verde e amarelo*. São Paulo: Helios, 1925.

RIO, João do. *O momento literário*. Rio de Janeiro: Garnier, s/d.

_____. *As religiões no Rio*. Rio de Janeiro: Garnier, 1906.

_____. *Cinematógrafo*. Porto: Chardron, 1909.

_____. *Psicologia urbana*. Rio de Janeiro: Garnier, 1911.

_____. *Vida vertiginosa*. Rio de Janeiro: Garnier, 1911.

_____. *Intenções*. Rio de Janeiro: Garnier, 1912.

_____. *Os dias passam*. Porto: Lello & Irmão, 1912.

_____. *Crônicas e frases de Godofredo de Alencar*. Rio de Janeiro: Villas-Boas, 1916.

_____. *Pall-Mall Rio, de José Antonio José*. Rio de Janeiro: Villas-Boas, 1917.

_____. *Sésamo*. Rio de Janeiro: Francisco Alves, 1917.

_____. *O momento de Minas*. Belo Horizonte: Imprensa Oficial, 1917.

_____. *Correspondência de uma estação de cura*. Rio de Janeiro: Leite Ribeiro & Maurillo, 1918.

_____. *Adiante*. Rio de Janeiro: Bertrand, 1919.

_____. *Eva: peça em três atos*. Rio de Janeiro: Villas-Boas, s/d.

_____. *Rosário da ilusão*. Lisboa: Portugal-Brasil Ltda., s/d.

_____. *A mulher e os espelhos*. Lisboa: Brasil-Portugal Ltda., s/d.

_____. *Dentro da noite*. Rio de Janeiro: Garnier, s/d.

_____. *Ramo de loiro*. Lisboa: Aillaud & Bertrand, s/d.

ROMERO, Sílvio. *Sociologia e literatura*. Rio de Janeiro: Garnier, 1901.

_____. *O Brasil na primeira década do século XX*. Lisboa: A Editora Ltda., 1912.

SALGADO, Plínio; RICARDO, Cassiano; PICCHIA, Menotti del. *O curupira e o carão*. São Paulo: Editorial Helios, 1927.

SALGADO, Plínio. *Thabor*. São Paulo: Seção de Obras de O *Estado de São Paulo*, 1919.

_____. *Literatura e política*. São Paulo: Editorial Helios, 1927.

_____. *Despertemos a nação!*. Rio de Janeiro: José Olympio, 1935.

_____. *A doutrina do Sigma*. 2ª ed. Rio de Janeiro: Schmidt, 1937.

_____. *O estrangeiro*. 8ª ed. Rio de Janeiro: José Olympio, 1972.

_____. *O integralismo na vida brasileira*. Rio de Janeiro: Livraria Clássica Brasileira, s/d.

SILVA, João Pinto. "Ronald de Carvalho". In: *Fisionomia dos novos*. São Paulo: Monteiro Lobato Editores, 1922.

SILVEIRA, Tasso da. *Definição do modernismo brasileiro*. Rio de Janeiro: Forja, 1932.

TORRES, Alberto. *As fontes de vida no Brasil*. Rio de Janeiro: Papelaria Brasil, 1915.

_____. *O caráter nacional brasileiro*. São Paulo: Nacional, 1933.

TOURINHO, Eduardo. "Ronald de Carvalho". In: *Retratos brasileiros*. Rio de Janeiro: Biblioteca do Exército, 1956.

VILLAESPESA, Francisco. "Prefácio à tradução espanhola". In: *Toda a América*. Madri: Alejandro Pueyo, 1930.

B. REVISTAS E PERIÓDICOS

ABREU, Manuel de. "Atitude oposta de Edgar Allan Poe e Walt Whitman em face do não-ser". *Lanterna Verde*, n° 7, ago. 1943, pp. 79-96.

ALMEIDA, Lacerda de. "A Brazílea". *Brazílea*, n° 11, nov. 1917, pp. 502-5.

Bibliografia   279

ALMEIDA, Martins de. "Um homem na multidão". *Terra Roxa e Outras Terras*, n° 7, set. 1926, p. 3.

_____. "Sobre a expressão técnica". *Terra Roxa e Outras Terras*, n° 5, abr. 1926, p. 4.

ALMEIDA, Renato. "Afrânio Peixoto romancista". *Revista do Brasil*, n° 62, fev. 1921, pp. 108-20.

_____. "Inquietação na poesia". *Revista do Brasil*, n° 72, dez. 1921, pp. 305--8.

_____. "Perennis poesia". *O Mundo Literário*, n° 2, jun. 1922, pp. 209-13.

_____. "O movimento filosófico". *O Mundo Literário*, n° 6, out. 1922, pp. 343-58.

_____. "O tumor do orgulho". *América Brasileira*, n° 4, mar. 1922.

_____. "A reação moderna". *Revista do Brasil*, n° 88, abr. 1923, pp. 339--41.

_____. "A estética de Malazarte". *Klaxon*, n° 8-9, dez. 1922/jan. 1923, pp. 3-4.

_____. "A volta à música pura". *Revista do Brasil*, n° 99, mar. 1924, pp. 224-6.

_____. "O objetivismo em arte". *Estética*, n° 1, set. 1924, pp. 23-8.

_____. "A inteligência brasileira". *Revista do Brasil*, n° 6, nov. 1926, pp. 17--22.

_____. "Amplitude do espírito moderno". *Movimento*, n° 2, nov. 1928, p. 3.

_____. "Herman Keyserling". *Movimento Brasileiro*, n° 7, jul. 1929, p. 12.

_____. "A nova poesia brasileira". *Movimento Brasileiro*, n° 11, nov. 1929, pp. 7-11.

_____. "O drama de amor na *Viagem maravilhosa*". *Movimento Brasileiro*, n° 14, fev. 1930, pp. 4-5.

_____. "O romance dos Corumbas". *Lanterna Verde*, n° 1, mai. 1934, pp. 52-5.

_____. "A literatura em 1934". *Lanterna Verde*, n° 2, fev. 1935, pp. 99-107.

_____. "Ronald de Carvalho e o Modernismo". *Lanterna Verde*, n° 4, nov. 1936, pp. 68-83.

_____. "A minha entrevista com Paul Valéry". *Lanterna Verde*, n° 5, jul. 1937, pp. 127-31.

_____. "Um dia eu conheci Ronald de Carvalho". *Tribuna da Imprensa*, n° 11-13, fev. 1955.

ANDRADE, Mário de. "A viagem maravilhosa". *Movimento Brasileiro*, n° 18--19, jun./jul. 1930.

_____. "A poesia em 1930". *Revista Nova*, n° 1, mar. 1931, p. 107.

_____. "Luís Aranha ou a poesia preparatoriana". *Revista Nova*, n° 7, jun. 1932, pp. 292-3.

ANDRADE, Oswald de. "A questão estética do momento". *Novíssima*, n° 2, jan. 1924, p. 19.

_____. "*Manifesto Antropófago*". *Revista do Livro*, n° 16, dez. 1959, p. 194.

ARANHA, Graça. "Raízes de idealismo". *América Brasileira*, n° 9-12, ago./set./ out. 1922.

_____. "Ronald de Carvalho". *O Mundo Literário*, n° 15, jul. 1923, pp. 299- -301.

_____. "As tradições da política exterior do Brasil". *Pensamento da América*, n° 11, nov. 1943, p. 149. Entrevista ao jornal *A Noite*, 21/1/1928.

_____. "Aos artistas brasileiros". *Movimento Brasileiro*, n° 17, mai. 1930, p. 3.

_____. "Forma". *Movimento Brasileiro*, n° 20-21, ago./set. 1930, p. 21.

ATHAYDE, Tristão de. "Ronald de Carvalho: *Pequena história da literatura brasileira*". *O Jornal*, 22/1/1922.

_____. "Síntese". *Lanterna Verde*, n° 4, nov. 1936, pp. 85-98.

_____. "Evocação de Ronald de Carvalho". *Autores e Livros*, n° 18, jun. 1942, p. 280.

_____. "Afonso Arinos e Eduardo Prado". *Autores e Livros*, n° 19, jul. 1942, p. 296.

BELLO, José Maria. "O movimento literário de São Paulo e a literatura nacional". *O Jornal*, 5/2/1922.

_____. "A crise nas letras". *O Jornal*, 12/2/1922.

_____. "Ronald de Carvalho". *Autores e Livros*, n° 18, jun. 1942, pp. 283- -4.

BOMÍLCAR, Álvaro. "A política no Brasil: aspectos gerais". *Brazílea*, n° 1, jan. 1917, pp. 23-8.

_____. "Carta aberta a Pedro do Couto". *Brazílea*, n° 4, abr. 1917, pp. 149- -53.

_____. "A emancipação do Brasil". *Brazílea*, n° 6, jun. 1917, pp. 241-51.

_____. "Ação política e demagogia". *Brazílea*, n° 7, jul. 1917, pp. 287-90.

_____. "A guerra é o nosso programa". *Brazílea*, n° 10, out. 1917, pp. 467- -71.

_____. "Sr. Medeiros e Albuquerque!". *Brazílea*, n° 11, nov. 1917, pp. 508- -12.

CARVALHO, Elísio de. "Satã". *A Meridional*, n° 1, 12/2/1899.

_____. "São Paulo e o sentimento de unidade nacional". *América Brasileira*, n° 4, mar. 1922.

Bibliografia 281

_____. "O libelo nativista contra os portugueses". *América Brasileira*, n° 8, jul. 1922.

_____. "A ínclita trindade". *América Brasileira*, n° 9-12, ago./set./out. 1922.

CARVALHO, Ronald de. "Ariadne". *O Jornal*, 26/1/1922.

_____. "Com o ministro argentino". *O Jornal*, 11/3/1922.

_____. "Algumas reflexões sobre o romance moderno". *O Mundo Literário*, n° 1, mai. 1922, pp. 36-8.

_____. "O romance brasileiro". *O Mundo Literário*, n° 6, out. 1922, pp. 296-312.

_____. "Um século de pensamento". *América Brasileira*, n° 9-12, ago./set./out. 1922.

_____. "Graça Aranha, criador de entusiasmo". *Klaxon*, n° 8-9, dez. 1922/jan. 1923, pp. 2-3.

_____. "Itália". *Ilustração Brasileira*, n° 48, ago. 1924.

_____. "A poesia da América". *Movimento*, n° 2, nov. 1928, pp. 4-10.

_____. "O pássaro de Brancusi" (trad.). *Movimento Brasileiro*, n° 7, 11/7/1929.

_____. "Estética". *Movimento Brasileiro*, n° 10, out. 1929, pp. 4-8.

_____. "A viagem maravilhosa". *Movimento Brasileiro*, n° 12, dez. 1929, p. 3.

_____. "O numeroso Radagásio". *Movimento Brasileiro*, n° 14, fev. 1930, p. 6.

_____. "Retrato de Graça Aranha". *Revista Nova*, n° 1, mar. 1931, pp. 15--6.

_____. "Les Romans de nos grandes villes". *Revue de L'Amérique Latine*, vol. 23, n° 122, jun. 1932, pp. 184-6.

_____. "As bases da arte moderna". *Lanterna Verde*, n° 3, fev. 1936, pp. 14--21. Conferência proferida no curso Ângela Vargas, em junho de 1925.

COUTO, Ribeiro. "O penumbrismo é uma pilhéria". *Novíssima*, n° 4, mar./abr. 1924, pp. 26-30.

D'ALTAVILLA, Jayme. "Brava gente". *América Brasileira*, n° 8, jul. 1922.

DANTAS, Pedro. "Perspectivas". *Revista Nova*, n° 4, dez. 1931, pp. 616-8.

DINIS, Almáquio. "O futurismo". *O Mundo Literário*, n° 25, mai. 1924, pp. 48--56.

ESTRADA, Joaquim Osório Duque. "Poésie brésilienne". In: *Crítica e polêmica*. Rio de Janeiro: Henrique Velho & Cia., 1924.

FIGUEIREDO, Jackson de. "Resposta ao sr. João do Rio". *Brazílea*, n° 11, set. 1917, pp. 454-7.

FOMBONA, Rufino Blanco. "Ensayo sobre el modernismo literal en América". *Revista Americana*, n° 2, jul./ago./set. 1913, pp. 204-19.

FRANCO, Afonso Arinos de Mello. "Ao redor de *Toda a América*". *Revista do Brasil*, n° 1, set. 1926, pp. 29-30.

_____. "Poesia, 1936". *Lanterna Verde*, n° 4, nov. 1936, pp. 10-1.

_____. "Jammes e Ronald: dois conceitos de natureza". *Autores e Livros*, n° 18, jun. 1942, p. 285.

GAHISTO, Manoel. "Elísio de Carvalho et le nationalisme brésilien". *Revue de L'Amérique Latine*, vol. 6, n° 23, nov. 1923, pp. 255-8.

_____. "La Question du français: le Brésil, puissance mondiale". *Revue de L'Amérique Latine*, vol. 7, n° 30, jun. 1924, pp. 543-7.

_____. "Elísio de Carvalho, ses derniers ouvrages". *Revue de L'Amérique Latine*, vol. 11, n° 49, jan. 1926, pp. 71-5.

_____. "Toda la América". *Mercure de France*, vol. 234, n° 810, mar. 1932, pp. 744-8.

GARNETT, Gustavo. "O preconceito de raças no Brasil". *Brazílea*, n° 4, abr. 1917, pp. 178-9.

GENTIL, G. L. "Les Idées littéraires de M. Tristão de Athayde". *Revue de L'Amérique Latine*, vol. 16, n° 79, jul. 1928, pp. 67-9.

GRIECO, Agripino. "Um ironista sentimental". *O Mundo Literário*, n° 7, nov. 1922, pp. 66-90.

_____. "*Toda a América* de Ronald de Carvalho". *Gazeta de Notícias*, 14/2/1926.

GUIMARÃES, Moreira. "O espírito moderno". *Brasiliana*, n° 4, out. 1925, pp. 236-7.

JÚNIOR, Peregrino. "A ação renovadora dos modernos". *O Mundo Literário*, n° 24, abr. 1924, pp. 368-70.

_____. "Imagens de Ronald de Carvalho". *Tribuna da Imprensa*, 11-13/2/1955.

LATOUR, Jorge. "Integridade nacional". *América Brasileira*, n° 6, mai. 1922.

LEÃO, Mucio. "O sentimento de morte em Ronald de Carvalho". *Autores e Livros*, vol. 2, n° 18, jun. 1942, p. 281.

LUZ, Fábio. "O futuro da literatura". *Brasiliana: Revista de Boas Letras*, n° 4, out. 1925, pp. 173-80.

MARQUES, Silva. "Stéphane Mallarmé". *A Meridional*, n° 1, fev. 1899, p. 6.

MARQUES, Xavier. "Unidade de raça e unidade nacional". *O Mundo Literário*, n° 2, jun. 1922, pp. 133-5.

MENDES, Murilo. "O eterno nas letras brasileiras modernas". *Lanterna Verde*, n° 4, nov. 1936, pp. 44-6.

Bibliografia

MILLIET, Sérgio. "Poesia". *Terra Roxa e Outras Terras*, n° 4, mar. 1926, p. 4.

_____. "Poesia". *Terra Roxa e Outras Terras*, n° 6, jul. 1926, p. 3.

_____. "Dados para uma história da poesia modernista". *Anhembi*, vol. 1, n° 2, jan. 1951, pp. 282-303.

MORAIS NETO, Prudente de. "Jogos pueris". *Revista do Brasil*, n° 1, set. 1926, p. 30.

MORAIS NETO, Prudente de; HOLANDA, Sérgio Buarque de. "Ronald de Carvalho: *Estudos brasileiros*". *Estética*, n° 1, jan./fev./mar. 1925, pp. 215-9.

MOREIRA, Álvaro. "A nossa geração". *Lanterna Verde*, n° 5, jul. 1937, pp. 51--6.

NORTE, João do. "Um jardim de história". *O Jornal*, 4/1/1922. Resenha de *Brava gente*, de Elísio de Carvalho.

PAOLILO, Giuseppe. "A Itália hodierna". *Brasil Contemporâneo*, n° 89, abr. 1924, p. 14.

PEREIRA, Astrogildo. "Manifesto da contrarrevolução". *Revista Nova*, n° 2, jun. 1931, 214-27.

PESSOA, Fernando. "Carta inédita a Ronald de Carvalho". *Tribuna da Imprensa*, 11-13/2/1955.

PICCHIA, Menotti del. "Como eu penso". *Novíssima*, n° 2, jan. 1924, pp. 13-4.

_____. "O momento literário brasileiro". *Novíssima*, n° 7, set./out. 1924, p. 20.

POMBO, Rocha. "A estátua de Hulme". *A Meridional*, n° 1, fev. 1899.

PRADO, Paulo. "Toda a América". *Terra Roxa e Outras Terras*, n° 4, mar. 1926, p. 1.

RIBEIRO, João. "Latinos-americanos". *América Brasileira*, n° 5, abr. 1922.

RICARDO, Cassiano; PATI, Francisco. "A nova concepção da beleza no credo literário de *Novíssima*". *Novíssima*, n° 4, mar./abr. 1924, pp. 3-8.

SALGADO, Plínio. "Impressões de leitura". *Novíssima*, n° 6, jul./ago. 1924, pp. 33-8.

_____. "Impressões de leitura". *Novíssima*, n° 7, set./out. 1924, p. 31.

_____. "Impressões de leitura". *Novíssima*, n° 8, nov./dez. 1924, pp. 36-40.

SILVEIRA, Tasso da. "Renato Almeida". *América Brasileira*, n° 7, jun. 1922.

_____. "O individualismo de Romain Rolland". *O Mundo Literário*, n° 5, set. 1922, pp. 170-2.

_____. "Sobre um crítico de hoje". *O Mundo Literário*, n° 15, jul. 1923, pp. 260-74.

SOARES, Teixeira. "O Ronald que eu conheci". *Lanterna Verde*, n° 3, fev. 1936, p. 24.

SOUZA, Lincoln de. "Oração proferida em homenagem a Ronald de Carvalho". *O Mundo Literário*, n° 15, jul. 1923, pp. 303-5.

TORRES, Antonio. "De tanga e tacape". *Brazílea*, n° 12, dez. 1917, pp. 606-8.

ZABALA, Rómulo. "Ronald de Carvalho". *Pensamento da América*, n° 5, mai. 1943, pp. 57-66. Prólogo à edição argentina da *Pequena história da literatura brasileira*.

C. EDITORIAIS

"Literatura de esgoto". *América Brasileira*, n° 4, mar. 1922.

"O Brasil mais forte do que rico". *América Brasileira*, n° 4, mar. 1922.

"Semana de arte moderna". *América Brasileira*, n° 4, mar. 1922.

"A *América Brasileira* julgada pelo Sr. Zeballos". *América Brasileira*, n° 5, abr. 1922.

"O Brasil novo". *O Mundo Literário*, n° 5, set. 1922, pp. 133-5.

"Novíssima". *Novíssima*, n° 4, mar./abr. 1924.

"Uma sessão memorável na Academia". *Novíssima*, n° 6, jul./ago. 1924, pp. 1-4.

"Os livros e as ideias". *A Revista*, n° 2, ago. 1925, pp. 49-50. Sobre os *Epigramas irônicos e sentimentais*.

"Verhaeren e a poesia da América". *Movimento*, n° 2, nov. 1928, p. 7.

"Retrato do Brasil". *Movimento*, n° 3, dez. 1928, p. 15.

"Homenagem a Ronald de Carvalho". *Movimento*, n° 3, dez. 1928, p. 22.

"Modernismo e bolchevismo". *Movimento Brasileiro*, n° 1, jan. 1929, p. 20.

"Revisão de valores: José de Alencar". *Movimento Brasileiro*, n° 3, mar. 1929, pp. 4-7.

"O sentido da antropofagia". *Movimento Brasileiro*, n° 3, mar. 1929, p. 14.

"O sentido moderno do Brasil". *Movimento Brasileiro*, n° 6, jun. 1929, p. 3.

"A democracia na América"; "O Parlamento fascista". *Movimento Brasileiro*, n° 7, jul. 1929, p. 19.

"Revisão de valores: Olavo Bilac". *Movimento Brasileiro*, n° 8, ago. 1929, pp. 7--8.

"Pacificação de espíritos". *Movimento Brasileiro*, n° 10, out. 1929, p. 3.

"José Veríssimo, precursor da antropofagia". *Movimento Brasileiro*, n° 10, out. 1929, pp. 9-11.

"Nacionalismo". *Movimento Brasileiro*, n° 13, jan. 1930, p. 3.

"Mussolini define a nova Academia italiana". *Movimento Brasileiro*, n° 13, jan. 1930, p. 23.

Bibliografia

"Um criador". *Movimento Brasileiro*, n° 14, fev. 1930, p. 3.

"O esforço modernista". *Movimento Brasileiro*, n° 15, mar. 1930, p. 3.

"Graça Aranha aos artistas brasileiros". *Movimento Brasileiro*, n° 17, mai. 1930, p. 3.

"Modernismo". *Movimento Brasileiro*, n° 18-19, jun./jul. 1930, p. 3.

"Noticiário". *Lanterna Verde*, n° 5, jul. 1937, pp. 158-60.

"O sr. Getúlio Vargas e os intelectuais". *Anhembi*, n° 10, set. 1951, pp. 58-64.

Índice onomástico

Abrantes, Marquesa de, 105
Adam, Paul, 29-30
Alencar, José de, 71, 184
Almeida, Guilherme de, 124, 141, 166, 177, 239-40, 269-70
Almeida, Lacerda de, 113
Almeida, Renato, 36, 38, 124-5, 128-36, 138-9, 141-2, 151-2, 166, 172-3, 177, 211, 221-2, 228-30, 234, 241-3, 245, 247, 262-3, 267-8, 270
Almeida, Tácito de, 270
Alvear, Marcelo Torcuato de, 242
Alves, Castro, 113, 184
Amado, Gilberto, 159
Amado, Jorge, 247
Amaral, Amadeu, 129
Anchieta, Padre, 121
Anderson, Maxwell, 243
Andrade, Carlos Drummond de, 244, 270
Andrade, Mário de, 9, 11, 13, 124, 133, 139-41, 166, 172, 177, 222, 235, 244, 248, 267-70, 274, 280
Andrade, Oswald de, 11-3, 139, 166, 230, 269-70
Apollinaire, Guillaume, 211
Aranha, Graça, 10-1, 36, 38, 41, 46, 52-3, 57-62, 95, 98, 102-3, 111, 119, 124-5, 128-30, 134-7, 139-56, 161-2, 164-7, 170, 172-7, 180-1, 190-1, 193, 202, 206-8, 210, 212, 216-20, 223-4, 229,

232-3, 235-7, 241-2, 244, 246, 251-3, 256, 258, 260-2, 266-8, 270
Aranha, Luís, 141, 248
Araripe Júnior, Tristão de Alencar, 22-4, 27, 257
Araújo, Murilo de, 230
Aristófanes, 85
Arland, Marcel, 259
Assis, Machado de, 16, 179, 231, 236, 253
Assunção, Mota, 266
Athayde, Tristão de, 118-9, 163, 166, 182, 199, 202-3, 241, 259
Badoglio, Pietro, 165
Bakunine, Mikhail Aleksandrovitch, 46, 50, 58
Balzac, Honoré de, 67, 60
Bandeira, Manuel, 141, 172, 177, 240, 267, 270
Barbosa, Agenor, 139, 141
Barbosa, João Alexandre, 245
Barbosa, Rui, 94, 159, 266
Barrès, Alexis, 38
Barreto, Paulo, 101, 253
Barreto, Plínio, 267
Barros, Couto de, 270
Baudelaire, Charles, 29, 37, 78-9, 185
Bello, José Maria, 19, 129, 150
Benevenuto, Perseu de, 77, 86
Bergson, Henri, 174
Bertheroy, Jean, 29
Bilac, Olavo, 94, 231, 266

Bismarck, Otto von, 59
Bolívar, Simón, 242
Bomílcar, Álvaro, 110, 112, 267
Bonfim, Manuel, 157, 223-4
Bonifácio, José, 138
Borges, Jorge Luis, 222, 243
Bosschaert, Ambrosius, 183
Bouhélier, Saint-Georges de, 38-9
Braga, Raul, 30
Breton, André, 244
Brito, Farias, 113, 131
Brouwer, Adriano, 183
Buckle, Henry Thomas, 122
Byron, Lord, 184, 239
Calógeras, Pandiá, 94, 267
Candido, Antonio, 17, 23, 39-40, 295
Caneca, Frei, 159
Canning, Lord, 242
Cantalupo, Roberto, 261
Cardoso, Fernando Henrique, 18
Carlyle, Thomas, 48, 56, 60, 109
Carone, Edgard, 19, 48, 50
Carpentier, Alejo, 39
Carvalho, Delgado de, 266
Carvalho, Elísio de, 9-10, 16, 26, 28-30, 34-45, 47-8, 50-62, 65-7, 69, 70, 73, 76-7, 92, 96-8, 101, 104-5, 107-8, 114, 116, 119, 122, 124-31, 134-8, 140-2, 144, 149-52
Carvalho, Ronald de, 10-1, 38, 52-3, 65, 95, 98, 115, 117-9, 121-2, 124-30, 132-3, 135, 138-9, 141, 149, 151-2, 161-3, 165-6, 176-83, 185-6, 188-92, 198-202, 207-8, 210-11, 218, 224, 226-7, 229-30, 233, 235-43, 245-6, 248-9, 259-62, 266-68, 271
Celso, Afonso, 24
Cendrars, Blaise, 211
Chamberlain, Houston Stewart, 122
Chateaubriand, Assis, 235, 271
Chaui, Marilena de Souza, 20
Chavannes, Puvis de, 29-30
Clés, Balthasar, 67
Cocteau, Jean, 243-4

Coelho Neto, Henrique Maximiano, 94
Costa, João Cruz, 224-5
Couto, Miguel, 94
Couto, Pedro do, 50, 112
Couto, Ribeiro, 141, 171-2, 177, 201, 239-40, 249, 270-1
Cruz e Sousa, João da, 29-30, 34-5
Cummings, Edward Estlin, 222
Cunha, Euclides da, 177, 207, 266
D'Aguilar, Gustavo, 98
D'Altavilla, Jayme, 140
D'Annunzio, Gabriele, 101, 109, 126, 136, 164-5
D'Harcourt, Ida, 100
Dantas, Pedro, 242-3
Darío, Rubén, 53, 99
Dehermé, Georges, 39
Delfino, Luís, 30
Dinis, Almáquio, 107-8
Dinis, Sílvia, 100
Duenyas, Johan de, 53
Duncan, Isadora, 79
Durtain, Luc, 245-6
Eick, Van, 183
Eisenstein, Sergei, 244
Emerson, 48, 56
Engels, Friedrich, 59
Epstein, Jean, 244
Ésquilo, 85
Estrada, Joaquim Osório Duque, 128, 266
Faoro, Raymundo, 202
Fausto, Boris, 223-4
Fernandes, Carlos D., 30
Ferrer, Francisco, 48
Ferrero, Guglielmo, 42, 54, 64, 103, 122
Figueiredo, Jackson de, 114, 166, 222, 241, 267
Fleury, Albert, 39, 41
Fombona, Rufino Blanco, 108-9
Fort, Paul, 128
France, Anatole, 38
Franco, Afonso Arinos de Mello, 202
Frank, Waldo, 259

288

Itinerário de uma falsa vanguarda

Freitas, Tibúrcio de, 30
Freyre, Gilberto, 213
Gahisto, Manoel, 128, 165, 174, 246, 267
Gallimard, Simone, 265
Gama, Marcelo, 50
Garibaldi, Anita, 165
Garibaldi, Giuseppe, 165
Garnett, Gustavo, 112, 267
Gasquet, Joachim, 39, 41
Gautier, Lídia, 100
Gautier, Théophile, 37
Géraldy, Paul, 239
Gide, André, 260
Gil, Augusto, 113
Gilbert, Bernard, 244
Girardin, Madame, 105
Girondo, Oliverio, 222
Gobineau, Joseph Arthur de, 242
Godar, Arsênio, 91
Goethe, Johann Wolfgang von, 134-6, 238
Gonzaga, Chiquinha, 103
Gourmont, Remy de, 265
Grave, Jean, 58
Grieco, Agripino, 125, 130, 165-6, 189, 201, 241
Griffin, Vielé, 53
Guimarães, Pascoal da Silva, 158
Guyau, Jean-Marie, 47, 51, 60, 96
Hegel, Georg Wilhelm Friedrich, 59
Heredia, José María de, 177, 240, 265
Holanda, Sérgio Buarque de, 177, 249, 251, 267, 269, 295
Homero, 85
Honegger, Arthur, 244
Huret, Jules, 242
Huysmans, Joris-Karl, 74
Ibañez, Blasco, 242
Ibsen, Henrik, 48, 99, 136
Iglesias, Francisco, 73, 221-2
Jacob, Max, 211
João VI, D., 174
Jorge, Araújo, 266
Joyce, James, 244

Jubim, Maurício, 30
Keyserling, Herman, 228
Khayam, Omar, 53, 100
Kropotkine, Pedro, 46, 50, 58, 142, 237
Lafetá, João Luiz, 295
Lapouge, Georges Vacher de, 122, 242
Larbaud, Valéry, 244
Latour, Jorge, 140
Lautréamont, Conde de, 37
Le Blond, Jean, 39, 41
Le Bon, Gustave, 122, 242
Leão, Carneiro, 157
Leão, Múcio, 198
Lemonnier, Camille, 38-9
Leoni, Raul de, 240
Lessa, Pedro, 94
Letourneau, Charles, 24
Lima Barreto, Afonso Henriques de, 96, 295
Lima, José Augusto de, 201
Lima, Pedro Motta, 201
Linken, Bob White, 226
Lisle, Leconte de, 240
Lobato, Monteiro, 129, 267
Lorrain, Jean, 96, 126
Luís, Washington, 139
Lumet, L., 39
Luz, Fábio, 44, 46-8, 50-1, 96, 200
Macedo, Joaquim Manuel de, 71
Machado, Antonio de Alcântara, 270
Magalhães, Valentim, 208, 231
Magre, M., 39
Maiakóvski, Vladímir, 243
Makay, Charles, 46
Mallarmé, Stéphane, 26-33, 37, 41, 265
Malraux, André, 247
Marinetti, Filippo Tommaso, 199, 239, 244
Maritain, Jacques, 211
Marques, Silva, 28, 30-1, 265
Marx, Karl, 59
Mauclair, Camille, 31
Maxence, Jean, 259

Índice onomástico

Medeiros e Albuquerque, José Joaquim de Campos de, 27
Medeiros, Borges de, 107
Meirelles, Saturnino, 30
Mello, Bernardo Vieira de, 158
Mendes, Murilo, 244, 270
Mendonça, Manuel Curvello de, 44, 46-7, 50-1, 96
Mesquita, Júlio, 267
Milhaud, Darius, 244
Milliet, Sérgio, 139, 141, 201, 270
Miranda, Sá de, 177, 242-3
Mirbeau, Octave, 39
Mockel, Albert, 183
Monet, Claude, 198
Monfort, E., 39
Moraes, Evaristo de, 47
Morais Neto, Prudente de, 177, 267, 269-70
Moréas, Jean, 265
Moreira, Álvaro, 239, 259, 262
Morgan, Edwin, 200
Mota, Benjamin, 50
Mota, Carlos Guilherme, 22, 223-4
Motta Filho, Candido, 157, 169, 174-6, 256, 269
Mugnier, Henry de, 139
Muricy, Andrade, 109-10
Mussolini, Benito, 164-5, 232, 261
Nabuco, Joaquim, 16, 159, 231, 236-7, 266
Nassau, Maurício de, 104-5
Neumont, Maurice, 30
Nietzsche, Friedrich, 37, 41-2, 49, 54, 56, 64, 99, 104, 109, 136, 142, 175, 208, 237, 263
Nóbrega, Padre Manuel da, 121
Nogueira, José Antônio, 105, 159
Nordau, Max, 60
Nunes, Benedito, 96
Obregón, Álvaro, 226-7, 261
Oliveira, Felipe de, 230, 239-40, 249, 259, 262, 271
Oliveira, João Daudt de, 271
Oliveira, João Fernandes de, 105
Orban, Victor, 128

Orico, Osvaldo, 125, 201
Otávio Filho, Rodrigo, 259, 271
Otávio, Rodrigo, 24
Pacheco, Félix, 30
Palomar, F. A., 226
Paolilo, Giuseppe, 165
Papini, Giovanni, 199
Pati, Francisco, 165, 167
Peçanha, Nilo, 115
Pedro I, D., 133
Peixoto, Afrânio, 132, 267
Peregrino Júnior, João, 176-7
Pereira Barreto, 267
Pereira da Silva, 268
Pereira, Astrojildo, 245, 248-9
Pessoa, Frota, 50
Petrarca, Francesco, 177
Picard, Edmond, 183
Picchia, Paulo Menotti del, 11, 129, 139, 141, 165-6, 169-70, 177, 203-4, 207-11, 213, 269
Pinheiro Machado, 107
Pirandello, Luigi, 244
Poe, Lugné, 39
Pontes de Miranda, Francisco Cavalcanti, 160-1
Prado, Eduardo, 24, 175, 207
Prado, Paulo, 157, 201, 219-20, 223, 270
Proudhon, Pierre-Joseph, 46
Proust, Marcel, 244
Prudhomme, Sully, 177
Pueyo, Alejandro, 226
Pujol, Alfredo, 267
Queirós, Maria Isaura Pereira de, 21
Queiroz, Rachel de, 247
Radiguet, Max, 30
Réclus, Élisée, 46
Regnier, Henry de, 49
Rego, José Lins do, 213, 247
Renan, Ernest, 56
Ribeiro, João, 46, 61, 140
Ricardo, Cassiano, 11, 165, 167, 169, 204-5, 207-14, 269
Rimbaud, Arthur, 26-7, 29

Rio, João do, 10, 36, 38, 44-6, 65-77, 79-81, 83-5, 89-90, 93-7, 101, 103-4, 114-6, 127, 142, 144, 149, 152, 185, 188, 193, 206, 212, 236, 251, 256, 266
Rocha Pombo, 30, 33, 47-8, 50, 265
Rocha, Camerino, 100
Rodenbach, Georges, 29, 182-4
Rodin, Auguste, 30, 39, 99
Rodrigues Alves, 95
Rolland, Romain, 132
Romero, Sílvio, 24-5, 106-7, 159, 182
Rossetti, Dante Gabriel, 99
Rousseau, Jean-Jacques, 138, 235, 261
Sagastume, Vázquez, 242
Salgado, Plínio, 10-2, 38, 41, 120, 165, 169, 171-3, 203-7, 209-10, 214-8, 220, 224, 251-2, 255, 257, 269-70
Samain, Albert, 265
Schmidt, Augusto Frederico, 249, 267, 271
Schopenhauer, Arthur, 49, 175
Seelinger, Hélios, 100
Shaw, Bernard, 244
Silos, Geraldo de, 225
Silva, Antonio Nogueira da, 105
Silva, Chica da, 105
Silveira, Tasso da, 52-3, 132
Simmel, Georg, 175
Sodré, Nélson Werneck, 224
Soffici, Ardengo, 244
Sousa Barros, 100
Sousa, Lincoln de, 191
Sousa, Otávio Tarquínio de, 271
Souza, Maria do Carmo Campello de, 22
Spencer, Herbert, 24
Spengler, Oswald, 175
Spinoza, Baruch, 135-6
Stael, Madame de, 105
Stálin, Joseph, 260
Stirner, Max, 42, 49, 58-9, 109, 142, 150, 152, 266

Théo-Filho, 268
Tolstói, Lev, 109, 136, 142
Torres, Alberto, 110-2, 157, 160, 190, 224-6, 256, 258
Torres, Antônio, 114, 267
Torres, Johan de, 53
Tucker, Preston, 46, 58
Tylor, Edward Burnett, 24
Tzara, Tristan, 181
Vaihinger, Hans, 175
Valle, Freitas, 124
Valtierra, 53
Vargas, Getúlio, 223, 259
Verhaeren, Émile, 26, 39, 53, 183
Veríssimo, José, 46, 61-5, 230-1, 182
Verlaine, Paul, 29, 33, 53
Viana, Joaquim, 266
Viana, Vítor, 50, 58, 165
Vianna, Oliveira, 134, 160, 216, 227
Victor, Nestor, 30
Vieira, Celso, 158
Villaespesa, Francisco, 189, 226
Villa-Lobos, Heitor, 166, 177, 179
Villares, Décio, 30, 33, 265
Villete, Alfred, 265
Weffort, Francisco, 223
Whitman, Walt, 51, 201
Wilde, Oscar, 10, 42, 78, 96, 100, 126, 188
Woolf, Virginia, 244
Zola, Émile, 38-9

Índice onomástico

Créditos das imagens

O autor agradece à professora Maria Eugênia Boaventura, coordenadora da biblioteca do Instituto de Estudos da Linguagem, da Unicamp, o apoio dessa instituição na localização de imagens aqui reproduzidas; e aos professores Francisco Sales, Otávio Cabral e Vera Romariz, da Universidade Federal de Alagoas, o empenho na obtenção de algumas fotos de Elísio de Carvalho reproduzidas neste livro.

Acervo Fundação Biblioteca Nacional, Brasil: pp. 27, 110, 265b, 266a, 267c.

Arquivo pessoal do autor: pp. 29, 35, 97, 189, 209, 246, 265a, 266b, 266c, 267b, 268b.

Biblioteca do Instituto de Estudos Brasileiros, USP: pp. 229, 247, 268a, 268c, 270b.

Biblioteca Florestan Fernandes, FFLCH-USP: p. 267a.

Fundação Casa do Penedo, Alagoas: pp. 16, 37, 41, 124, 131, 140.

Instituto de Estudos da Linguagem, Unicamp: p. 249, 271a.

Reprodução: pp. 44, 68, 71, 81, 89, 129, 143, 145, 153, 169, 191, 205, 207, 213, 270a, 270c, 271b.

Nota do autor

Apresentado originalmente como tese de doutoramento junto ao Departamento de Teoria Literária e Literatura Comparada da Faculdade de Filosofia, Letras e Ciências Humanas da Universidade de São Paulo, o presente ensaio, sob a orientação do professor Antonio Candido de Mello e Souza, foi à defesa na tarde de 27 de junho de 1980, fazendo parte da banca examinadora, além do orientador, que a presidiu, os professores Boris Schnaiderman, Décio de Almeida Prado, João Alexandre Barbosa e Modesto Carone, cujas sugestões e reparos auxiliaram de forma decisiva a composição definitiva do texto, que chegou ao público, numa versão bastante resumida de suas propostas, no ano de 1983.

Publicado agora pela Editora 34, pela primeira vez em sua versão integral, revista e ilustrada, o autor renova os agradecimentos não apenas à contribuição expressiva dos mestres que o ajudaram a formar e a enriquecer o projeto deste *Itinerário*, como aos seus editores, que souberam trazer o espírito do livro a uma dimensão atualizada das perplexidades que ainda hoje, no Brasil, permanecem sob o brilho ilusório das falsas vanguardas.

Sobre o autor

Antonio Arnoni Prado nasceu na cidade de São Paulo, em 1943. Sob orientação de Antonio Candido de Mello e Souza, licenciou-se mestre, com a tese *Lima Barreto: o crítico e a crise*, publicada em 1976 pela editora Cátedra (com nova edição pela Martins Fontes, 1989), e doutor, com o trabalho *Lauréis insignes no roteiro de 22: os dissidentes, a Semana e o Integralismo*, publicado, em versão resumida, sob o título de *1922: itinerário de uma falsa vanguarda* (Brasiliense, 1983).

Desde 1979 leciona no Departamento de Teoria Literária da Unicamp. Na Itália, vinculado à Fundação Feltrinelli, iniciou como pós-doutorado seus estudos sobre teatro e cultura anarquistas no Brasil, vertente de pesquisa praticamente inexplorada, que lhe permitiu compor um originalíssimo painel da literatura pré-modernista e dos movimentos de transição nas letras e na sociedade brasileiras entre o fim do século XIX e as primeiras décadas do XX. Foi professor visitante nas universidades de Nova York, Roma, México, Berlim e na Universidade Católica da América, em Washington.

Autor da coletânea de ensaios *Trincheira, palco e letras: crítica, literatura e utopia no Brasil* (Cosac Naify, 2004), foi também responsável pela edição da crítica literária dispersa de Sérgio Buarque de Holanda nos dois volumes de *O espírito e a letra* (Companhia das Letras, 1996), e pela organização do livro *A dimensão da noite e outros ensaios*, de João Luiz Lafetá (Editora 34/Duas Cidades, 2004), entre outras obras.

Este livro foi composto em Sabon,
pela Bracher & Malta, com CTP
e impressão da Edições Loyola em
papel Pólen Soft 80 g/m^2 da Cia.
Suzano de Papel e Celulose para a
Editora 34, em março de 2010.